imaginist

想象另一种可能

理
想
国

imaginist

马丁·盖尔归来

The Return of Martin Guerre

[美] 娜塔莉·泽蒙·戴维斯——→著
刘永华——→译

Natalie Zemon Davis

海南出版社
·海口·

图书在版编目（CIP）数据

马丁·盖尔归来 /（美）娜塔莉·泽蒙·戴维斯 (Natalie Zemon Davis) 著；刘永华译．-- 海口：海南出版社，2023.2

书名原文：The Return of Martin Guerre

ISBN 978-7-5730-0870-1

Ⅰ．①马… Ⅱ．①娜… ②刘… Ⅲ．①社会生活—历史—法国—中世纪 Ⅳ．① K565.3

中国版本图书馆 CIP 数据核字 (2022) 第 238313 号

马丁·盖尔归来
MADING GAIER GUILAI

作　　者　［美］娜塔莉·泽蒙·戴维斯
译　　者　刘永华
责任编辑　余传炫
特约编辑　黄旭东
装帧设计　陈威伸
内文制作　陈基胜
海南出版社 出版发行
地　　址　海口市金盘开发区建设三横路2号
邮　　编　570216
电　　话　0898-66822134
印　　刷　山东韵杰文化科技有限公司
版　　次　2023 年 2 月第 1 版
印　　次　2023 年 2 月第 1 次印刷
开　　本　880 mm × 1230 mm　1/32
印　　张　8.75
字　　数　182千字
书　　号　ISBN 978-7-5730-0870-1
定　　价　58.00元

如发现印装质量问题，影响阅读，请与发行部门联系：010-64284815

献给钱德勒·戴维斯（Chandler Davis）

戴维斯及其《马丁·盖尔归来》(代译序)

刘永华

国人知道娜塔莉·泽蒙·戴维斯(Natalie Zemon Davis)其人,多半因为她写的《马丁·盖尔归来》(以下简称《归来》)一书;而国人知道《归来》,大约又不外乎两个原因:一则因该书被誉为“后现代史学”和微观史学早期的三部典范之作之一;一则因该书的前身、法国同名电影是部不可多得的历史剧。此书在中国史学界的名声,得力于前者尤多。如今,这本书的中文版将列入“历史–人类学译丛”刊行[1]。不少读者不免要问:此书的“后现代”表现在哪里?它与微观史学、历史人类学有何关系?此书在历史编纂学方面,有何独到之处?在此书付印之际,似有必要先行对上述问题稍作讨论,算是给这本书在学术界的地位,以及它何以在这套丛书中露面,提供一个个人的“说法”。

一、戴维斯其人

在过去的十年里，戴维斯留下了至少两份访谈录，一份自传性学术回顾。[2] 这些访谈和回顾涉及她生活和学术的一些重要方面，为我们理解她的学术发展轨迹，尤其是《归来》一书的写作背景和缘起提供了重要的线索。

戴维斯 1928 年出生于美国底特律的一个中产阶级家庭，父母均为祖籍东欧的犹太人。二战结束后不久，她进入美国著名的女子大学史密斯学院（Smith College）学习，1949 年获得学士学位。在本科学习期间，戴维斯接触到社会主义思想，她称开始了解这一学说时，感觉有如“神启”；同时，她还广泛、积极参与各种左派政治活动，这些经验对她早期的研究曾有不小的影响。[3] 她初次接触法国年鉴派创始人之一马克 · 布洛赫（Marc Bloch）的著作，也是在这个时期。1948 年，她在哈佛大学参加暑期班学习期间，认识了未来的丈夫、数学家钱德勒 · 戴维斯，两人兴趣相投，双双坠入爱河，六周后他们结婚，当时戴维斯年方十九。

1949 年，戴维斯进入另一所著名女子大学拉德克拉夫学院（Radcliffe College，今属哈佛大学）攻读历史学硕士。1950 年毕业后，入密歇根大学攻读博士学位。由于家庭和政治原因，她至 1959 年才提交论文，于同年获得博士学位。在这十年研究生学习时期，她的兴趣逐渐从观念史转向社会史。1952 年春，戴维斯前往里昂，在当地档案馆从事了长达六个月的研究。当时，美国学者大都依靠已刊资料研究法国史，戴维斯则是较早利用法国档案从事法国史研究的学者之一。返回美国后，戴维斯夫妇遇到了政治迫害，由于他们对政府违宪做法的批评，钱德勒被逮捕、关押，他们的护照也被没收。这样一来，她就无法前往法国查阅档案了。为了克服这个限制，她只好奔波于纽约各大图书馆，查阅 16 世纪里昂出版的著作，想不到，这反倒给她提供了不少灵感，让她开始思考书籍史，尤其是形成了将档案资料与不同文类的印刷文本相结合的研究方法。她的博士论文，就是在分析里昂档案与这些出版物的基础上写成的。

获得博士学位后，戴维斯在布朗大学工作了四年（1959—1963）。1963 年，她的丈夫在多伦多大学获得教职，他们举家迁往多伦多。不久，她也在多大找到教职，先是在政治经济学系工作，1968 年转到历史系，至 1971 年离开，她在这所大学任教达八年。1971 年，她被聘为美国加州大学伯克利分校历史系教授，1977 年离开。从 1963 年至多大任教，至 1977 年离开加州大学，前后十五年的时间，无疑是她学术生涯中最关键的时期。在此期间，她在分析里昂档案的基础上，在欧美核心史学刊物上发表了一系列颇有分量的社会文化史论文，不少已收入 1975 年刊行的《法国近代早期的社会与文化》（*Society and Culture in Early Modern France*）一书，这些论文奠定了她作为社会文化史学家在国际学术界的地位。[4] 这一阶段对她的研究影响较深的是人类学与妇女研究。

在离开伯克利之前，戴维斯接触到让 · 德科拉斯法官的著作，这本书激起了她浓厚的兴趣，她先是作为顾问参与了法语影片《马丁·盖尔归来》（*Le Retour de Martin Guerre*）的制作，然后在进一步研究的基础上，写成了同名著作。这部影片于 1982 年公映。而在电影公映四年以前，戴维斯已离开伯克利，受聘为普林斯顿大学历史系教授；1981 年，荣升为讲座教授（Henry Charles Lea Professor of History）；1996 年退休后，又被聘为荣休讲座教授至今。她对普大的学术圈子甚为满意。当时，英国著名社会史学家劳伦斯·斯通（Lawrence Stone）主持史学研究中心，文化史学家卡尔·休斯克（Carl Schorske）组建了欧洲文化研究计划。但戴维斯的学术圈子不只限于历史系，她还与人类学系及文学系的几个同事进行频繁的交流与合作，在她曾一同合作开课的同事中，包括著名人类学家格尔茨（Clifford Geertz，我们知道，他也曾与《屠猫记》的作者罗伯特·达恩顿［Robert Darnton］一同开课）。她还与女同事共同创建了普大的妇女研究计划。在 1997 年的回顾中，她特地指出："就我在 20 世纪 70 年代对人类学的兴趣而言，伯克利是块宝地；同样，就我在 20 世纪 80 年代对电影与文学的兴趣而言，普林斯顿也是块宝地。"[5]

就是在这样一种令人嫉妒的环境里，戴维斯写出了后半生最重要的一系列著作：《档案中的虚构》（*Fiction in the Archives: Pardon Tales and Their Telles in Sixteenth-Century France*，1987）、《边缘女人》（*Women on the Margins: Three Seventeenth-Century Lives*，1995）、《银幕上的奴隶》（*Slaves on Screen: Film and Historical Vision*，2000）与《16世纪法国的礼物》（*The Gift in Sixteenth-Century France*，2000）等，此期她还与法国年鉴派女史家阿莱特·法尔热（Arlette Farge）主编了多卷本《妇女史》（*A History of Women*）的第三卷《文艺复兴与启蒙时期的吊诡》（*Renaissance and Enlightenment Paradoxes*，1993）一书。2006年，她以望八之高龄，出版了《行者诡道》（*Trickster Travels*：*A Sixteenth-Century Muslim between Worlds*）一书。与此同时，她的主要著作被翻译成法、德、葡、意、日等多种文字，她的名声超出了英语与法语世界，成为拥有国际声誉的学者。此外，她还获得了各种学术荣誉。1976年，当选法国史学研究协会主席；1987年，当选美国历史学会主席；1995年，当选国际历史科学大会第一副主席；1979年，当选美国艺术与科学院院士。她还是英国科学院通讯院士（1995）、皇家历史学会通讯院士（2002）等。此外，戴维斯还被包括哥伦比亚大学、芝加哥大学在内的三四十所大学授予名誉学位，获得多项奖章，担任《社会与历史的比较研究》（*Comparative Studies in Society and History*）等重要刊物的编委。[6]这是个名副其实的"收获"时期。

二、"求知的一生"

戴维斯早期的论著，大体可归入社会史范畴，此期马克思与韦伯的影响比较明显。戴维斯本来的兴趣并不是社会史，而是观念史。在攻读博士学位期间，她开始阅读布洛赫的《封建社会》，阅读对“人民”和“阶级斗争”的讨论，阅读从档案、家庭和行会记录中摘抄出来的反映手工业者和乡民家庭参与宗教和政治活动的记载。她的思想开始发生根本的转变。四十几年后，她回忆说：

> 我订阅的第一份学术刊物是《观念史杂志》(*Journal of the History of Ideas*，又译《思想史杂志》)，但如今当我撰写迈伦·基尔莫（Myron Gilmore）讨论法国学者纪尧姆·比代(Guillaume Budé)的研讨会论文时，我将他对哲学、政治和教育的看法，与这位人文主义者的社会地位和他主张资助像他这样的学者的观点联系起来。于是，突然之间，我发现学者、王公和神父并不是历史唯一的主人公。[7]

在法国近代著名经济史家亨利·豪塞（Henri Hauser）的论著中，她了解到16世纪里昂的桀骜不驯的民众，他们组织的粮食骚乱，印刷工人的罢工，1562年的新教徒起义。她发现，“这就是我的论文题目。我需要的东西，里昂应有尽有。在这里，我可以检验马克思的宗教是物质利益在上层建筑中的反映的观点与马克斯·韦伯的新教激励资本主义精神的看法”。[8]

里昂档案把戴维斯带入全新的世界：新教徒的职业，他们的住宅区，他们所要缴纳的税，他们的地位，等等，这些都是前人不曾讨论过的。1959年，戴维斯将其博士论文《新教与里昂印刷工人》（“Protestantism and the Printing Workers of Lyon”）提交给密歇根大学。在 20 世纪 50 年代，从事宗教改革研究的大都是宗教界人士，这些讨论往往戴着有色眼镜，研究主题集中于教义的讨论，社会经济因素则基本不予考虑。戴维斯的论文突破了这些局限。她将问题的焦点从对改宗教派、教义的讨论，转向对新教徒的社会、职业构成的分析。她发现，这些新教徒来自里昂社会的各个阶层，经济上的敌人在此成为宗教上的盟友，但从职业构成看，新教徒主要来自新兴职业，来自技术要求和读写能力要求较高的职业。因此，她认为，宗教改革不是围绕“经济阶级”，而是围绕“情感–精神阶级”（e-motional-spiritual class）组织起来的。多年以后，在回忆博士论文时，戴维斯重申了论文写作过程中的一个心得：“我喜欢坚持说，在某种意义上看，人们的诠释应当与我们的研究对象在过去事实上说过的话保持一致；尽管我们可能希望在解读时超越他们本身的自述，但我们永远必须与这些自述妥协。”[9]

根据戴维斯的追述，她加盟多伦多大学后，继续接触年鉴派著作，如古贝尔（Pierre Goubert）的《博韦与博韦人》（*Beauvais et le Beauvaisis de 1600 à 1730*）、勒华拉杜里（Emmanuel Le Roy Ladurie）的《朗格多克的农民》（*The Peasants of Languedoc*）等书，但当时她接触到的年鉴派研究集中于区域史或乡村史，而不是城市劳工或宗教史，他们对手工业行会及其习俗兴趣不大。于是，她将眼光转向人类学和妇女研究（在戴维斯的意识中，法国年鉴学派学人一直就不是她的老师，而是她的盟友）。在《混乱的理由》一文的写作过程中[10]，她发现以本身的社会史训练，已无法分析里昂的大声喧哗、嘉年华会等论题，她无意中发现了法国近代著名民俗学家阿诺尔德·范热内普（Arnold Van Gennep）七卷本的巨著《法国民俗手册》（*Manuel de folklore français*），了解到她在里昂发现的习俗曾流行于法国乃至整个欧洲，从而激起了她对人类学与民俗学的兴趣。以此为契机，她研习了埃文斯–普里查德（E.E.Evans-Pritchard）、特纳（Victor Turner）、格尔兹、西敏司（Sidney Mintz）等许多现当代著名人类学家的著作。[11] 与人类学的邂逅，不仅让戴维斯在处理民俗、节庆等问题时显得得心应手，还为她日后对马丁·盖尔的"民族志"研究提供了重要的灵感来源。

在写作博士论文时，由于时代的局限，戴维斯没有涉及妇女的问题。在多大任教后，她遇见美国新妇女史研究的先驱吉尔·克尔·康韦（Jill Ker Conway），开始思考妇女在历史上扮演的角色。1971 年，她们共同开设了加拿大有史以来第一门妇女史课程："近代早期欧洲与美国的社会与性别"（Society and the Sexes in Early Modern Europe and in America）。对她而言，这是另一个"跨学科的跳跃"，因为"要是不从生物学跳进文学，就无法将社会性别的主题加以概念化"。[12] 可以想见，这一跳跃的结果，是对文学批评理论的阅读。美国新文化史主要倡导者林恩·亨特（Lynn Hunt）在 1989 年宣称，日后史学家的主要盟友不再是社会学，而是人类学与文学理论[13]，而戴维斯早在

70年代就已着手进行相关的实践了。

在多大和伯克利任教期间，戴维斯发表了一系列论文，最重要的几篇收入《法国近代早期的社会与文化》一书。该书共收入八篇论文，其中五篇先前已发表，其余三篇则属首次刊行，其内容涉及工人罢工、济贫、嘉年华会、宗教冲突、印刷史、民间文学等。这些文章大体属于其博士论文的副产品或后续研究，考察的主题是16世纪里昂新教徒的世界。不过，有的题目受早期社会经济史影响深些，如对里昂手工业工人罢工的讨论，有的则已受到人类学的影响。其中最为经典的是她对宗教改革中暴力问题的讨论，这一研究堪与英国著名新社会史家汤普森（E.P.Thompson）对18世纪欧洲粮食骚乱的研究相媲美。[14]这篇文章的题目是《暴力的仪式：16世纪法国的宗教骚乱》。[15]像汤普森在处理粮食骚乱时一样，戴维斯首先面对的问题是：宗教骚乱是由乌合之众进行的非理性的暴力行为吗？同时，针对当时学界在诠释宗教骚乱时在宗教冲突与经济问题之间建立联系的做法，她发问：这些骚乱与经济利益有何关系？为回答这些问题，她侧重分析了宗教骚乱的形式与结构，特别是考察了骚乱的目标、合法化过程和发生的场合；骚乱参与者采取的各种行动与他们的暴力行为的靶子；骚乱参与者的社会构成与他们的组织；等等。她认为，即使在宗教暴力最为极端的个案中，骚乱群众的行为也并非“愚笨莽撞”。相反，他们是出于捍卫其宗教教条或净化其宗教社区的理由，来执行神职人员或地方官本该采取的行动。骚乱本身与经济利益没有直接的关系——

骚乱者来自社会不同阶层，而是与信仰生活在时间、地点和形式上密切相关，暴力行为的形式本身也来自16世纪法国流行的惩罚或净化仪式的传统。[16]因此，在诠释宗教骚乱时，戴维斯并没有求助于当时流行的阶级分析法或是心理学分析，而是依赖于社会学与人类学的一个核心概念——“社区”。从这种意义上说，这篇文章与汤普森的论文也颇有相似之处，两者都求助于“社区”概念，借此赋予骚乱理性与秩序，[17]不同的是，后者稍微过分地强调了社区的一致性，而前者没有完全忽视冲突，这点已有论者指出，兹不赘述。[18]事隔三十年后回首反观，这种对社区的预设，现在已很难全盘接受：社区不应继续作为不加置疑的分析的出发点，因为社区本身也是在政治、经济与宗教冲突的过程中，在文化、象征、认同的层面被塑造出来的。

戴维斯加盟普林斯顿大学后，独立完成了包括《归来》在内的六部著作。这些著作，有的是戴维斯早年兴趣的延伸，如《16世纪法国的礼物》是作者研习人类学的进一步成果。更多则来自作者新的研究兴趣，如《归来》《边缘女人》与《行者诡道》(后两本书大体可视为《归来》在研究方法与写作风格上的延续)。《档案中的虚构》与《银幕上的奴隶》从其他方面延续了《归来》的兴趣，前者考察的是档案的叙事者与叙事风格问题——而《归来》一书已专门讨论了科拉斯法官与所谓“悲喜剧”的叙事方式；后者来自她参与电影《归来》的拍摄与制作时的一些心得。文学、妇女研究对戴维斯后期著作的影响，几乎在她所有的著作中都可看到。

《16 世纪法国的礼物》一书刊行于 2000 年，但对该书主题的研究开始于 20 世纪 80 年代初。[19] 其最初成果曾作为讲座主题，先后在 1983 年和 1998 年宣读。在这部著作中，戴维斯不仅谈到法国著名人类学家莫斯对礼物的经典研究，还呼应了自莫斯以来人类学界关于礼物研究的新进展和争论。莫斯对礼物发展的认识有两个方面：一方面，他认为，随着时代变化，礼物交换的范围逐渐收缩；另一方面，他又坚持说，礼物交换是社会生活一个永恒的组成部分。在莫斯的影响下，不少人类学家、历史学家从进化的角度，讨论了礼物经济与商品经济之间的消长关系，认为在市场经济扩张的影响下，礼物交换将逐渐但不可逆转地退出历史舞台。在戴维斯的这部著作中，她根据书信、账本、日记等资料，考察了 16 世纪法国社会中礼物的精神，礼物实践与公众时间的关系，礼物实践在不同社会场景中的意义，礼物与商品的关系，送错礼物的情形，礼物与政治体制、不同宗教仪式的关系等问题，对礼物在 16 世纪法国的地位、意义和用途进行了深入分析，用戴维斯自身的话来说，此书是“16 世纪法国礼物的民族志”，也是对所谓“礼物模式”（gift mode）的社会文化史研究。[20] 她认为，尽管礼物和交换系统在 16 世纪发生了变化，统一的进化道路并不存在，但礼物交换一如既往地与买卖模式和强制模式并存。因此，礼物交换在历史上变化的主要轨迹，不是礼物系统如何被市场系统所取代，而是礼物因素在新的历史情境下持续存在的同时，拥有了新的关系与后果。[21]

像《16 世纪法国的礼物》一样，《档案中的虚构》的写作，也发端于作者开设的系列讲座，这次是斯坦福大学 1985—1986 年度的“哈利 · 坎普讲座”（Harry Camp Lectures）。[22] 这部著作讨论的是流传至今的数以百计的法国 16 世纪时请求国王赦免杀人罪行的赦罪书。戴维斯一反历史学家（包括她本身）惯常的做法，即从历史文献中爬梳资料，讨论文献提到的论题，如 16 世纪的日常生活、节庆、礼仪、经济活动、宗教冲突等；她讨论的出发点，是赦免书这种文献本身：它们在何种情形下被制造出来？它们是谁制造的？具体来说，赦免书与 16 世纪法国的司法程序有何关系？它们是由谁编撰出来的？赦免书中的叙事方式与叙事技巧有何特点？这些方式和技巧，与 16 世纪法国人的叙述能力与风格，与当时的文学创作有何关联？它们是如何影响司法审判的？在近代早期，赦免书经历了哪些变化？这样一来，传统史学借以建构历史过程的“透明的”媒介——“史料”，本身便成为历史学家考察的焦点，这种方法论取向，与美国著名历史哲学家海登·怀特（Hayden White）对所谓的“形式的内容”，亦即历史编纂中“情节设置”（emplotment）等问题的兴趣颇为类似，[23] 不过，戴维斯的目的倒不是要解构历史与文学之间的鸿沟，她对这么一种宏大的工程似乎从未表现出特别的兴趣，她的目标要更为具体：即使在讨论“史料”本身的制作过程与“情节设置”过程时，她念兹在兹的目标还是对过去的建构，还是对 16 世纪法国的法制、社会与文学史的讨论。[24] 这一研究提供了“虚”题“实”做的一个优秀的个案，也是文学理论影响戴维斯的也许是最为显著的一个例证。[25]

从渊源上说,《银幕上的奴隶》来源于戴维斯与电影的邂逅,更来源于她在长期教学的过程中,对电影语言与史学语言进行比较与思考的心得。自 20 世纪 80 年代以来,戴维斯在普大开设了十多年的讨论课"历史与电影"(History and Film),她讨论的例子是反映奴隶制与反抗奴隶制的影片。[26]这些讨论成为《银幕上的奴隶》一书直接的灵感来源。在这本小册子中,作者通过分析斯坦利 · 库布里克(Stanley Kubrick)执导的《斯巴达克斯》(*Spartacus*, 1960)、吉洛 · 彭泰科沃(Gillo Pontecorvo)的《烈焰灼伤》(*Burn!*, 1969)、托马斯 · 古铁雷兹 · 阿莱(Tomás Gutiérrez Alea)的《最后一次晚餐》(*The Last Supper*, 1976)、史蒂文 · 斯皮尔伯格(Steven Allan Spielberg)的《断锁怒潮》(*Amistad*, 1997)与乔纳森 · 戴米(Jonathan Demme)的《真爱》(*Beloved*, 1998)等五部片子,讨论了历史剧如何处理历史的问题。戴维斯首先反思的是亚里士多德对诗与历史的比较:"历史学家讲述已经发生的事,诗人讲述可能发生的事。……诗处理的是普遍的真理,历史处理的是特别的事件。"撰写史诗与悲剧的诗人必须挑选真实的或是虚构的事件,将它们编撰成一个有头有尾的故事;而历史学家必须讲述在某一时段已经发生的事,不管这些事是否彼此协调。戴维斯认为,这样一种经典的区分,在实践中常常变得模糊不清。修昔底德曾说过,他无法一字不漏地记下他所听见或是别人转述的话,他认为史学家可以让别人说他认为在不同场景中该说的话，这种看法长期被史学家接受。同时，当对某一事件的记载相互冲突时，历史学家不得不比较哪一种记载的可能性更大。这些讨论仿佛是在为作者在《归来》一书中对相关问题的处理申辩。戴维斯进而发问：在以富有意义和准确无误的方式讲述过去这个方面，电影的潜力何在？尽管电影制作可以自由地在真实与虚构之间进行选择，但也可以尽量照顾历史真实性，以不违背历史真实为原则，倘若措置得当，"电影可以揭示——或更准确地说，揣测——过去是如何被体验，如何被表演的，在具体而微的、地方的层面，人们是如何经历大的（历史）动力与主要的事件的"。[27] 这种电影完全可以收到微观史学的效果。我们在下文讨论《归来》时，还会回到这一论点。

在戴维斯的后期著作中，在风格与研究方法上跟《归来》最为接近的是《边缘女人》与《行者诡道》二书。[28] 前者讲述的是 17 世纪处于"边缘"的三位女人的故事：一位是来自欧洲的犹太商人，十二个孩子的母亲；一位是来自北美洲的天主教神秘主义幻想家；一位是来自南美洲的新教徒、画家和博物学家。作者根据她们留给我们的回忆录、手稿等资料，通过重构这三位来自不同地区、身份差别甚大的女性的生活，展示了 17 世纪女性生活的多样性。在这本书中，戴维斯已走出了她最为熟悉的时代和国家（16 世纪的法国），踏入新的时代与新的土地（17 世纪的南北美洲），接触全新的研究素材（犹太文献等）。《行者诡道》描述的是一个游移于阿拉伯世界与欧洲之间的所谓“骗子”，讨论了文化越界与文化认同的流动性等问题。一个生活在 16 世纪上半叶的阿拉伯人，在一次出使途中被海盗抓获后，被当作礼物送给教皇。在罗马，他被施洗成为基督徒，在这个城市作为学者生活了十年。后来，他回到北非的阿拉伯世界，同时在文化上“切换”回他原先接受的文化。戴维斯找到了他出版的著作和手稿，甚至还在图书馆找到了他曾读过的书，他在这些书的边上写下的批注，为重构这位阿拉伯人一生的奇特遭遇和生活提供了可能。[29]

在 1997 年的一次讲座中，戴维斯以“求知的一生”为题，总结了自己的学术生涯。的确，从出道至今，戴维斯对学问一直是孜孜以求。她涉及的题目非常广泛：从里昂的印刷工人到比利牛斯山的农妇，从犹太女商人到阿拉伯“骗子”，从工商业行会到宗教战争，从赦罪故事到礼物，等等。从研究兴趣看，我们大致可以说，她早期从事的是相对纯粹的社会史研究，接着转向人类学影响较为明显的社会文化史，后期则在历史编纂学上，进行了民族志、微观史学、历史叙事等几个方面的实践。在这个学术轨迹中，尤其值得我们注意的是第二个转变，这一转变涉及她对人类学方法的进一步思考，对民族志和微观史学编纂的体验与实践和日后对电影语言、叙事理论的强烈关注，在这一转变过程中，《归来》一书无疑扮演了非常关键的角色，她日后研究中的不少写作风格与方法论的特点，都可以在该书找到源头。

三、人类学、民族志与后现代

在伯克利的任职行将结束时，戴维斯的一位研究生给她看一本书。这本从法学图书馆借来的书，是让·德科拉斯的《难忘的判决》。该书讲述的是一个发生在比利牛斯乡村的冒充别人丈夫的案子。她的第一反应是："这应该拍成一部片子。"于是，她跑到巴黎，为马丁·盖尔案寻找导演。机缘巧合的是，她刚到巴黎的头一周，便碰见了电影剧本作家让–克劳德·卡里埃尔（Jean Claude Carriere）与年轻的导演达尼埃尔·维涅（Daniel Vigne），他们正策划一部同一题材的片子。1980 年，戴维斯加入他们的行列，参与到《归来》的拍摄工作当中。影片于 1982 年开始公映，获得了不错的反响。但是戴维斯在参与拍摄的过程中，感觉到电影制作本身的局限，决定撰写《归来》一书，此书于 1982 年推出了法文版，其英文版是次年由哈佛大学出版社刊行的。[30]

《归来》出版后，颇得史学界好评，也引起了一些争议。有论者称之为"富有想象力但有根有据、讨论机智的历史著作"[31]，也有论者几乎全面挑战了戴维斯的诠释，认为书中对贝特朗的诠释，完全出自她一己的"杜撰"，根本无法在她使用的资料中得到印证[32]，后现代史学的倡导者之一安克斯密特（F.R.Ankersmit）则将之与勒华拉杜里的《蒙塔尤》、金茨堡（Carlo Ginzburg）的微观史学著作《奶酪与蛆虫》和杜比（Georges Duby）的《布汶的星期天》（*The Legend of*

Bouvines: War, Religion, and Culture in the Micldle Age）一道，称为“后现代历史编纂学”的代表作。[33] 戴维斯对这些评论有何回应？应该如何理解这些形形色色的评论呢？要讨论这些问题，必须回到《归来》的研究和写作过程，回到 20 世纪 70 年代戴维斯与人类学的接触以及影片《归来》的制作过程。这些评论触及《归来》的不同侧面，仔细分析之下，我们会发现，它们大体可以归结到《归来》在方法论上最为基本的一个环节。

在多伦多大学工作期间，戴维斯已开始接触人类学的著作。当初接触人类学的契机，在于她原先接受的学术训练，已无法处理诸如节庆、仪式等文化史题材，因此，她求助于人类学，从中借用概念与方法。“我的阅读兼收并蓄，不管人类学内部的冲突，因为我寻求的并不是解决方案，而是问题、过程、可能的方法，只有当它们根据 16、17 世纪欧洲的证据能言之成理时，它们才会被援引。”[34] 此期对人类学概念与方法的借用，也仅限于此。其实，不仅戴维斯如此，当时在国际史学界崭露头角的社会文化史学者，诸如英国学者基思 · 托马斯（Keith Thomas）、彼得 · 伯克（Peter Burke）等，对人类学的态度也多半如此。这种对人类学方法的使用，与《归来》一书对一个乡村的生活的处理，究竟有多大的距离？

> 到那时（参与拍摄《归来》之前——引者）为止，我的大多数著述探讨的是长达几世纪的论题或主题——比方说大声喧哗、丧礼、谚语。尽管档案材料主要来源于里昂，

> 文本与案例则取自法国各地，有时来自西欧各地。中间不曾触及的是近距离的民族志田野观察——人类学家在田野中可观察到个体之间的互动和准确的事件发展进程，听见参与者如何描述正在发生的事情。[35]

对传统史学研究法与人类学参与观察法之间的距离，戴维斯有着清醒的认识：前者处理的主题时间跨度大，处理素材的区域跨度也大；后者则是对小社区集中时段的近距离观察。问题是，人类学家可以进行田野调查，直接与研究对象交流，而历史学家的研究对象早已离开这个世界，你总不能找个灵媒，让她 / 他魂游地府，帮你做田野调查吧？！[36]

事实上，戴维斯没有前往马丁 · 盖尔的家乡阿尔蒂加做田野调查，她请来了法国导演勒内 · 阿利奥（René Allio），请他到伯克利的课堂，给法国史研究者谈谈他是如何制作影片《我，比埃尔 · 李维尔》（*Moi*，*Pierre Rivière*）的。[37] 阿利奥谈到他们为拍摄这部片子，曾在影片讲述的谋杀案发生的村子生活了好几个月，谈到如何与村民讨论这桩案子和每周的样片。听着阿利奥的介绍，戴维斯若有所悟：这是用新的方式打量历史的不可多得的机会！尽管历史学家无法做田野调查，但可以“制作一部片子,类似于民族志的经验”。她以这种看似奇怪的方式，将电影制作与民族志联系起来。在回顾中，她进一步指出：

> 千真万确，制作影片唤起了民族志意识。在想象任何

> 场景——村民跟新来户打招呼；坐在火堆旁修理工具、聊天、讲故事；吵架；回答法官的问题——时，我被带回到资料当中，寻找什么是可能的，什么是能自圆其说的。同那些扮演16世纪人物的演员交谈，会出现对历史学来说饶有趣味的问题和某种“证据”。……我在我写的书的注解中，不能引述这些演员的话作为证据，但是他们的评论增强了我的信念：在以我所做的那种方式诠释法律和村落文献时，我走对了方向。[38]

不妨说，“电影就有着微观史的某些优势，能够展示具体的表现。它会迫使你去想象某些事情是如何发生的，而那是你只用文字写作时不会费心去思考的”。从这种意义上说，“也许可以主要将电影视作一场在实验室中进行的实验、一场思想试验，而不是在讲述真相”。[39] 正是在这一个关节点上，我们发现了戴维斯学术思想中至关重要的一个环节：参与电影制作，给她提供了一个“思想试验”的机会，她不得不像田野中的人类学家那样，探究在某一特定时间、某一特定小地方的人们是如何生活的，这种思维活动类似于人类学家的民族志写作，其实也是微观史学方法论的核心。[40] 因此，尽管戴维斯并没有像意大利学者卡洛·金茨堡等人那样，有意识地进行微观史学的写作实践，但她以一种迂回的方式——通过电影——参与到微观史学的实践中。以电影为媒介，戴维斯打通了自身过去对人类学的兴趣和以《归来》为起点的民族志或微观史学的写作实践。

不管《归来》是部民族志、微观史学还是历史人类学著作，对职业历史学家而言，关键的问题是该书在处理素材与历史编纂学方面的技巧与风格，尤其重要的是，作者是如何在书中的主人公与他们生活的周遭社会之间建立起关联的？这是在处理历史社区时必须首先面对的问题。在学理上说，这当然不成问题，但在具体操作上，历史学家却常常不得不面对资料本身的沉默带来的麻烦——我们不能期望，每个从事微观史学创作的历史学家，都能像勒华拉杜里那般交好运，《蒙塔尤》处理的那些资料毕竟是可遇而不可求的。在过去留下的资料对我们的主人公生活的某些侧面保持沉默时，我们该怎么办？戴维斯的做法是，尽量从本地或附近村子的资料中找出线索，如别人的婚书是如何写的？当地的年轻人是如何对待光开花不结果的婚姻的？村民是沿着何种路线经商或旅行的？总体而言，戴维斯成功地重构了主人公生活的世界，连对《归来》批评最为激烈的美国史学家罗伯特·芬利（Robert Finlay），也不得不承认："戴维斯为建构故事得以理解的历史背景添加了数量可观的素材，她引用档案资料揭示了亲属关系、继承法、农民迁徙、婚书、兵役、乡村习俗和司法程序等问题。"[41] 但是，《归来》讲述的核心内容，毕竟还是几位主人公的遭遇，当史料对他们的动机和行为保持沉默时，我们该怎么办？戴维斯的做法是，根据具体的时空背景和史料中的蛛丝马迹，推断其可能性，如书中对贝特朗心理的刻画和对她行为的诠释。在这种情况下，书中便势必会常常出现"也许""兴许是"等字眼。戴维斯认为，此种情形实属难免，与史学求真的原则也并无冲突（见上文对亚里士多德的讨论）。而芬利对《归来》最为尖锐的批评，也正是集中于这一点。在这场争论中，问题的关键恐怕不在“技术”层面，而在于两人在诠释史料时采取了不同方法：一方求助于实证主义的史学传统，强调史料本身的“透明度”，寻求史料解读的唯一性；另一方则强调史料本身的暧昧性和史料解读的开放性与多元性，容许根据史料中的线索进行必不可少而合情合理的推断。[42]

尽管对小社区的微观分析，让我们的讨论不得不常常迁就于可能性，但这种研究方法也为我们了解过去提供了不可替代的视角，它尤其适合处理历史人物本身的体验，他们在特定社会场景中采取的策略与能动性，以个人为中心的社会网络，社会组织与文化认同的塑造过程等问题。对此微观史学家及其追随者已多有讨论，兹不赘述。[43]《归来》在行文中，对社会文化史学界一些笼而统之的说法也时有驳正。在讨论马丁与贝特朗的婚姻时，她指出：“罗尔斯—盖尔婚书的配偶双方异常年轻。根据历史人口学的著作，我们兴许以为他们至少已接近十八九岁，但马丁只有十四岁”，而贝特朗可能才十岁上下。[44] 在谈到马丁·盖尔出走时，她写道：“研究人口流动的历史学家常常认为，农民迁移仅仅是出于经济方面的考虑；盖尔一家的个案表明，这并不完全正确。”马丁离开家乡，是由于他对家庭生活的厌烦，更直接的原因则是与父亲的争吵。[45] 当然，只有进入 16 世纪乡民的感情、体验层面，才能说真正达到与古人“心通神会”的境界。书中最有价值的部分，就是对 16 世纪法国家庭成员之间的关系，尤其是对村妇感情生活的入木三分的刻画，这种刻画是无法归纳、无法化约的。

与《蒙塔尤》和《奶酪与蛆虫》一样，《归来》对社区生活的细节处处留心。在《蒙塔尤》一书的题词中，勒华拉杜里引述了《奥义书》的话，以泥、铜、铁的转喻，摆明他处理的虽则只是一个山村，他想要讨论的却是一个时代，一个范围更大的地区。[46] 同样，金茨堡对梅诺基奥（Menocchio）的刻画，是为了讨论宗教改革与意大利乡村文化之间的关系。[47] 虽然《归来》没有刻意去讨论什么时代问题或宏大的历史进程，但从本书开篇的讨论，我们了解到她想要描述的是 16 世纪法国的乡村生活，尤其是当时的村民对爱情的理解。通过仔细阅读这本书，我们会逐渐了解到这个村子与外界的商业、婚姻、信息、司法等方面的关系。在 1988 年写的一篇文章中，她点明撰写《归来》的一个重要目的，是“将这个故事置于 16 世纪法国村落生活和法律的价值和习惯之中，借助它们来理解这一故事的核心因素，并借助这一故事回过头来评论它们——也就是说，将一个传说转化为历史”。[48]

当然，《归来》《奶酪与蛆虫》和《蒙塔尤》三书也存在一些值得注意的差别。戴维斯曾指出，《奶酪与蛆虫》“更少具有人种学（人类学）色彩，而另两本书更加关注对某一共同体的整体性研究”。再者，《归来》更为关注故事的多重版本，它关注故事是如何被讲述的，人们又如何将不同的讲述合并在一起。[49]落实到叙事风格方面,《归来》与《蒙塔尤》《奶酪与蛆虫》也有所不同。从情节设置的角度看,叙事色彩最不明显的是《蒙塔尤》。尽管该书总体上是根据事情发生的先后顺序编排内容的,但在该书的主体部分,作者是根据研究者自身的分类系统来组织材料的。蒙塔尤的世界,被分为生态与考古(心态)两大部分:前者侧重对环境、经济生活、社会结构、政治权威等的分析,后者侧重对日常生活、世界观、宇宙观等的分析。[50]《奶酪与蛆虫》的叙事色彩比较浓,全书的各个部分按事件的先后顺序编排,对某些论题的深入分析,则穿插于事件发展的某个时间点上,因此,时间的发展序列大体并没有被切割、打断。《归来》在组织构架上,更加注意贴近(作者眼中的)事情本身的发展脉络,其叙事开始于达盖尔一家落户于阿尔蒂加,再从盖尔与德罗尔斯家联姻,马丁出走,讲到贝特朗本人,迪蒂尔前来冒名顶替,从迪蒂尔与皮埃尔吵架,讲到他们在里厄和图卢兹的官司,从整个审判过程,讲到科拉斯法官撰写审判的过程,科拉斯本人的下场,再到蒙田(Michel de Montaigne)等人的反应,等等。这样一种叙事方式,几乎完全抛弃了分析的框架。可以说,在微观史学早期的三部代表作中,无论从对宏观结构的兴趣,还是从鲜明的叙事风格看,《归来》都走得最远。

打动像安克斯密特这样一位后现代主义史学倡导者的,恰恰就是《归来》处理的独特主题和该书独特的写作风格。在安克斯密特看来,后现代史学意味着向本质主义的传统告别,向宏大叙事告别:

选择对象不再落到树干或是树枝上，而是落在树木的叶子上。在后现代主义的史观中，目标不再是整合、综合和整体，那些历史碎片反倒是关注的中心。……要是我们还想要坚持本质主义，我们可以说，本质并不位于历史之树的树枝或是树干而是位于叶子之上。[51]

以这种叶子与树木的隐喻，安克斯密特强调了后现代史学与传统史学的不同，叶子的特点是，它们与树的联系只是松散的，当秋天或冬天来临之时，它们便被风刮走了。后现代史学的工作，就是收集被风刮走的叶子，对它们进行独立的研究——而不必措意它们的来源。因为他们担心，一旦将叶子放回到历史之树，诸如欧洲中心论之类的宏大叙事便可能乘虚而入。正是在这种意义上，后现代史学家看好史学研究中的微观分析和叙事方式，因为它们为抵制宏大叙事提供了可能性。

现在看来，这些讨论体现了安克斯密特多少有点“六经注我”的做法。在与帕拉蕾丝–伯克的访谈中，戴维斯曾对安克斯密特就《蒙塔尤》《奶酪与蛆虫》和《归来》三书所作的评论作了正面的回应。她一再强调，他们对16世纪乡村社会的兴趣，至少不亚于对他们所处理的故事本身的兴趣，在研究方法上，他们追求的正是两者相互补充的效果：

我不认为后现代主义对于实际上有着不同目标的这三本书是个最有用的范畴，……这三本书全都认真地对待地

> 方文化，然而，它们也关注经验和长时段的传统以及思想结构。……对于那种认为这几本书是后现代的，因为它们拒绝得出普遍性结论的看法，我的回答是：虽然彼此有所不同，但这三本书全都希望对于超出它们所研究的个案之外的过程能够得出某些洞识。它们全都得出了对于其他案例的看法，不仅是通过可能的类比，而且还通过交往网络和权力体系。[52]

戴维斯背后的信念应该是：尽管历史学家的主要工作，仍是将叶子还原于历史之树，但是，她对史学工作的看法远比安克斯密特乐观，这样一种“本质主义”的做法，只要措置得当，未必就会让宏大叙事借尸还魂，我们更不可因噎废食，因为提防宏大叙事，终止我们对历史的重构工作。在《归来》一书中，戴维斯不仅关注“经验”、“叙事”、小社区，同时也试图建构“结构”“过程”“体系”。正因为如此，像戴维斯提醒我们注意马丁案中的多重版本一样，我们在阅读《归来》时，也应该注意到解读过程的多元性和开放性——笔者在此提供的解读，终究只是一个颇具个人性的“说法”。

【致谢】：本书的翻译和本序言的写作，得到了戴维斯本人的热心帮助，她不仅将个人履历和近十年发表的重要论文寄给译者，而且帮我解决了书中十余处拉丁文和法文专业名词的翻译问题。在翻译彼得·伯克的《法国史学革命》一书的过程中，我曾参考了台湾学者江政宽先生的译本；这次，我再次与江先生的译作相遇[53]，在本书的翻译过程中，我受惠于江先生译本之处甚多，在此无法一一列举——尽管在一些场合，我常常坚持自己对原著的理解。刘北成先生通读了译序并订正了几处译名失误。承蒙我的同事盛嘉先生的好意，译序的主体内容曾在他的一门研究生课上介绍、讨论过。最后，编辑岳秀坤先生帮我复印了相关资料，对译稿进行了细致的编辑，并对译文进行润色。对于上述各位的鼓励和帮助，在此谨致谢忱。

2007 年“五一”节定稿于厦门江头

【第二版说明】：本次对第一版的增订工作，主要包括两个方面：一是增入了两篇与本文密切相关的论文，二是订正了原书中的几处错误，并对个别文字进行了调整。在进行修订的过程中，戴维斯教授推荐了增补的论文，并慨允版权；彭小瑜教授为若干译名的订正提供了重要参考意见；陈甜女士对译稿进行了尽心尽力尽责的编辑；小白等读者指出了译文中出现的几处错误；赖国栋、巫能昌二君为理解原著中的法文提供了帮助，特此致谢。

2015 年

【“理想国”再版说明】：本译著第一版印行于2009年，为北京大学出版社《历史—人类学译丛》第一种，2015年又推出了第二版。理想国有意推进国内的微观史研究，考虑到本书绝版有年，决定将其再版。译者借此机会修订了书中的几处疏漏，并对译文稍加润饰。张琰帮助审核了尾注部分的清样，特此致谢，同时也感谢编辑旭东细致的编校工作。

2022年7月22日

注释

1 本书初版于2009年，由北京大学出版社列入“历史—人类学译丛”印行。

2 这两份访谈记录是：玛丽亚·露西娅·帕拉蕾丝—伯克（Maria Lúcia Pallares-Burke）：“纳塔莉·泽蒙·戴维斯”，玛丽亚·露西娅·帕拉蕾丝—伯克编：《新史学：自白与对话》（*The New History*：*Confessions and Conversations*），彭刚译，北京：北京大学出版社，2006年，第53—89页，此书英文版刊行于2002年；Martyn Lyons and Monica Azzolini，“Natalie Zemon Davis：An E-mail Interview with Martyn Lyons and Monica Azzolini，” *History Australia*，vol. 2，no. 3（Dec.，2005），pp. 91. 1-91. 10. 戴维斯的自传性回顾是：Natalie Zemon Davis，*A Life of Learning*，American Council of Learned Society Occasional Paper No. 39，http：//www.acls.org，这是戴维斯1997年在American Council of Learned Society所作的Charles Homer Haskins讲座。

3 Davis，*A Life of learning*：“马克思的思想还提供了编排过去的某些重要方式——我们的课程基本上没有触及这个视野，它甚至引领我进入吉安巴蒂斯塔·维柯的《新科学》及其原初人类学的文化观。”

4 Natalie Zemon Davis，*Society and Culture in Early Modern France*，Stanford：Stanford University Press，1975.

5 Davis，*A Life of Learning*.

6 上述论述基于戴维斯提供给笔者的履历。

7 Davis, *A Life of Learning.*

8 Davis, *A Life of Learning.*

9 Davis, *A Life of Learning.*

10 Davis, "The Reasons of Misrule," in Davis, *Society and Culture in Early Modern France*, pp. 97-123.

11 Davis, *A Life of Learning.*

12 Davis, *A Life of Learning.*

13 Lynn Hunt, "Introduction," in Lynn Hunt, ed., *The New Cultural History*, Berkeley and Los Angeles：University of California Press, 1989, pp. 10-11.

14 E. P. Thompson, "The Moral Economy of the English Crowd in the Eighteenth Century," *Past and Present* 50（1971）, pp. 76-136；reprinted in E. P. Thompson, *Customs in Common：Studies in Traditional Popular Culture*, New York：The New Press, 1991, pp. 185-258.

15 Davis, "The Rites of Violence：Religious Riot in Sixteenth-Century France," *Past and Present* 59（1973）, pp. 51-91；reprinted in Davis, *Society and Culture in Early Modern France*, pp. 152-187.

16 Davis, "The Rites of Violence," pp. 186-187.

17 在某些研究主题上，戴维斯与汤普森也有相似之处。比如，他们差不多是同时对大声喧哗或所谓的"喧闹小夜曲"（charivaris）发生兴趣的。汤普森为此还给她写过信。帕拉蕾丝—伯克："纳塔莉·泽蒙·戴维斯"，第 87—88 页。

18 Suzanne Desan, "Crowds, Community, and Ritual in the Work of E. P. Thompson and Natalie Davis," in Lynn Hunt, ed., *The New Cultural History*, pp. 47-71.

19 Natalie Zemon Davis, *The Gift in Sixteenth-Century France*, Oxford：Oxford University Press, 2000, p. 284.

20 Davis, *The Gift in Sixteenth-Century France*, p. 14.

21 很奇怪，在回顾人类学的礼物研究时，戴维斯没有提到法国著名社会学家、人类学家皮埃尔·布尔迪厄（Pierre Bourdieu）在《实践理论纲要》（*Outline of a Theory of Practice*, trans. Richard Nice, Cambridge：Cambridge University Press, 1978）一书中的相关研究。

22 Natalie Zemon Davis, *Fiction in the Archives：Pardon Tales and Their Tellers in Sixteenth-Century France*, Stanford：Stanford University Press, 1987.

23 Hayden White, *The Content of the Form：Narrative Discourse and Historical Representation*, Baltimore：The Johns Hopkins University Press, 1987.

24 在访谈中，戴维斯谈道："海登·怀特和其他人在指出历史学行文中若干影响我们叙事的文学特性方面，给了我们很大的教益。……然而，作为对于历史著作意义的一种总体性的看法，他的立场有其局限性，因为他忽略了历史学家所作出的努力以及他们在为自己的论点作出论证时所遵循的证据规则。在我看来，这两种东西是同时在起着作用的。”帕拉蕾丝—伯克：“纳塔莉·泽蒙·戴维斯”，第 77 页。

25 我们注意到，这部著作是献给劳伦斯·斯通的，而斯通不仅是个杰出的社会史学家，而且是历史编纂学中“叙事复兴”最早的倡导者之一。

26 Natalie Zemon Davis, *Slaves on Screen：Film and Historical Vision*, Cambridge, Mass.：Harvard University Press, 2000, p. xi.

27 Davis, *Slaves on Screen*, p. 7.

28 Natalie Zemon Davis, *Women on the Margins：Three Seventeenth-Century Lives*, Cambridge, Mass.：Harvard University Press, 1995；Natalie Zemon Davis, *Trickster Travels：A Sixteenth-Century Muslim between Worlds*, New York：Hill and Wang, 2006.

29 Peter N. Miller, "The Life of Leo Africanus. Peripheries," *The New Republic*, April 24, 2006. https：//ssl. tnr. com/p/docsub. mhtml? i = 20060424&S = millei042406.

30 Davis, *A Life of Learning*.

31 Donald R. Kelley, *Renaissance Quarterly*, 37. 2 (Summer 1984), pp. 252-254. 其他书评还包括 William Monter, *Sixteenth Century Journal*, 14.4 (Winter 1983), p. 516；Edward Benson, *The French Review*, 57. 5 (Apr., 1984), pp. 753-754；Emmanuel Le Roy Ladurie, "Double Trouble," *New York Review of Books*, Dec. 22, 1983, http：//www. nybooks, com/articles/article-preview ? article_id =6006；等等。

32 Robert Finlay, "The Refashioning of Martin Guerre," *The American Historical Review*, 93.3 (Jun., 1988), pp. 553-571. 在同一期杂志，戴维斯对这篇文章作了回应，Natalie Zemon Davis, "'On the Lame'," *The American Historical Review*, 93. 3 (Jun., 1988), pp. 572-603.

33 F. R. Ankersmit, "Historiography and Postmodernism," *History and Theory*, 28.2 (May 1989), p. 149.

34 Davis, *A Life of Learning*.

35 同上。这段讨论让笔者想起十几年前台湾学者陈其南教授常常挂在嘴边的话。历史学的主流做法，是从甲地找到一个翅膀，从乙地找到另一个翅膀，从丙地找到触须，从丁地找到身体，最后将它们拼凑在一起说：这就是蝴蝶；而人类学家在田野中看到的是整只的蝴蝶。

36 对于这个看法，不少中国社会文化史学者，包括笔者自己，都持保留意见。

37 这部影片的主人公比埃尔·李维尔，是福柯的《我，比埃尔·李维尔，杀死了我的母亲、姐妹、兄弟……》(*I, Pierre Rivierre, having slaughtered my mother, my sister, and my brother…：A Case of Parricide in the 19th Century*) 一书的讨论对象。

38 Davis, *A Life of Learning*.

39 帕拉蕾丝—伯克："纳塔莉 · 泽蒙 · 戴维斯"，第 78—79 页。措辞略有修改。

40 "……一部好的微观史却同时需要具备细节、证据和 *histoire totale*（总体史）的雄心。" 帕拉蕾丝—伯克："纳塔莉 · 泽蒙 · 戴维斯"，第 76 页。

41 Finlay, "The Refashioning of Martin Guerre," p. 557.

42 Finlay, "The Refashioning of Martin Guerre"; Davis, "'On the Lame'."

43 Carlo Ginzburg and Carlo Poni, "The Name and the Game: Unequal Exchange and the Historiographical Marketplace," in Edward Muir and Guido Ruggiero, eds., *Microhistory and the Lost People of Europe*, trans. Eren Branch, Baltimore and London: The Johns Hopkins University Press, pp. 1-10; Giovanni Levi, "On Microhistory," in Peter Burke, ed., *New Perspectives on Historical Writing*, Second Edition, Cambridge: Polity, 2001, pp. 97-119; Jacques Revel, "Microanalysis and the Construction of the Social," in Revel and Hunt, eds., *Histories*, pp. 492-502. 笔者在"费雷、夏蒂埃、雷维尔：'超越年鉴派'"一文中对这些论文进行了归纳，参见彼得 · 伯克：《法国史学革命：年鉴学派，1929—1989》(*The French Historical Revolution*)，刘永华译，北京：北京大学出版社，2006 年，第 xvi—xxiii 页。

44 Natalie Zemon Davis, *The Return of Martin Guerre*, Cambridge, Mass.: Harvard University Press, 1983, p. 16.

45 Davis, *The Return of Martin Guerre*, pp. 21-24.

46 埃马纽埃尔 · 勒华拉杜里：《蒙塔尤——1294—1324 年奥克西坦尼的一个山村》(*Montaillou, village Occitan de* 1294 à 1324)，许明龙、马胜利译，北京：商务印书馆，1997 年。

47 Carlo Ginzburg, *The Cheese and the Worms: The Cosmos of a Sixteenth-Century Miller*, trans. John and Anne Tedeschi, Harmondsworth, Middlesex: Penguin Books, 1982, p. xii. 梅诺基奥是《奶酪与蛆虫》一书的主人公。

48 Davis, "'On the Lame'," p. 573.

49 帕拉蕾丝—伯克："纳塔莉 · 泽蒙 · 戴维斯"，第 74—75 页。

50 勒华拉杜里：《蒙塔尤——1294—1324 年奥克西坦尼的一个山村》。

51 Ankersmit, "Historiography and Postmodernism," p. 149.

52 帕拉蕾丝—伯克："纳塔莉 · 泽蒙 · 戴维斯"，第 74 页。

53 娜塔莉 · 泽蒙 · 戴维斯：《马丹 · 盖赫返乡记》，江政宽译，台北：联经出版事业公司，2000 年。该译本是依据《归来》的法文本译出的。

目 录

前 言

本书的写作，源自一位历史学家的探索，亦即尝试如何用不一样的方式讲述过去。马丁 · 盖尔的故事，已被复述过许多次了。在 16 世纪 40 年代的朗格多克，一个富裕的农民抛妻别子，舍下家业，一去多年，杳无音信；后来，他回家了——或者说，人人都以为他回来了——然而，在三四年美满的婚姻生活后，妻子却说她被一个冒名顶替的骗子给蒙骗了，于是将他送上了审判席。到最后一刻，就在那个男人几乎让法庭相信他就是马丁 · 盖尔时，真正的马丁 · 盖尔出现了。这个案子马上被写成两本书，其中一本是由法庭的法官写的。法国各地的人都在评论这个案子，其中包括了伟大的蒙田。好几个世纪以来，讲述著名骗子与著名案子（causes célèbres）的书籍，都在复述着这一故事。在四百年前发生此事的比利牛斯山区的村子阿尔蒂加，人们对这个故事仍然记忆犹新。它为一部剧本、两部小说与一部小歌剧（operetta）提供了灵感来源。 xii

头一次读到那位法官的记录时，我心想："这应该拍成一部电影。"在过去的事件中，历史学家很少会发现如此完美，或是拥有如此戏剧性并具有大众感召力的叙事结构。我碰巧了
xiii 解到，电影剧本作家让–克劳德·卡里埃尔与导演达尼埃尔·维涅正着手撰写同一主题的剧本。于是，我加入他们的行列，《马丁·盖尔归来》（*Le Retour de Martin Guerre*）这部电影，就是我们三人合作的成果。

悖谬的是，越是参与影片的制作过程，我想要超越它的胃口，便越发被吊起来了。这促使我更为深入地探究这一案子，对它进行历史的解读。为演员而不是为读者写作，对16世纪人们的动机提出了新问题——比方说，他们是否像关注财产那样关注真相。看着杰拉尔·德帕迪约一路摸索着，进入冒牌的马丁·盖尔的角色，我悟到了新的路子，去思考阿诺·迪蒂尔这一货真价实的骗子的所作所为。我感到我拥有了自己的历史实验室，它提供的不是证据，而是历史的可能性。

与此同时，影片脱离了历史的记载，这让我感到苦恼。盖尔一家的巴斯克背景*被割舍了；乡村的新教被忽略了；更有甚者，那位妻子的两面派花招以及法官的内心冲突被弱化了。这些变动或许有助于赋予影片强有力的简洁风格，让马丁·盖尔的故事首先成为一个传奇故事，但它们也让实际发生的事情

* 巴斯克人是欧洲比利牛斯山西部地区的古老居民，绝大多数居住于西班牙北部。——译注

变得难以解释。在这个对一个村庄进行美丽而扣人心弦的电影摄影学的再创造的过程中，可曾为不确定因素、“也许”、“或许是”——它们是历史学家在证据不足或含糊其辞时的救命稻草——留下空间呢？我们的片子是部令人激动的悬念片，它让观众跟原来的村民与法官一样，都无从搞清结局。但这可曾给反思 16 世纪的身份认同的意义留下了空间呢？

因此，这部片子给历史学家提出了虚构（invention）* 的问题，确定无疑，马丁 · 盖尔的妻子也曾面对这个问题。我 ix
不得不回到我原来的行当，甚至离开比利牛斯山区，一头扎入富瓦、图卢兹与欧什的档案堆里。我想运用过去留给我的每一份文件，对这一引人注目的故事，第一次进行全方位的史学分析。

我想弄清楚马丁·盖尔为何离开村子，他去了哪里，阿诺·迪蒂尔是如何、出于什么原因成为冒名顶替者的，他是否蒙骗了贝特朗 · 德罗尔斯，他又是为何未能坚持下去的。这应该会让我们对 16 世纪的乡村社会提出新的见解。我想追随村民出席一个个刑事法庭，解释法官们的裁决是如何改变的。我将得到一个千载难逢的机会，揭示一个来自农民生活，被文人墨客加工成故事的事件。

事实表明，这比我当初想象的困难得多——但再次讲述马

---

* invention 一词的本义是发明、虚构。在翻译过程中，译者根据上下文意思对这个词的中文译法进行了调整。第五章标题中的 invented 一词，江政宽先生译作“私定”，颇为切当，译者沿用这一译法。——译注

丁 · 盖尔的历史，又是何等令人愉快的事啊！

娜塔莉 · 泽蒙 · 戴维斯

1983 年 1 月于普林斯顿

缩写说明

以下缩写和缩略形式将用于注释。在参考不同部门档案的摘要清单（Inventaires-Sommaires）时，将由缩写前的字母*I*指明。

ACArt Archives communales d'Artigat

ADAr Archives départementales de l'Ariège

ADGe Archives départementales du Gers

ADGi Archives départementales de la Gironde

ADHG Archives départementales de la Haute-Garonne

ADPC Archives départementales du Pas-de-Calais

ADPyA Archives départementales des Pyrénées-Atlantiques

ADR Archives départementales du Rhône

AN Archives Nationales

Coras Jean de Coras, *Arrest Memorable du Parlement de*

Tholose. Contenant Une Histoire prodigieuse d'un supposé mary, advenüe de nostre temps : enrichie de cent et onze belles et doctes annotations（Paris：Galliot du Pré，1572）

Le Sueur，*Historia* Guillaume Le Sueur，*Admiranda Historia de Pseudo Martino Tholosae Damnato Idib. Septemb. Anno Domini MDLX*（Lyon：Jean de Tournes，1561）

Le Sueur，*Histoire* Guillaume Le Sueur，*Histoire Admirable d'un Faux et Supposé Mary，advenue en Languedoc，l'an mil cinq cens soixante*（Paris: Vincent Sertenas，1561）

有关日期的说明：

1564 年以前，法国的新年是根据复活节星期天来确定的。行文中的所有时间均是我们推算出来的。在注释中，任何复活节之前的日期，都给出了两种推算方式，比方说，1559/1560 年 1 月 15 日。

导 论

“贤妻嫁浪子，常怀伤悲心。”“爱情诚可贵，金钱价更高。” 1
这些是16世纪法国农民看待婚姻的几则谚语。[1]从婚书与遗嘱，教会的生卒记录，以及求爱礼仪与大声喧哗（charivaris）[*]的有关记载中，历史学家对乡村家庭的了解已越来越多。[2]但是，关于农民的愿望与情感，他们怎样处理夫妻关系、父母与子女的关系，以及他们如何对待生活中的种种约束和种种可能，我们仍然所知甚少。我们常常认为，农民并没有多少选择的余地，但事实果真如此吗？有没有个别的村民，尝试过用不同寻常、出乎意料的方式来塑造自身的生活呢？

然而，在过去的某人身上发生的这些事儿，历史学家如何才能发现呢？我们要去看书信和日记、自传、回忆录，还有家

* 中世纪法国流行的一种婚俗，敲打铁锅、水壶等发出噪音，为新婚夫妇演奏的嘈杂“小夜曲”，一般针对的对象是非正常的婚姻，如寡妇或鳏夫再婚。——译注

庭史。我们还要看文学材料——剧本、韵诗与故事，不管它们与特定人物的真实生活的关系如何，它们向我们显示出了作者
2 认为在一个特定时期里合乎情理的那些感情与反应。16 世纪的农民，90% 以上不会写字，现在没有给我们留下多少他们展现自我的文献。流传到我们手上的家庭史与日记也寥寥无几：只是一两条有关生卒时间与天气变化的简单记录。托马斯·普拉特为我们描绘了他勤劳的农民出身的母亲的画像："除了有一次我向她道别之外，我还从未见到我的母亲哭泣，她是位勇敢、精力充沛但性格粗鄙的妇人。"然而，在那位博学的希伯来文学家写下这些文字时，他离开他的瑞士村庄以及身后的山间草原已经很久很久了。[3]

至于有关农民的文学材料——如果确实存在的话——它们遵循的是古典的通例，把村民塑造成喜剧的主角。按照这种理论，喜剧讲述的就是"普罗大众"（personnes populaires），即地位低下的人们。"喜剧以粗糙而庸俗的风格，表现人们的个人命运……其结局是欢快、喜乐、惬意的。"因此，在《新故事百篇》（*Les Cent Nouvelles Nouvelles*，15 世纪喜剧故事集，曾在 16 世纪再版若干次）中，有一个贪得无厌的农民，有一天撞见他的妻子正和某位朋友偷情，在得到十二斗（measures）粮食的许诺后，怒火顿熄，而为了完成这笔交易，他得让这对情人将苟且之事办完。在布雷顿律师诺埃尔·迪法伊于 1547 年出版的《乡村杂俎》（*Propos Rustiques*）中，老农吕班回忆起 34 岁结婚时的情景："我几乎不知道性爱为何物，但现如今 15 岁

以上的小伙子，几乎都与女孩试过那档子事儿。”[4]从这些记载中得来的农民的情感与行为的印象，并非毫无价值可言——喜剧终究还是探索人类状况的一种重要途径——但是，它局限于心理学的记录，局限于村民们身处的情境。

然而，还有另一类资料，从中可以看到农民的诸多困境， 3
其结局也并不总是让人愉快：这就是不同法庭的判决记录。我们说，正是因为有宗教裁判所的记录，才成就了埃马纽埃尔·勒华拉杜里对纯洁派村落蒙塔尤的描绘和卡洛·金茨堡对大胆的磨坊主梅诺基奥的研究。在主教区法庭的记录中，有关婚姻的案子触目皆是。历史学家一直都在利用这些资料来理解，在一个受到习俗与法律严密约束的世界里，乡下人与城里人是如何想方设法找到合适的伴侣的。[5]

再者，还有各种各样有关犯罪判决的记录。比方说，有这样一个故事，是1535年一位年轻的里昂村民讲给国王听的，他试图借此为一桩迫不得已的谋杀案求得宽恕。即使假设他的律师或公证员修饰了他的语气，我们仍然可以得到一桩不幸婚姻的写照：

> 约莫一年以前，该求赦者觅得一位嫁妆丰厚的伴侣，他娶了安瑟利·莱亚琳，从此以后，忠实地以她为妻，希望与她平安度日。但不知何故，安瑟利突然动了杀他的念头，然后打他，朝他扔石头。……该求赦者心平气和地接受了，心想过一阵子，事情就会风平浪静的。……但到这

> 个5月初的一个礼拜天，他和她安静地进餐，并向她要杯酒喝。她说她要给他的头喝，将瓶子砸到他头上，酒洒了他一脸。……接着，她在盛怒之下操起蒸锅，要不是女仆挡在他们之间，该求赦者肯定会被打成重伤的。……他非常气愤，拿起一把面包刀，追上安瑟利，将刀子刺入她的腹部。

他的妻子还来不及讲述她那一方的故事，就一命呜呼了。[6]

4 从这些文献中，我们了解到农民在狂怒或危急之下的期望与感觉。然而，1560年，图卢兹最高法院接到了一起刑事案，它揭示了许多年以来农民的婚姻状况。这桩案子如此非同寻常，以至于裁决这一案子的一位参与者把它写成了一本书，并且将它出版发行。他的名字叫让·德科拉斯，当地人，杰出的法学博士，民法与教会法的拉丁文注疏的作者，一位人文主义者。科拉斯的这本书——《难忘的判决》——汇集了这一案子的所有证据、正式的辩论词与判决书，并收入了他的相关评注。他说，这并非一出喜剧，而是一出悲剧，尽管演员都是乡下人，“地位低下的人”。该书以法文写就，在接下来的六年里重印了五次，在16世纪结束前，还刊行了另外几种法文与拉丁文的版本。[7]

科拉斯讨论马丁·盖尔案的这本著作，结合了法律文本与文学故事的特色，引领我们进入农民的情感与期望的隐秘世界。这一案子的不同寻常之处，给了我莫大的帮助，因为一场引人注目的争端，有时能揭示失落于日常喧嚣之中的动机与价值。

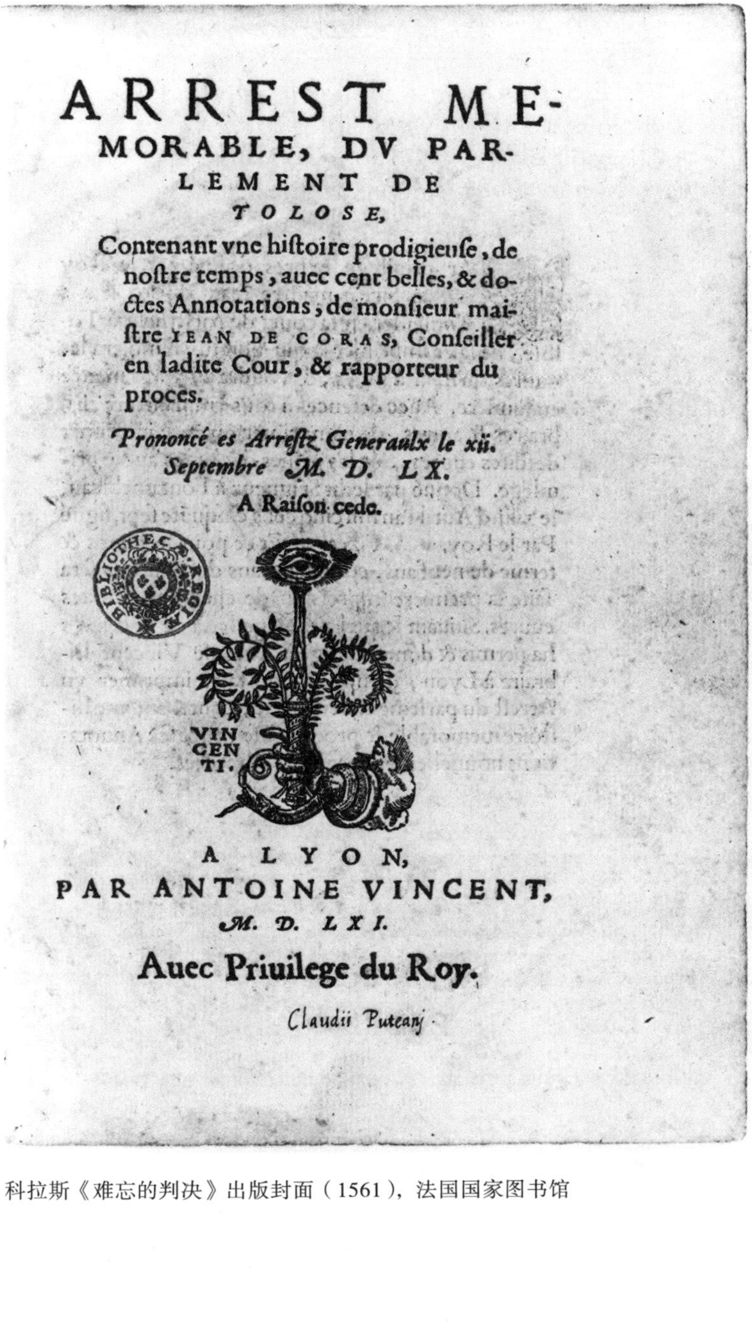
ARREST ME-
MORABLE, DV PAR-
LEMENT DE
TOLOSE,
Contenant vne histoire prodigieuse, de
nostre temps, auec cent belles, & do-
ctes Annotations, de monsieur mai-
stre IEAN DE CORAS, Conseiller
en ladite Cour, & rapporteur du
proces.

Prononcé es Arrestz Generaulx le xii.
Septembre M. D. LX.

A Raison cede.

VIN
CEN
TI.

A LYON,
PAR ANTOINE VINCENT,
M. D. LXI.

Auec Priuilege du Roy.

Claudii Puteanj

科拉斯《难忘的判决》出版封面（1561），法国国家图书馆

ARREST DV PARLEMENT de Toloſe, contenant vne hiſtoire memorable, & prodigieuſe, auec cent belles & doctes Annotations, de monſieur maiſtre IEAN DE CORAS, rapporteur du proces.

Texte de la toile du proces & de l'arreſt.

AV moys de Ianuier, mil cinq cens cinquante neuf, Bertrande de Rolz, du lieu d'Artigat, au dioceſe de Rieux, ſe rend ſuppliant, & plaintiue, deuant le Iuge de Rieux: diſant, que vingt ans peuuẽt eſtre paſſez, ou enuiron, qu'elle eſtant ieune fille, de neuf à dix ans, fut mariee, auec Martin Guerre, pour lors auſsi fort ieune, & preſque de meſmes aage, que la ſuppliant.

Annotation I.

Les mariages ainſi contractez auant l'aage legitime, ordonné de nature, ou par les loix politiques, ne peuuent eſtre (s'il eſt loyſible de ſonder, iuſques aux ſecretz, & inſcrutables iugemens de la diuinité) plaiſans, ny aggreables à Dieu, & l'iſſue, en eſt le plus ſouuent piteuſe, & miſerable, & (comme on voit iournellement par exemple) pleine, de mille repentances: par tant qu'en telles precoces, & deuancees conionctions, ceux qui ont tramé, & proietté le tout, n'ont aucunement reſpecté l'honneur, & la gloire de Dieu: & moins la fin, pour laquelle ce ſaint, & venerable eſtat de mariage, ha eſté par luy inſtitué du commencement du monde. [a] (qui fut deuant l'offence de noſtre premier pere, pour

[a] chap. dernier au titre de frigid. & malefic. aux Decretales & au ch. vn. de vot. & vot. redemp. au Sixieſme.

《难忘的判决》首页（1561），马扎林图书馆，巴黎我的希望是，证明这三位年轻村民的冒险活动，与其邻人们更为平凡的经历其实相距不远；而其中那位冒名顶替者的伪装，跟创造个人身份的更为常见的方式也有关联。我还想解释，为何一个看起来只适合通俗小册子的故事——而且其讲述方式也确实采纳了这种形式——成了一个法官的“一百一十一则精彩的评注”的主题；并且解释，为何在这个故事中我们可以看到，农民的命运与有钱人、学者的命运竟然存在着罕见的相似之处。

至于资料，我的出发点是科拉斯 1561 年撰写的《难忘的判决》和纪尧姆 · 勒叙厄尔同年出版的简短的《奇妙故事》。
后者是个独立文本，是呈献给这一案子的另一位法官的，它用 5
到的某些材料，在科拉斯的著作里没有出现，但我在档案资料中证实了确有根据，这种情况至少有两处。[8] 我让勒叙厄尔与科拉斯的著作互相补充，尽管在它们有冲突的几处地方，我更倾向于站在法官科拉斯一边。由于这次审判的全部证词已不存在（所有图卢兹最高法院 1600 年之前的这类刑事案件都已遗失），我通过查阅最高法院判刑的登记簿，以求丰富对这一事件以及法官的做法与态度的了解。在追踪我的乡村演员的过程中，我找遍了里厄与隆贝兹主教区所有村落的公证合同。当我在亨戴、阿尔蒂加、赛亚斯或是比尔戈斯无法发现我寻找的那个男人或女人时，我借助于来自同期本地的其他资料，努力去发现他们也许看到过的世界，他们也许有过的反应。我在这里奉献给你们的，一部分是出自我的发明，但那是经过过去的声音严格检验了的发明。

第一章　从亨戴到阿尔蒂加

1527 年，农民桑克西 · 达盖尔带着弟弟皮埃尔，还有妻子 6
和年幼的儿子马丁，抛下法属巴斯克乡村的家产，搬到了富瓦县的一个村子，一个步行需要三个礼拜才能到达的地方。

对巴斯克人来说，这可不是件平常小事。这并不是说拉博德人安土重迁，而是对他们来说，远行更多是出海，到大西洋捕鲸，甚至远赴拉布拉多。在移民迁居时，他们一般是渡过比达索河，进入西属巴斯克乡村，要不就顺流而下进入西班牙，而不是走向比利牛斯山北面的内陆。况且远走他乡的人，通常并不像桑克西 · 达盖尔那样，是其家产的继承人，而是无法或不会留在老家的弟弟。家对巴斯克村民来说非常重要，每座房子都起了名字，继承人及其妻子会接管这个名字——“他们自称是某某房子的男女主人，哪怕那仅仅是个猪圈”，一位不怀好意的观察者后来曾这么说。[1]

然而，桑克西 · 达盖尔的家可不是猪圈。它位于亨戴，正

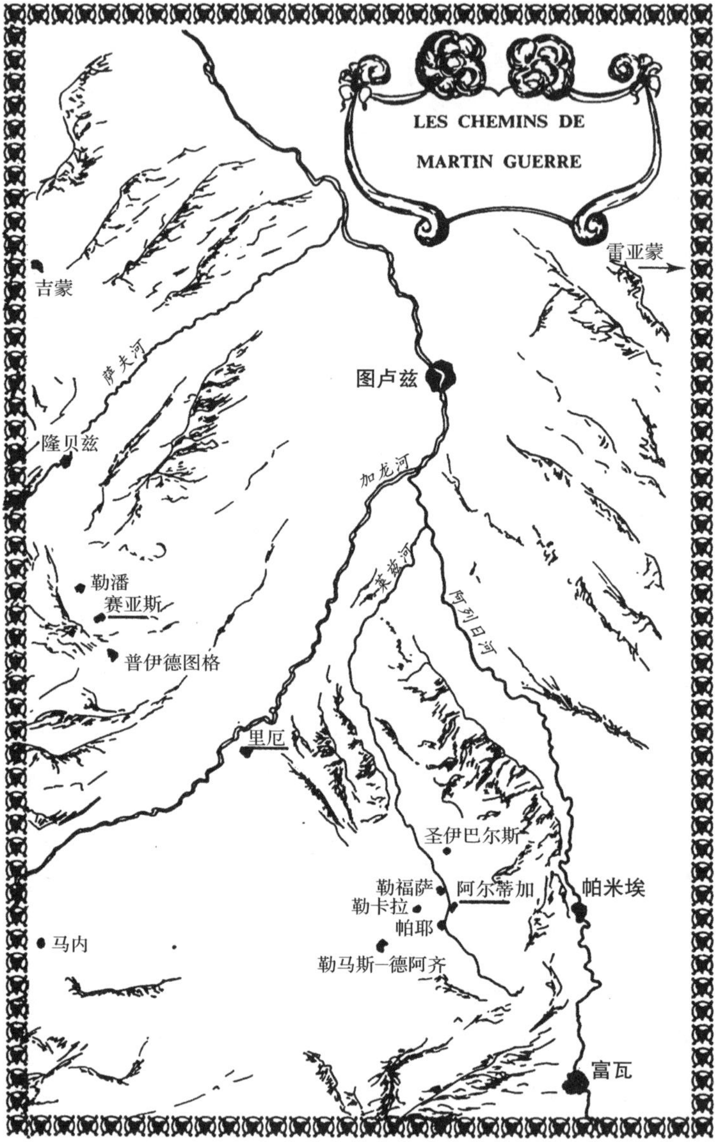
LES CHEMINS DE
MARTIN GUERRE
雷亚蒙
吉蒙
萨夫河
图卢兹
隆贝兹
加龙河
勒潘
赛亚斯
普伊德图格
莱兹河
阿列日河
里厄
圣伊巴尔斯
勒福萨
阿尔蒂加
帕米埃
勒卡拉
帕耶
马内
勒马斯—德阿齐
富瓦

马丁·盖尔的游历路线

好在法国与西班牙的交界处。根据 1528 年一位过路人的说法，7
村中没有几户人家，但公地相当多。村民居住在山地、河流与海洋之间，以牧羊、捕鱼、种田为生。除了小米之外，这里的黏土不适宜种植其他作物，但特别适宜苹果树；达盖尔兄弟利用黏土搞起制砖的副业。在拉博德讨生活并不容易，但至少在一些访客的眼中，它也不无可取之处：他们注意到村子的美丽景致，外海捕鲸的奇遇与惊险，捕获物的分配，男人、女人与小孩在海浪中嬉戏。“整个乡下的人都欢乐开怀……不论男女，他们总是笑着，开玩笑，跳舞”，1528 年一则评论如此说道。[2]

不过，桑克西 · 达盖尔还是决定搬走。也许这是因为一直以来战争对这一地区的威胁，巴斯克乡村和纳瓦尔长期以来就是法国与西班牙之间争端的根源，弗朗索瓦一世与查理五世皇帝之间的冲突，对这个边疆地区是有所影响的。1523 年，帝国的军队横扫亨戴地区，拉博德遭到洗劫；1524 年，瘟疫肆虐一时；1525 年，桑克西的长子马丁出生了。也许这是出于某种个人的原因，或是桑克西与他的父亲、“房子的老主人”（巴斯克语称之为 senior echekojaun）之间的争吵——假如他尚在人世，或是与其他人的争吵。也许是马丁的母亲动了搬家的心思，据说巴斯克女人性格外向，心直口快。[3]

不管出于何种缘故，桑克西终究还是收拾好家当，与他的家人以及尚未成家的弟弟上路了。祖产还留在亨戴，将来有一天马丁可能还会继承它。就算桑克西想要把它卖出去，也不容

8 易办到，因为拉博德的习俗（Fors）禁止转让祖传的财产，除非是在急需之时，即使如此，他还须征得有利害关系的其他亲属的许可。[4]但他可以自由处理通过个人辛劳获得的任何东西（acquêts）。桑克西携带的物资充足，完全可以凭着它们在新村子里站稳脚跟。

这一家子途经的道路，是条熙熙攘攘的大道。它穿过比利牛斯山脉与平原地区之间历史悠久的贸易区。随着图卢兹作为一个销售重镇的角色日益重要，这一地区经济发展的步伐也日益加速。[5]在萨夫河与阿列日河之间的边界上，一辆辆车子将球状的松蓝染料运往图卢兹染坊；同时，未修剪的羊毛、或粗或精的毛制品、木材、粮食、酒和水果也被运往图卢兹。达盖尔一家也许看到：商贩正前往地方集市；牧民们赶着牛羊上山避暑，或是远赴图卢兹与帕米埃平原过冬；香客一路前往当时香火还相当旺的孔波斯泰拉的圣詹姆斯圣祠；小伙子离开他们的村子，前往图卢兹与其他地方的街市。在他们的新生活中，这一边界将会变得举足轻重。最后，这一家子在阿尔蒂加落脚，这是个位于比利牛斯山麓的大平原上的村子，离帕米埃骑马只有几个钟头的路程。

阿尔蒂加沿着莱兹河两岸一字排开。与东面的阿列日河与西面的加龙河相比，莱兹河只是条小河，但水势还是很急，不时涨出两岸，冲坏农民的田地。在这片田地与它们上面的小山上，住着约莫六七十户人家，以种植桑克西与皮埃尔·达盖尔熟悉的小米，还有小麦、燕麦和葡萄藤，放牧牛、山羊、特别是绵羊为生。为数不多的工匠也在阿尔蒂加干活，铁匠、磨坊主、制鞋匠与裁缝各有一位；也许还有几种纺织的营生——在附近的镇子勒福萨，确有这些营生。集市不时举行，邦克伊家的人甚至自称是“生意人”，但中世纪阿尔蒂加的交易会已一去不复返了，如今当地大部分贸易转移到了勒福萨镇。在 1562 年，也许更早，阿尔蒂加有个驻村公证员。不过无论如何，至少有个公证员从勒福萨镇来村子里巡视，并且草拟合同。[6] 10

达盖尔家很快就会明白，阿尔蒂加与周围村镇有着经济上的联系。其中最为重要的，是阿尔蒂加与上游紧挨着的帕耶村，下游紧挨着的勒福萨镇，及西面山上的勒卡拉镇之间的经济往来。交易可能还会带着人们沿着莱兹河顺流而下，远及圣伊巴尔斯，往东前往帕米埃市，还有往回逆流朝比利牛斯山脉方向，来到勒马斯–德阿齐。阿尔蒂加的让·邦克伊将一头母马租给一位帕耶村的农民达六年之久。一位勒福萨的商人将牛租给勒卡拉镇的两位农户，后者以后在每年 9 月帕米埃的交易会上付给他粮食。阿尔蒂加的让诺·德罗每年冬天都前往勒福萨，订立合同，出售来自他的西班牙绵羊的羊毛。他马上便可得到贷款，五月再带着羊毛回来。其他人将羊毛卖给帕米埃的商人。一位勒卡拉镇的牧民与一位圣伊巴尔斯的商人达成某种协议，普罗文斯语称之为“加萨勒”（gasailhe）：牧民得到 30 头母羊，并负责喂养和放牧；商人与牧民共同分担将它们赶“上山”的费用，其利润则由两人五五分成。帕耶村的雅姆·洛泽与一位帕米埃的商人合伙放牧 52 头母羊，他们共同分担开销，分享

11 红利，剪下的羊毛被送到帕米埃，而盐巴被送到帕耶。粮食与酒类不是以实物租的方式，就是通过勒福萨与帕米埃的农民的买卖进入流通。[7]

对达盖尔一家来说，这样一个忙忙碌碌的小世界应该并不完全陌生，因为拉博德的村镇之间也有贸易往来。与巴斯克乡村真正的不同之处，在于土地通过继承与买卖而转手的方式。在比利牛斯山下的这片平原，普通人并不刻意去维持家产的完整。阿尔蒂加周围地区的遗嘱，很少让一个孩子独得好处，而是为女儿们置办嫁妆，在几个儿子中间均分家产——即使儿子有五个之多。（要是只有女儿，那么财产由她们均分。）有时两兄弟或女婿决定一起耕种土地；有时一位兄弟离开村子，便将他的那份传给另一位继承人；最普通的做法是（正如我们在 17 世纪阿尔蒂加的土地登记簿［terrier］中看到的），继承人分割土地，比邻而居。当两代已婚亲属同居共爨时，这个家庭并不像巴斯克那样，由老继承人与新继承人组成，而是由一位孤寡的父亲或母亲——通常是母亲，与她的其中一位已婚孩子组成的。[8]

在这种情况下，出售一件世袭家产所遇到的阻力，要比在拉博德小得多。一位勒福萨的牧师将园子卖给一位商人，他解释说，在过去的八年里，他得赡养他年老的双亲。阿尔蒂加的安托万·巴斯莱以 35 里弗赫[*]的低廉价格，把“他已故的父亲

---

* 法国旧时流通的货币名，当时价值相当于一磅白银。——译注

雅克·巴斯莱的第四份财产与继承权”，出售给附近小村的村民，而卡尔代罗兄弟将他们的 6 舍提（setérées）的土地（略少于 3 英亩），出售给勒马斯–德阿齐的格罗斯兄弟，后者正准备在阿尔蒂加安家落户。[9]

世袭的家产（les propres）虽说不时被出售，但这并不意味着莱兹河两岸的农民不看重土地。阿尔蒂加辖下的所有角落 12
的名字，同时也是家族的名字：“勒邦克伊”（Les Banquels）离村中心不远；“罗尔斯”（Rols）在西面；居住于莱兹河畔的“勒菲斯捷”（Le Fustié）的是磨坊主菲斯捷。像葡萄园与草场一样，耕地也有名字——“阿拉普拉克”（a la plac），“阿勒索布”（al sobe），“勒阿森普雷”（les asempres），“阿勒卡塔拉”（al cathala），“拉巴尔达塞”（la bardasse）；而获得这些葡萄园和草场的农民，有时将这些名字当作别名来使用。[10]

当然，在阿尔蒂加，家族与土地之间的对应关系，受制于村中的社会经济结构，这点可能比亨戴还要强烈。处于顶端的是富有的家族，像是邦克伊家族，挨在后头的罗尔斯家族，他们拥有许多地产，遍布于阿尔蒂加，其中一些他们自己耕种，还有一些则出租给其他家庭，收取定额租或分成租。正是这些人从阿尔蒂加村内征收教会薪俸的税收，每年从里厄主教手中购买这一权利，还主持村中教堂的教区兄弟会。他们与领主世界之外的上流家族，比方说帕耶村的洛泽家、勒福萨的乡村贸易商与制鞋匠博埃里家、圣伊巴尔斯的公证员迪福家交好。对照于这些村落精英，我们看到贝尔纳 · 贝特朗及其妻子，他们仅拥有 16 舍提地，不足以维持他们自己和六个孩子的生活；牧民让诺 · 德罗在困难时期得借酒和粮食；还有分成租佃户富尔兄弟，他们交租太迟，被地产的主人告上法庭。[11]

不过，阿尔蒂加的居民无需交纳采邑税，也无需为某领主庄园服劳役。不管他们拥有哪些土地，他们对这些土地的所
13 有权是不受限制的、完整的。他们对此感到自豪。至少在长达一百年的时间里，村中没有贵族的地产。有一个让 · 德埃斯科纳伯夫——来自紧挨在阿尔蒂加西面的拉努的一位领主，在达盖尔一家迁来后在这里买了地，但他像任何农民一样，必须交纳田地的平民税。* 村中的所有行政事务不是归社区本身管理，就是统归国王管辖。而国王的代表，首先是在骑马几小时远的里厄镇办公的法官、图卢兹的司法总管（sénéchal），以及提起上诉的图卢兹最高法院。处于最底层的是三四位阿尔蒂加的执政官，他们戴着村公所的红色与白色兜帽，每年由里厄法官认可的地方头面人物担任。他们对农业事务，如公地（在阿尔蒂加面积甚小）和冬天开始收割的日期，死后财产的监护、清单开列和拍卖，对缺斤短两的投诉，破坏公共秩序的亵渎神明现象以及打架斗殴事件等，拥有裁判权。他们偶尔召集男性居民开会。[12]

这一切对达盖尔一家肯定有吸引力，在他们长大的地区（尽管“贵族”于尔特比的势力正在扩张），领主制度一直就很薄弱。

---

* 即 taille，法国大革命前征收的平民税。——译注

只要是同一教区的成员，希望基于他们共同的需要起草乡例，他们就可以自由聚会。要是这一家子在上游紧挨着的帕耶镇落脚，情况就会大不相同，因为维尔米家族——帕耶的领主与富瓦城堡的长官——在那里建了座城堡。[13] 要是当地的领主或是他的代理人有权干预的话，马丁 · 盖尔案的进程也许会截然不同。事实上，阿尔蒂加人多数时间需要处理的只是左邻右舍的流言与压力。

除了独特的自由特权外，阿尔蒂加有个相当流动、混杂的认同。语言上，它刚好位于加斯孔语与普罗文斯语的交界处，14 而这两种方言有着不同的鼻音与流音。地理上，它地处富瓦县，但它和帕耶及其他一些村子一同归朗格多克管辖。虽说阿尔蒂加与帕米埃主教区所在地帕米埃镇是近邻，但它归更远的里厄主教区管辖。阿尔蒂加教会的主要教堂，是本村的圣塞尔南教堂，它的牧师是由图卢兹境内更远的圣艾蒂安教堂的牧师会提名的；阿尔蒂加辖下规模更小的巴茹教堂的副牧师，也是由图卢兹的牧师会指派的。在作为农民、牧民、诉讼当事人与基督徒活动的过程中，阿尔蒂加人应该可以越过不同的边界，而人们也用不同的名字称呼他们：加斯孔人、“富瓦人”、朗格多克人。[14]

达盖尔就这样来到这个村子，在莱兹河东岸落脚，获得土地（也许是购买某人的世袭地产），并像在亨戴那样开了家砖厂。至少暂时，兄弟俩组成了一个家庭，家业蒸蒸日上——“对小地产主来说，他们的生活已是相当舒适”，小册子作者纪尧姆·勒叙厄尔后来谈到他们时这么说。他们的地产扩张到山上的巴茹，除了砖瓦之外，他们现在有了小麦、小米、葡萄园和绵羊。[15]

为了让村民接纳，他们得接受某些朗格多克的风俗。达盖尔成了盖尔；假如皮埃尔曾用巴斯克式名字，如贝特里桑茨甚或彼得里之类，现在他已改了名。桑克西的妻子可能继续将粮食篮子顶在头上，但为了和邻里打成一片，她重做了发饰和裙
15 子的装饰。在教堂做弥撒时，她可能得习惯这里的女人并不会为了摆供品将男人推到一边，不会到教堂为教区委员会收东西，也不充任教堂司事。[16]

同时，他们可能要说一口更流利的普罗文斯话，并去熟悉一个比亨戴更频繁地使用书写文字的世界。“巴斯克语，”让·德科拉斯法官写道，“如此含糊难懂，以致不少人认为任何书面文字都无法表达它。”实际上，1545 年在波尔多出版了一本巴斯克语诗歌集，不过，在拉博德，行政记录与合同是用加斯孔语或是法语记录下来的。在他们的出生地做生意时，盖尔兄弟说的是巴斯克语、西班牙语或是加斯孔语。在加龙河与阿列日河之间的地区，他们常常在公证员面前说这几门语言。这些公证员散布于许多小镇子，即使在皇家的《维莱尔–科特雷特法令》（1539）实行之前，他们已用零星掺杂着奥克语词汇与拼音的法语来起草合同了。盖尔兄弟学会的书写技巧，足以让他们记简单的账，尽管像阿尔蒂加的大多数居民一样，他们从来没有将他们的名字签在合同上，他们可能也无法阅读。的确，在阿尔蒂加并没有教师来教他们做这些事。[17]

在这个村子扎根的同时，他们的家庭也扩大了。桑克西的妻子生了更多的孩子，其中四个女儿度过了婴儿的危险期。皮埃尔·盖尔娶了妻子，并根据已婚兄弟通常不再同居共爨的巴斯克习俗，他好像已搬到桑克西家附近的一个单独的房子里居住。兄弟之间很可能还分割了家产。后来在 1538 年，盖尔家出现在一纸合同上，这显示了来到阿尔蒂加十一年后，他们走得有多远：桑克西的独子马丁与贝特朗·德罗尔斯成婚，后者 16
是莱兹河对岸富有的罗尔斯家的千金。

贝特朗的父亲认为这是桩可以接受的婚事——这一事实进一步证明，这些年来这个村子是相当开放地接纳外来户的。另一个从勒马斯–德阿齐搬来的、事业蒸蒸日上的格罗斯家，与邦克伊家结交，被选为执政官。阿尔蒂加管辖区订立了许多婚书，有时像罗尔斯家与盖尔家，是在来自同一个教区的配偶之间订立的，但不可避免地，有的新娘或新郎来自更远的地方。让娜·德邦克伊与圣伊巴尔斯人菲利普·迪福成婚，而阿诺·德波尔德纳夫的年轻的妻子与母亲，都来自库塞尔朗主教区的一个村子。虽说巴斯克乡村还要更远，不过，在里厄主教区，从那个地区搬来的人并非不为人知：比方说，在加龙河畔的帕拉米尼，住着贝尔纳·盖拉及其妻子玛丽·达巴迪亚，两者都是地地道道的巴斯克名。也许阿尔蒂加的加里一家，当初也是从拉博德搬来的。[18]

罗尔斯–盖尔婚书的配偶双方异常年轻。根据历史人口学的著作，我们兴许以为他们至少已接近十八九岁，但马丁只有

十四岁。假如贝特朗像她后来交代的那么年轻[*]，那么，根据教会法，她的婚姻是非法的。但罗尔斯与盖尔两家都非常希望联
17 姻，而阿尔蒂加的副牧师梅西耶·雅克·博埃里是本地人，从现有证据看，他并没有进行阻挠。正如勒叙厄尔日后指出的，“因此，传宗接代的希望，不仅存在于国王心中，也存在于乡下人的心中，他们都留心在幼小的年龄就让他们的子女成家”。[19]

除了未来的后代之外，货物和劳务的交换肯定也在考虑之中。盖尔的砖厂可能对罗尔斯很重要，而贝特朗的兄弟对盖尔家的女儿们也很重要。贝特朗与马丁的婚书已遗失，但从其他许多保存下来的婚书中，我们可以推断其内容。加龙河与阿列日河之间地区的婚姻，通常并不存在大量土地从一家转手到另一家的情形。正如我们看到的，大部分财产原封不动，最终以生前的礼物与遗嘱的方式，在儿子中间分割。但人们还是给女儿出钱购置嫁妆，价值大约相当于一块葡萄园或是一块地的售价。在收入不高的人家，嫁妆的费用分摊到若干年中。富有的人家一次性地将它付给小夫妻，有时还添上一小块土地。年幼的贝特朗·德罗尔斯的嫁妆可能属于后一种：一笔 50 至 150 里弗赫的现金——对于城市新娘来说，这只是个微不足道的礼

* 贝特朗在其上诉中对里厄的法官说，“在还是个九到十岁大的小姑娘时，她就嫁给了马丁·盖尔，那时他的年纪也还很小，与求赦者的年龄大致相仿”。（Jean de Coras，*Arrest Memorable du Parlement de Tholose*…[Paris，1572]，p. 1）不过，在 1560 年审判时，一般认为马丁·盖尔三十五岁（Coras，p. 76），而根据他与贝特朗生活在一起的年份等证词，他结婚时年纪在十四岁上下。贝特朗可能也进入青春期了。

物，但从乡村标准看，这却是慷慨的——与莱兹河西岸一块叫德尔布拉的葡萄园（位于罗尔斯其他土地的旁边，16 世纪后期出现于盖尔家地产中）。除此之外，还有这一地区每个新娘随身带走的家庭物件与衣装：如带羽毛枕头的床、亚麻与羊毛床单、床罩、带锁和钥匙的钱柜、两三套不同颜色的服装。[20]

孩子们是在阿尔蒂加的教堂举行婚礼的，贝特朗的祖父安
德勒等先人就埋在那里。然后，参加婚礼的队伍回到桑克西·盖 18
尔家，按照巴斯克的规矩，这家的少主人应与老主人一同住在这里。晚宴后，小夫妻被送上贝特朗的婚床。到了午夜，村中年轻的狂欢者闯入他们的洞房，领头的名叫卡特琳·博埃里，她是阿尔蒂加副牧师的亲戚。她带着他们的 resveil。这种饮料由浓烈的草药与香料配制而成，可以保证新婚夫妇热烈地行房事，保证将来子孙满堂。[21]

第二章　不安分的农民

情况似乎表明，不管是在那个晚上，还是在此后八年多的 19
时间里，在贝特朗的婚床上什么事都没发生。马丁·盖尔阳痿，小两口“被施了咒语”。[1]

那应该不是马丁碰到的头一桩倒霉事。也许对拉博德男孩来说，要在阿尔蒂加长大成人，并不那么轻而易举。他必须区分不同的语言：他父母亲的巴斯克语，他们带口音的普罗文斯语，以及他在砖厂、收割与做弥撒时看见的人所说的话。有时他得到许可，与村中的小孩玩耍——他们的长辈曾抱怨，小孩从葡萄园偷葡萄——他的名字马丁肯定让他遭到了取笑。在亨戴，它只是个相当普通的名字，但那些年在阿尔蒂加，在让、阿诺、雅姆、安德勒、纪尧姆、安托万、佩伊和贝纳尔这些名字中间，就显得奇怪了。附近有一个教区的名字也叫马丁，但这于事无补。马丁是农民给动物，比如驴子起的名字，在当地传说中，牧民在山上看到的熊也叫马丁。[2]

在盖尔家，这位家中的少爷得对付不是一位，而是两位个
20 性很强的男性，他们的脾气都比较暴躁。在他后面只有女孩：他的妹妹让娜和其他三位妹妹，还有他的堂妹，皮埃尔·盖尔的女儿——全都是丫头片子。后来，当他的下体在下体盖片*内刚开始长大的时候，又有一个女孩，贝特朗·德罗尔斯，进入了他的生活。

桑克西·盖尔从未想过，他的儿子会在让婚姻开花结果上碰到麻烦。村里人可能会认为，不该让如此年幼的小孩成婚，不仅因为他还缺少经济能力和判断力来建立自己的家庭，还因为他仍处于青春期，他体内稀薄而脆弱的“荷尔蒙”，可能长出虚弱的精子（16 世纪的人们持这种看法）。但一旦男孩长出了耻毛，人们认为肉体的刺激便自然而然会开始，甚至于有过之而无不及。

有段时间，马丁及其家人应该都在希望阳痿终将成为过去。在巴斯克乡村，有种风俗允许年轻人“有婚前……跟女子试尝禁果的自由”，也许可以认为，这是性试验的阶段。不过马丁已长成高个、单薄的年轻人，像典型的巴斯克男人那样身手敏捷，并擅长乡村的击剑比赛与变把戏。贝特朗出落成了漂亮的年轻女孩。（“美丽”[belle]是科拉斯后来用来形容她的第一个字。）然而，还是什么事都没有发生。贝特朗的家人要她与马丁离婚。由于这桩婚姻没有结果，三年之后它就可解除，而

* 15、16 世纪男子裤腿之间的下体盖片。——译注

根据教会法，她就可自由地再婚了。[3]

这可是奇耻大辱，村子里的人肯定让他们明白了这一点。要是一对已婚夫妇在一段时间后仍未怀孕，他们就成了“大声喧哗”的绝妙靶子——帕米埃附近地区管“大声喧哗”叫caribari或是calivari。与马丁一同击剑和耍拳脚的那些年轻
人，肯定抹黑了脸，穿着女人的衣服，聚集在盖尔家门前，21
打着酒瓮，敲着铃，把剑弄得“格格”响。[4]这真是令人丢脸的事。

马丁被施了巫术。贝特朗后来提到，他们俩被“巫婆的符咒”给“捆起来了”，这样一来，他们就无法履行婚约——施咒的人，不是对盖尔家及其与罗尔斯家珠联璧合的联姻心存嫉妒的巫婆，就是某位妒火中烧的男人或女人所雇用的人。（现在，丈夫的阳痿经常归咎于他的妻子的控制或挑剔。在16世纪，这种情况一般是归咎于婚姻双方之外的一位女人的力量。）要是拉博德和富瓦县有民间治疗的传统，这对夫妇肯定曾不止一次咨询过当地的接生婆。最后，约莫八年之后，一位老妇人“像从天而降那般突然出现”，告诉他们如何解除咒语。他们请牧师做了四场弥撒，并吃了牧师送的圣饼和特制的蛋糕。马丁让婚姻开花结果了，贝特朗随即身怀六甲，生下一个男孩，在洗礼上，以他祖父的巴斯克名字，取名为桑克西。[5]

然而，新父亲的情况还是不太妙。假如我们从他如何选择他一生中接下来十二年的生活，来推断马丁·盖尔的心境，那么，

除了与其他年轻人的击剑比赛和变把戏之外，他对阿尔蒂加几乎提不起任何兴趣。他在多年阳痿之后靠不住的性欲，包括行将出嫁的妹妹们在内的大家庭，他作为继承人的地位——现在因他的儿子桑克西的降生而更加稳固，这一切他统统都不想要。在巴斯克人的家里，老主人与少主人之间的关系，顶好不过是脆弱的。人们可以想象，固执的父亲桑克西与叛逆的儿子马丁的关系会是怎么样。

研究人口流动的历史学家常常认为，农民迁徙仅仅是出于
22 经济方面的考虑；但盖尔一家的个案表明，这并不完全正确。马丁对小米地、砖厂、财产与婚姻之外的生活梦寐以求。他有一些旅行经历：他曾往东到帕米埃举行坚信礼，无疑还包括其他一些旅行，往西他到过萨拉河畔的马内，在那里，他跟当地的旅馆掌柜成为知交。[6]但办完事后，他最终还得回到阿尔蒂加。事实上，村落社会也的确存在一些制度，允许年轻人有个放风的地方，让他们体面而暂时地逃脱家庭生活的限制。在巴斯克乡村，那就是出海和捕鲸的活动，马丁肯定曾从他叔叔和父母的口中听到过。在整个比利牛斯山区和山下的平原，那就是牧民及其牲畜的转场，正如勒华拉杜里在对蒙塔尤的皮埃尔·莫里的刻画中如此优美地揭示的那样。[7]对富瓦县内地人来说，第一种选择并不可行；而第二种已不再是阿尔蒂加最体面的人家所能做的社会选择。那些将羊群赶“上山”的人，是不受莱兹河谷的庄稼、贸易和其他行当约束的。

还能找出其他离开家的路子吗？勒福萨有个学校，年轻的

古怪的士兵（约 1545），阿列日档案馆，5E6220

多米尼克·博埃里曾在那里读过书，后来进了大学，成为一个法学学士。再就是像其他地方一样，朗格多克也建立了弗朗索瓦一世的乐队与部队。在拉博德，达盖尔兄弟曾在国王的军队中服过役。就连勒马斯–德阿齐，一位有身份的公证员，也对之梦寐以求，在他的登记簿上，画有士兵的像。还有西班牙，每年诱惑着里厄主教区的百姓。圣伊巴尔斯的佩伊·德尔·里厄在“打定主意前往西班牙讨生活”后，在上路前立下遗嘱，万一他死了，他的姐妹就可得到他的财产。拉努的弗朗索瓦·博内卡斯，带着他的妻子前往巴塞罗那，但在一些婚书中，新郎
24 特别说明，万一婚后他决定前往西班牙，他的父母应如何为新娘提供食宿。[8]

这些路子，没有哪一条是桑克西·盖尔同意让他的儿子马丁走的。但在 1548 年，小桑克西才几个月大，马丁刚满 24 岁，那年发生的一些事，让老主人的态度变得无足轻重。马丁从他的父亲那里“偷”了一点粮食。由于他们住在同一个屋檐下，这一盗窃行径可能反映了两位继承人对权力的争夺。但不论如何，根据巴斯克的规矩，盗窃行为，尤其是发生在家中的盗窃行为，是不可饶恕的。“巴斯克人是忠实的，”皮埃尔·德朗克里法官后来写道，“他们相信盗窃行为是一个下贱的灵魂、一个低微而卑鄙的心灵的行为。它是一个人自贬身份的贫困的证明。”马丁·盖尔现在将自己置身于尴尬的境地。“由于害怕他严厉的父亲”，他离开了——他离开他的家产、父母、儿子和妻子，许多年过去，他音信杳无。[9]

马丁·盖尔是否沿着他父亲二十年前走过的路，对拉博德进行重访，搞清这一点是件饶有趣味的事。他作为继承人的身份，如今正受到怀疑，况且他可能也不想见到若阿图·达盖尔和其他堂兄弟，免得他们将他的行踪泄露给他的家人。但他可能至少看到了他的出生地和海边的浪花。可以确定的是，他越过比利牛斯山，进入西班牙，学会说卡斯蒂利亚话，最后在比尔戈斯成为罗马天主教堂红衣主教弗朗西斯科·德蒙多扎家的一名扈从。[10]

1550 年，比尔戈斯是一座拥有大约 19000 人口的繁荣的 25
城镇，当时仍是卡斯蒂尔的商业中心，羊毛销售的中心，并接待前往孔波斯泰拉的圣詹姆斯教堂的香客。那年被任命为它雄伟的教堂的主教的，是弗朗西斯科·德蒙多扎·博巴蒂拉，他曾担任科里亚的主教，是位学者与人文主义者，伊拉斯谟与维韦斯在世时的朋友，1544 年起担任红衣主教，在特伦特会议的第一阶段曾是皇室派（imperial party）的成员。由于卷入教会与查理五世的高层政治斗争，弗朗西斯科先生有好几年住在意大利。他派他的弟弟佩德罗·德蒙多扎——西班牙驻圣地亚哥军事当局的指挥官（comendador）和西班牙军队的将军——于 1550 年 8 月将他的委任状送到教堂牧师会。估计佩德罗还需要保证他的家人在主教宫廷生活得顺顺当当，保证在他离开期间，他家能为高级教士们办事。[11]

那位来自阿尔蒂加的青年农民，肯定是在这座宫殿里成为

一名扈从的。* 这是个由大教堂牧师会的贵族成员、比尔戈斯市政府的大商人、新近前来的耶稣会士以及其他与主教家有来往
26 的人组成的世界，如今他生活在大人物的世界的底层。他见识了精心表演的大教堂礼仪，相比之下，巴茹和阿尔蒂加的教区弥撒就如小巫见大巫。他佩着剑，穿着西班牙一个最有权势的家族的制服，穿梭于这座拥挤的城市。他是否曾为离村出走有过一丝悔意？或者，是否曾将他的往事告诉忏悔神父呢？

后来，马丁转而伺候弗朗西斯科的弟弟佩德罗——他也许注意到了马丁的本事；再后来，作为佩德罗的扈从进入了西班牙的军队。在某一时间，他被带到佛兰德斯，成为后来菲利普二世用以在圣康坦攻击法国的武力的一分子。他可能从未想到，这会让他犯下严重的叛国罪。不过，在那里他可能也未曾动过返回法国的念头。

不管他在哪里服役——跟着他的主人佩德罗在轻骑兵当中也好，或是在步兵当中也好——在西班牙攻击皮卡尔镇的最初几天，马丁挺了过来，没有挂彩。至 1557 年 8 月 10 日，圣劳伦斯节那天，菲利普二世的军队击溃前来给城市解围的法国军

---

* 科拉斯的说法是：“该马丁 · 盖尔年轻时便到了西班牙。比尔戈斯的红衣主教，之后是他的弟弟把他当作扈从来使”（p.137）。弗朗西斯科 · 德蒙多扎直至 1557 年 9 月才住入他的主教管区，那时马丁已离开了比尔戈斯。我猜想他是在弗朗西斯科来临之前担任主教宫殿的扈从的。可以认为，他是通过某种途径，在主教的罗马和锡耶纳家中成为仆人的——这会让马丁 · 盖尔见识更多新鲜事——但科拉斯与勒叙厄尔都没有提到在意大利逗留一事。由于身手敏捷，巴斯克人是 16 世纪为人称道的好扈从。甘冈大（Gargantua）有位巴斯克扈从；蒙田提到他们喜爱运动（Rabelais，Gargantua，ch.28；Montaigne，Essais，III，ch.13）。

队，杀了许多人，并俘虏了法兰西总管等人。“我们缴获了许多战利品，包括武器、马匹、金链、银子和其他东西”，一位西班牙军官在日记中得意扬扬地说。佩德罗·德蒙多扎抓到两名俘虏，他因此得到 300 埃居的赎金。至于马丁·盖尔，他的腿被法国火绳枪击中，必须截肢。马丁·盖尔身手敏捷的时代一去不复返。[12]

第三章　贝特朗·德罗尔斯的名誉

马丁·盖尔出外冒险时，他的妻子还不到二十二岁。这位“美 27
丽的妙龄女子”在回首往事时，可能也曾有过一丝遗憾。

我们顶多只能了解到，贝特朗的童年至少是与一位兄弟生活在一起的，她不离母亲的左右，学习织布和其他的女红。阿尔蒂加和附近村子的女孩，有时被送去服侍其他人家——比方说，我们发现勒福萨一位商人的妻子将衣服留给仆人洗——但像贝特朗这类人家，更常见的是她们在自己家中帮忙做家务直至出嫁。[1]

贝特朗还没有等到有机会在阿尔蒂加的圣母升天节[*]宴会上，伴着小提琴声，与村里的小伙子一起跳舞，或是体验其他求爱礼仪，就已经跟马丁·盖尔成婚了。她那时候就已经开始开“花儿”了——人们这么称呼女子行经，这一点的可能性是

---

* 每年8月15日。——译注

存在的，要不然两家人就会反对成婚那晚喝下意在让她怀孕的药酒了。但在如此小小年纪，住在陌生的人家，她像马丁一样也有性抑郁的问题。她也被“施了魔法”，正如她后来在里厄
28 法庭所说的那样。现在，为阻止夫妻行房事，巫婆通常只针对男性的器官施咒。[*]（但这种情况也会发生在女子身上：正如审问官在《巫师之锤》[*Malleus Maleficarum*]中解释的，“魔鬼压抑女子的好感，让她将丈夫视为厌物，根本不许他与她同床共枕”。[2]）

贝特朗也许并没有讲过这样的话，但情况似乎表明，有段时间她为他们不必行房事而感到解脱。不过，她的亲人要她离开马丁时，她断然拒绝了。我们从中已经能了解到，贝特朗·德罗尔斯的某些性格特征在十六岁时已经表露无遗：她关注自己作为一个女人的名声；固执的独立性；对如何对付加诸女性身上的限制，她抱着敏锐的现实主义态度。她拒绝让她的婚姻解体——在她父母的请求下，接着很可能会开始另一桩婚姻——这让她暂时从妻子的某些职责中解脱出来。这给了她一个机会，与马丁的妹妹们成为知心姐妹，她同她们相处得不错。她还能赢得恪守妇道的名声。科拉斯日后在提及她拒绝离开马丁这件

---

* 的确，在报告贝特朗的供词时，科拉斯的评注假定被施咒的是马丁，它仅仅描述了对男性施咒的方式。他说道，女性的“性无能”是出于自然原因，比方说妇女的“阴户太窄、太紧，以致她无法容受与男人行房事”（pp. 40-44）。但这并不是贝特朗的问题。宗教法规学家也很少关注妇女性无能的超自然原因。Pierre Darmon, Le Tribunal de l’impuissance (Paris, 1979），pp. 48-52.

事时，曾说过这样的话，“那个行为，像块试金石，为德罗尔斯的名誉（honnesteté）提供了重要的证明”。[3] 阿尔蒂加的某些贤妻们，应该也曾提过同样的感受。

后来，当贝特朗准备就绪的时候，那位老妇人“像从天而降那般”，帮她解除了咒语。她终于生下一个孩子，这一事 29
件对她来说，就像对那些婚姻开始得更为顺当的村姑一样，意味着进入成年的真正第一步。贝特朗从她自己的母亲、她的巴斯克婆婆和她的教母身上，熟悉了成年妇女的世界。等待着她的是什么呢？首先，这个世界的组织结构和公众认同与男性密不可分。在阿尔蒂加及其周围地区的妇女名字中如此频繁地出现的虚词“de”，并不是出于农民对贵族的仿效，而是表达村落社会的分类系统的一种方式。贝特朗名叫“德罗尔斯”（de
Rols），因为她的父亲叫罗尔斯（Rols）；让娜叫“德邦克伊”（de 30
Banquels），因为她的父亲叫邦克伊（Banquel）；阿诺叫“德托尔”（de Tor），因为她的父亲叫托尔（Tor）。正如我们看到的，莱兹河两岸的继承人总是男性子嗣，除非这户人家“不幸”到只有女儿。村中的执政官只召集男性村民参加议事，只有在发布命令时才会召集妻子和寡妇们。[4]

但是，在田间与家内日常生活中，女人总还是举足轻重的。她们从事典型的女性工作，如锄地、修剪葡萄藤、收割葡萄。她们同丈夫一道承租、耕种土地，剪羊毛，签订加萨勒合同，照顾母牛与小牛。圣伊巴尔斯的一个叫马拉吉耶·科尔塔耶的寡妇，甚至凭一己之力，通过加萨勒的方式得到十八头小

农民的舞蹈，Georges Reverdy, *Le Branle*, ca. 1555, 法国国家图书馆，木版画陈列室

羊，许诺“像家中的好父亲那样”照顾它们四年。她们为勒福萨的织工纺纱，做面包到其他村子兜售。又如勒卡拉的玛格丽特，一个别名叫拉布吕加尔斯的女子，将小笔的钱拿来放债；而村中商人的妻子和寡妇，像是勒福萨的贝特朗·德古特拉斯和苏珊·德罗贝尔，则进行大宗粮食、小米和酒类的贩卖。当然，她们也充当接生婆，由于这一地区几乎没有外科医生，她们得治不少病。[5]

寡妇们全看丈夫与儿子的心意。从原则上说，根据朗格多克的习俗，寡妇有权拿回她结婚时带来的所有嫁妆，外加嫁妆的“增值部分”——约当嫁妆价值的三分之一。实际上，在阿尔蒂加及其附近村镇，婚书并未提到这点。只有在特殊的情况 31
下，像是当她的父母或是守寡的母亲计划和夫妻俩生活在一起时，它们才会明确说明妻子对丈夫的地产所拥有的权利。大多数决策都是根据丈夫一己的意志。他能做的事，顶多只是一旦他的妻子“守寡”（有的遗嘱还加上“并恪守妇道”），她可能得到他所有财产的用益权。要是他真正信任她，或是想对“她善解人意的服侍”予以嘉奖，会特地说明她可以享用他的财产，“而不必将账目移交给世上的任何人”。要是她无法和他的继承人相处，那么，他会为她制订详细的供给计划：每年七夸脱的粮食和一桶好酒，每隔一年一套衣服、一双鞋子和袜子，供她取暖用的木材，如此等等。要是她再婚，就给她一笔钱，其价值相当于她的嫁妆，或是她的嫁妆外加增值的那部分。[6]

这一农民世界的现实，意味着妇女不仅要有农妇的好手艺，还要有跟男人打交道，算计她的收益（比方说在守寡期间）的能力。贵族出身的迪尔福夫人罗丝·德埃斯佩涅，买入村子东面的土地，还欺压她的分成租户。阿尔蒂加的妻子们可能从来不会期盼拥有这位女继承人的地位。但她会希望得到其他村妇的尊重和作为寡妇的非正式权力，期盼人们用尊敬的称呼 Na 来叫她，期盼有能力将一个葡萄园送给刚结婚的儿子，给她所有的教子教女穿上紧身裤（hosen）。妇女们看来已适应了这一制度，而这一制度通过母女之间的紧密纽带和隐秘同谋，一代代地传了下去。作为妻子，她们选择丈夫为她们的唯一继承人（universal heirs）；作为寡妇，她们通常更愿意选择儿子而不是女儿作为继承人。如果有人侮辱她，说她是个“婊子”
32 （bagasse），她就被大大开罪了，就会去索取赔偿。的确，勒福萨就有一个善良的妻子将邻妇告上法庭，因为那个邻妇在因家禽而起的争吵中不仅揍了她，而且还管她叫“鸡婆”。[7]

贝特朗就是在这些价值观中长大成人的。在后来的所有奇异经历中，贝特朗从未表现过想要脱离这一村落社会的意图，不管是被它摒弃，还是主动要求离开它。但她的确在寻求她自身的行事方式。她的婆婆是个自信的巴斯克妇人，这个近在眼前的榜样，也许曾给了她帮助。不少拉博德的妇人本身就是继承人和女主人，她们的“厚颜无耻”是出了名的，后来她们又以装神弄鬼而臭名昭著。[8]

如今，贝特朗已是有一个儿子的母亲了，正在她与婆婆建立起新关系的当口，马丁·盖尔消失得无影无踪。这是场灾难。即使对热衷于飞短流长的农民来说，一位重要村民的意外失踪也是令人烦恼的，会在年轻夫妇中间造成不正常的阴影。对从巴斯克乡村迁来的盖尔一家来说，这又是另一件必须尽快处理、让人尽快遗忘的丑闻。马丁的父母直到过世，仍未得到儿子的音信。老桑克西最后宽恕了他，在留下的遗嘱中，指派马丁为他们的继承人，继承亨戴的财产与阿尔蒂加的土地。当地的公证员知道在唯一继承人不在时该做些什么：“假如他死了，或是一去不返”，根据遗嘱的格式，其他人将会取代他的位置。暂时来说，皮埃尔·盖尔会作为遗产管理人，管理他过世的兄弟留下的数量可观的财产，并充当马丁的未婚妹妹们的监护人。[9]

在这些年的某一时期——很可能是在16世纪50年代，紧随着老桑克西去世之后——皮埃尔·盖尔尽力挽救盖尔家与罗尔斯家的关系，帮助被马丁遗弃的妻子。现在，作为有几个女儿的鳏夫，他娶了贝特朗守寡的母亲为妻。* 他们的婚书想必相 33
当详尽，这是在联合家庭建立之时起草的。贝特朗的母亲可能带来现金或财物，总之是在她丈夫设想她再婚时给她留下的任何东西；而皮埃尔可能许诺照顾贝特朗及其儿子桑克西；他们会商定如何分配婚后赚得的任何财物。附近那座老、少主人曾住过的房子，想来已暂时租给别人——没人会相信，在这种情况下年轻的贝特朗还能照看它。皮埃尔·盖尔在自己的土地上，接任这一差不多全是由女性组成的家庭的家长。

由于所有这些事情，贝特朗的地位大打折扣。她既不是妻子，也不是寡妇，重新与她的母亲住在同一个屋檐下。她既非妻子，又非寡妇，但又不得不在磨坊、井边、砖厂和收割时面对其他村妇。法律也没给她提供便捷的解决办法。从12世纪

* 科拉斯没有提到皮埃尔·盖尔与贝特朗母亲结婚的时间（pp. 67-68），但这个时间的可能性似乎最大。书中从未将皮埃尔的女儿们称为贝特朗的姐妹或异父姐妹，他肯定是在第一次结婚时生下她们的。不管她的丈夫在遗嘱中做出怎样的经济安排，女儿的困境可能才是贝特朗母亲再婚的起因。

教皇亚历山大三世采取相对宽松的态度以来，博士们坚持，在丈夫不在场的情况下，不管多少岁月流逝，妻子都没有再婚的自由，除非她握有他死亡的某些证据。至于民法的传统，占上风的是更为严厉的查士丁尼法。1557 年，在判决一个婚姻案子时，图卢兹最高法院曾援引过它：“在丈夫不在场期间，妻
34 子不可再婚，除非她握有他死亡的证据，……即使他离开超过二十年也不行。……死亡必须由证人提供证明，她必须提供确凿的作证书，或是重要和显然的推断。”[10]

当然，农民会试着逃避法律——这几乎不会是第一次，捏造出溺死或是挨枪子儿的消息；或者，如果村中有个愿意合作的牧师，那么，干脆就将法律束之高阁。但贝特朗并不打算这么做。她讲究实际的打算，让她跟儿子亲近，让她寄希望于某天他能继承那些东西。此外，还有她对自己和名声的自豪感。不管她碰到什么眼神或是勾引，这位美丽而年轻的女子都“恪守妇道而体面地”生活着（人人后来都会证实这点）。[11]

她辛勤劳作，抚养儿子桑克西，同时，她等待着。她可能跟她的四位小姑子，跟她被施咒期间曾咨询过的女巫一起打发孤独的时光。在阿尔蒂加教堂接替梅西耶·雅克·博埃里的牧师位置的都不是本地人，他们可能并不是一年到头住在教区里。贝特朗也许仅曾向公墓的教堂中的圣卡特琳倾诉过她的烦恼。[12]但她肯定对她的一生进行了反省，并像她日后在里厄法官那里罗列的那样，将它分成三个阶段：她九到十年的童年期，九到十年的婚姻期，她长达八年或更长的等待时光。[13]

越过只有短暂的性生活时光的少女期，越过她丈夫几乎不了解她、可能还畏惧她、确定无疑地抛弃了她的那场婚姻，贝特朗梦寐以求的是一位即将归来的，却又截然不同的丈夫与爱人。1556 年夏，一个男人出现在她面前，自称是长期失踪的马丁·盖尔。在此之前，他的身份是阿诺 · 迪蒂尔，别名叫庞塞特。

第四章　阿诺·迪蒂尔的面具

在加斯孔尼和朗格多克，迪蒂尔是个普普通通的名字，在 35
阿诺的出生地隆贝兹就可以经常听到。他的父亲阿诺·吉扬·迪蒂尔是当地的赛亚斯村人，而他的母亲巴罗氏来自附近的勒潘。这些地方位于里厄主教区西北部，离加龙河较远，从赛亚斯骑马到阿尔蒂加，要花整整一天工夫。

当时的人管阿诺的家乡叫科曼热。那里“盛产粮食”，他的同乡弗朗索瓦·德贝勒福雷写道：“盛产酒、水果、干草、核桃油、小米和其他生活必需品。科曼热人口众多，都是无畏的斗士。……还有数不清的大城镇，富庶的村子，古老的城堡，贵族的数量比法国其他任何地区都多。”[1]

阿诺·迪蒂尔大概不会用如此绚丽的辞藻来描述他的家乡。赛亚斯住着领主让·德维兹及其儿子塞弗里，这个权倾一时的科曼热—佩吉扬世家，控制着勒潘的领主权。这不仅意味着例行的捐税，而且意味着对村落生活的干预，就像马内的领主试

36 图限制居民开小酒馆和屠宰铺的权力那样。“人口众多”不仅意味着农业劳动人手过剩，而且意味着土地的供给压力，隆贝兹主教区的公证员就得常常起草分成租约。[2]

不过，由于在图卢兹的影响范围之内，这里是个活跃的经济区。赛亚斯和勒潘的农民前往里厄姆，前往更远的多东岛、隆贝兹、吉蒙和图卢兹，进行粮食、酒类、布料和木材的贩卖。根据加萨勒的惯例，他们会带回绵羊、山羊和牛，然后上交羊毛和皮革。赛亚斯本身是里厄姆周围较小的村子之一。在小山和山坡上，住着约莫三四十户人家，他们大都以种地和放牧为生，还有几户人家从事纺织亚麻布和其他几种乡村手工业。勒潘比较大，比阿尔蒂加还大，也有从事不少行当的工匠，尽管第一位驻地公证员可能迟至 17 世纪才出现。[3]

在这个乡村社会里，迪蒂尔家和巴罗家都是家境平平的人家。1551 年，主教视察至此地时，他们没有被列入他们村子的执政官和地方官（bassiniers）的行列——跟商议地方事务和管理教区委员会的德贝雅特家、多邦家、德索尔家和圣安德里厄家不在一块。实际上，他们属于中农家庭，土地和葡萄园足以维持温饱，因此，阿诺·吉扬过世后，他的儿子们均分了家产（和阿尔蒂加一样，这也是赛亚斯和勒潘的习惯），阿诺应该分到了一点土地。[4]

迪蒂尔家值得注意的人物是儿子阿诺。他的少年时代和马丁·盖尔刚好相反。他在一个全是男孩的家庭中长大，而且跟弟兄们处得不错。他矮一点，也更粗壮，不太擅长农活。但他的口齿异常伶俐，他的好记性会让演员嫉妒。他属于这么一种类型的孩子：赛亚斯的牧师——差不多是村中唯一会签名的 37 人——也许会认定他有做牧师的潜力，并想将他送入学校。[5]

要是他们果真这么试过，他们一定会大失所望。阿诺·迪蒂尔是个出了名的“浪荡子”，是个“生活糜烂”“坏事干尽”的年轻人。这意味着他也许是在里厄姆的小酒馆里饮酒作乐，也许是和图卢兹的妓女鬼混。他被称为庞塞特（“大肚皮”），意即一个胃口很大的人。他肯定热衷于嘉年华节，热衷于化装、跳舞和节日的“青年修道士”（青年团体）的所有比赛，这些都是加斯孔尼村落生活中非常引人注目的地方。他脾气急躁，尽管也许他还没有冒昧到侮辱圣母玛利亚的地步，但人们经常听到他以基督的头、身体、血和伤口发誓赌咒，他尽是和打牌和赌博的浪荡子混在一起。庞塞特聪明到别人开始怀疑他是否会施巫术，这里说的可不是一位干瘪的老太婆，而是个二十出头的喜欢交际的年轻人，因此，这几乎是一种恭维。[6]

就这样，一如马丁·盖尔在阿尔蒂加，阿诺·迪蒂尔也和他的家庭及其农民的家底格格不入。尽管他曾到过普伊德图格，甚至远赴图卢兹做事，但他一直梦想着赛亚斯领地之外、隆贝兹主教区群山之外的世界。加入国王步兵的可能性总是存在的，因为在这些“冒险家们”当中，加斯孔人显得如此超群。离开这一地区出外打仗的士兵，便常常请吉蒙的公证员起草遗嘱。在发生一系列小偷小摸行径之后，庞塞特上路了，前往皮卡底战场为亨利二世效力。[7]

38 在阿诺·迪蒂尔决定假冒马丁·盖尔之前，这两个亡命之徒曾碰过面吗？在呈给里厄法官的诉状中，贝特朗·德罗尔斯说他们可能曾在同一个部队中当过兵，因此彼此认识——“很可能，该迪蒂尔同该马丁并肩战斗过，并以朋友关系为借口，从他口中了解到许许多多有关他自己和他的妻子私密而独特的事情”——这一意见让科拉斯写下了一条有关友情和背叛的评注。阿诺在里厄的证词中，有一点可以支持两人曾打过交道的看法，那就是他报告了马丁·盖尔离开后据称曾在法国和西班牙拜访过的地方和人物，这一切随后都得到法庭的证实。这些情况可能来自马丁，或是来自认识他的人。但很难看出他们在军队中是否成了知己，因为马丁正在为法国国王的敌人——西班牙的国王而战，而阿诺在马丁离开比尔戈斯之前，可能就已从皮卡底打道回府了。[8]

不过，这两个年轻人也可能在这一地区或其他地方游荡时曾谋过面。让我们把它当作一种“思维实验”，来想象阿尔蒂加的这个继承人，如果与赛亚斯那巧舌如簧的农民结为知己，会发生什么事情。他们知道，两个人外貌酷似，尽管马丁比阿诺要高点、瘦点，也长得更黑点。他们不是通过观察，而是从其他人口中了解到这一点的，因为16世纪的村民并不是通过经常照镜子（这种玩意在农民人家是找不到的）来形成对自己面貌的印象的。这令人不安却又叫人难忘，因为民间有大量谚语谈到，眼睛的形状或是下颚的样子，是如何表示某些性格特
39 征的[9]。他们怀疑，他们的相似之处是否超出了外表。他们彼

此交心。马丁表达了他自己对家产和妻子含糊的看法，在那个长相酷似的人听来，这意思似乎是暗示他去“占有她”。庞塞特对自己说：“何乐不为呢？”不管如何，后来在阿尔蒂加期间，阿诺曾对赛亚斯的熟人透露了一点事情，其中一件就是“马丁·盖尔死了，他将他的财产给了我”。[10]

这只是可能发生的剧情，但与阿诺·迪蒂尔最后供认的并不相同。他声称在到阿尔蒂加之前从未见过马丁·盖尔。假如这一点属实，那么，这件冒名顶替的案子就越发有趣了（小册子作者勒叙厄尔的说法是更“奇异”[mirabilis magis]），从心理学上说，这也更有可能：它显示了将他人的生活占为己有与单纯模仿此人之间的区别。阿诺是在 1553 年前后，想必是在泰鲁安、埃斯坦和瓦朗谢讷战斗之后，从皮卡底的军营返乡的。一天，在沿着萨拉河穿过马内时，他碰见马丁的两个朋友，多米尼克·皮若尔少爷和旅馆掌柜皮埃尔·吉耶，他们将他错认为阿尔蒂加的那个失踪者。[11]

在这个当口，骗子庞塞特立即打起精神。他使出浑身解数，巧妙地打听马丁·盖尔，他的处境，他的家人，他过去的一言一行。他骗过了皮若尔、吉耶和盖尔家“其他相熟的朋友和邻居”的眼睛，而前两人实际上成了他的同谋。[12] 在这个忙碌运转的世界，他实际上用不着到阿尔蒂加，只需通过闲话的网络，便可对情况了如指掌——这些信息数量可观，包括家庭的种种细节，比方说，马丁在离开前放在某个皮箱的白色紧身裤的位置。 40
他了解到许多村民的名字以及马丁与他们的关系。他询问拉博德的情况，也学会说几个巴斯克词。为准备他的角色，阿诺花了好几个月的时间，因为1556年他才到达阿尔蒂加。（在这段准备的时间里，阿诺住在哪里，现在已无从知晓了。他可能没有回到赛亚斯，回到他过去的“浪荡生活”。）

对16世纪村庄和城镇的男人来说，改变姓氏、适应新的身份是否如此非同寻常呢？这种事情一直时有发生。达盖尔家离开亨戴，就成了盖尔家，并改变了他们的习俗。远走他乡的每个农民，想必都要做同样的改变。而且不管你搬不搬家，你都会得到一个诨名，一个外号。在阿尔蒂加，这常常是与你的财产有关，而在赛亚斯，这与你自己有关：阿诺一位同村人的诨名叫唐布兰[13]，也就是鼓*，而他当然就叫庞塞特（“大肚皮”）。

但占有一个假的身份呢？在狂欢节和其他节日期间，年轻的农民会装扮成动物，或是其他等级或性别的人，说那个扮相该说的话。在“大声喧哗”时，一位村民会装扮成另一个村民，充当因其不般配的婚姻或婚内不检点行为而蒙羞者的替身。但这些都是临时的面具，而且出于为公众之福着想。

还有更为自私的欺骗之举：健康的乞丐扮成瘸子或瞎子；人们为了骗取财产继承权或是为了攫取某些经济利益而假造身份。说书人不断讲述着一个有关三兄弟的故事：两位冒名的骗子图谋获得真正的儿子的财产继承权，而国王为找出谁是真正

---

* 唐布兰（Tambourin），法国南部流行的一种长鼓，亦指用这种鼓伴奏的舞蹈。——译注

的儿子，命令他们三人向父亲的尸体射箭。现实生活中的人也
有类似的尝试。比方说，1557 年，某个叫奥勒利欧 · 希特拉沙
的大马士革人来到里昂，冒充已故的瓦利耶 · 特罗尼的名号， 41
到处收取欠特罗尼的债，最后修女们拆穿了骗局，让人把他逮
捕了，而特罗尼的财产就判给了她们。同年，就在隔几条街远
的地方，安托万 · 费拉兹和让 · 丰塔内尔在忙着宣称自己是米
歇尔 · 米尔；两人各选了个公证员，都以他的名义散发借据和
收据，最后被真正的米尔发现了。[14]

现在，阿诺 · 迪蒂尔从赛亚斯前往阿尔蒂加，他当然可以捞一票，因为马丁 · 盖尔的家底更殷实。但清楚的是，在谨慎地准备、调查、记忆——也许甚至还包括排练——的过程中，庞塞特的举动已远远超过了狂欢节游戏玩家的面具和单纯图谋财产之人的伎俩，在莱兹河畔的这个村子中，他要为自己假造新身份和新生活。

第五章　私定的婚姻

新马丁并没有直接前往阿尔蒂加。勒叙厄尔报道说，他首 42
先来到邻村的一间旅馆，这可能是帕耶村。他告诉掌柜，他是马丁·盖尔，在提到他的妻子和家人时，他哭了起来。这些话传到他的四位妹妹那里，她们冲进旅馆，兴高采烈地问候他，然后回去告诉贝特朗。不过，在看见他时，她惊讶地后退了。直到他深情款款地跟她说话，提醒她二人曾做过、说过的事儿，尤其是提到皮箱中的白色紧身裤后，她才搂着他的脖子亲他。是他的胡子让他难以辨认。皮埃尔·盖尔也冷冷地打量着他，直到他回忆他们一起干过的事儿，才相信他是侄子。最后，皮埃尔抱着他，感谢上帝他回来了。

即使那样，新马丁也没有前往阿尔蒂加，而是待在旅馆里，消除旅途的困顿，也让他的病早日痊愈。（勒叙厄尔称新马丁得了梅毒，在他就要玷污贝特朗的灵魂和她的婚床时，为不让她染上梅毒，他表现得异常善解人意。）这给贝特朗提供了照

来自阿尔蒂加南部鲁西永的一对乡村夫妇（1529），出自 *Das Tractenbuch des Christoph Weiditz*，法国国家图书馆

顾他的机会，并逐渐习惯了他。这也给他提供了进一步了解马丁·盖尔的过去的机会。他的病情好转后，她把他带回家，像 43 对待丈夫那样款待他，帮他重新熟悉村子。

阿尔蒂加人接纳新马丁的过程大致相同。他叫出别人的名字，跟他们打招呼，要是他们看起来没认出他，就跟他们聊在十年或十五年前大家一起干过的事儿。他逢人便解释说，他离开后在法国国王的部队中服役，在西班牙待了几个月，现在急切地希望回到村子里，跟他的亲戚，他的儿子桑克西，特别是他的妻子贝特朗待在一起。[1]

我认为，对家庭和邻里一开始接纳他的缘由，我们无须归咎于巫术，阿诺后来受到这个方面的指控，但他一再否认了。首先，阿尔蒂加需要他——也许不无矛盾地需要他，尽管归来的人总是会让某些希望破灭，打乱权力关系，但人们终归还是需要他。作为继承人和一家之主，马丁·盖尔回归原位。其次，他回家的消息事先就传开了，人们轻易就将他当成了马丁·盖尔。[2] 他咄咄逼人的口气和准确的记性，也加速了这一确认的过程。千真万确，他和离家出走的马丁·盖尔还没有长到神似的地步。但盖尔家也并没有画过他的肖像，无法借此来记起他的相貌，而且男人年纪大了要发福，农民在从军几年后长相发生变化，也被认为是自然而然的事。因此，不管人们心中存有什么疑虑，他们都藏在心里，或者说至少暂时将它们埋藏起来，让新马丁得以坐实他的角色。

44 贝特朗又是如何呢？她是否知道新马丁并不是八年前遗弃她的那个男人呢？刚开始，在他带着所有“标志”和证明到来时，她也许并不知情。但像贝特朗·德罗尔斯这样一个固执而重名声的人，并不像一个容易上当受骗的女人，甚至像庞塞特这样一个让人着魔的人要骗她也不容易。等到她在床上接纳他时，她定然已意识到个中的不同。阿尔蒂加的任何女子都会同意，“男人对女人的爱抚”是不会搞错的。[3] 通过开诚布公或是心照不宣的协议，她帮他成了她的丈夫。有了新马丁，贝特朗的梦想成真了。这是个她可以平和、（以16世纪的价值观来说）友善而带着感情与其一起生活的男人。

这是桩私定的婚姻，它既不同于她自己18年前的那桩包办的婚姻，也不同于她的母亲和皮埃尔·盖尔的那桩婚姻，后者是根据习俗，通过立婚约建立起来的。它以一个谎言为开端，但是，一如贝特朗后来描述的，他们“像真正的已婚夫妇那样同吃、同喝、同睡”，过日子。根据勒叙厄尔，那位“冒牌的马蒂尼斯”* 与贝特朗“安静”地生活在一起，“从不拌嘴”，“他同她待在一起，行为检点到没有人会对欺骗行为起半点疑心”。在美丽的贝特朗的婚床上，现在万事如意。三年中间，他们生了两个女儿，一个夭折了，但另一个叫贝尔纳的孩子成了桑克西的小妹妹。[4]

有关新马丁和贝特朗之间关系的证据，并不是来自风平浪

* 指冒牌马丁，Martinus 与 Martin 是同源异体人名。——译注

静的这三年时间，而是来自私定的婚姻受到质疑之时。不过，
种种迹象表明，他爱上了那位妻子，他曾为了她进行演习，而
她也深深地恋上这个突然占有她的丈夫。当他在日后的纠纷中
间，从监狱被放出来时，她递给他白色的衬衫，给他洗脚，并 46
在她的床上接纳他回来。当其他人想要杀死他时，她将她的身
体挡在他和抡过来的武器中间。在法庭上，他“温柔地”问候她。
他将自己的生命放到她的手里，说什么如果她发誓他不是她的
丈夫，他甘愿接受“一千种残酷的死法”。[5]

在快乐的时候，他们一起聊天。正是“在聊天的日日夜夜里”，新马丁不断增加了对贝特朗、盖尔家和阿尔蒂加的认识。在 16 世纪，这种夫妻间亲密的交谈，被视为基督教人文主义者和新教伦理论者的理想；但他们认为，这种理想要是果真变成现实，那么，也是发生于远比阿尔蒂加人地位显赫的人家中间。不过，根据勒华拉杜里的说法，早些时候，讲奥克语的人的交谈之乐，不仅表现于邻里晚间的聚会上，而且表现于农民情人之间的言辞上。[6]新马丁和贝特朗讨论的话题，当然超出了庄稼、羊群和孩子们。人们肯定会猜想，其中一个话题是，他们决定让这桩私定的婚姻继续下去。

世世代代以来，农民操弄着民间礼仪和天主教法对婚姻的规定，对于在这种经验中长大的人来说，要为这样一种行动找出理由，绝非难事。从 12 世纪晚期到 1564 年，根据教会法的规定，婚姻的成立产生于配偶双方的同意，而且也仅仅需要他们双方的同意。如果他们在当下的言语中视彼此为夫妇——即

使没有牧师或任何目击者，没有交换定情信物——特别是在他们接着圆了房的情况下，他们也就在无法分割的整体中结为连理了。教会不赞成这种“秘密的”成婚方式*，但总是有些人，
47 尤其是在村子里，出于自身的考虑采取这种方式：比如，他们尚未成年，他们的父母反对这桩婚事；他们属于近亲结婚禁止的范围，无法获得宗教的特许；他们想交欢，而舍此别无他途；配偶中的一方，已在异地和别人结了婚。[7]

对于阿尔蒂加这对冤家来说，这一传统并未为他们的困境提供什么便捷的解决之道。新马丁要处理的终究还是个不可告人的身份，而贝特朗的名誉感，也让她难以接受重婚的可能性，更不用说她的良心了。但这一传统的确让他们得以将婚姻想象成他们能自主缔结的，的确，想象成只有他们自己才能自主缔结的某种事情。

放开想象，天主教教义无法控制的是他们的灵魂。尽管两人最后都对他们的行为表达了悔过之意，但他们根本不可能原

---

* 正如比阿特丽丝·戈特利布（Beatrice Gottlieb）所写的，“诡辩家和律师把秘密婚姻当作罪过和妨害行为来讨论”（“The Meaning of Clandestine Marriage,” in R. Wheaton and T. K. Haraven, eds.，*Familiy and Sexuality in French History* [Philadelphia, 1980], p. 52）。它之所以是种妨害行为，是因为其中许多案子牵涉到上诉到宗教法庭的背叛诺言或是重婚问题，人们几乎不可能在没有证人时确定证据。在 1564 年特伦特会议的最后一个阶段，教会决定，一桩婚姻在取得合法性之前，必须宣读禁令，而且必须由教区牧师举行婚礼。教士花了很长时间才终止了老习惯。在法国，主要的抱怨在于，秘密婚姻让孩子在没有得到父母同意的情况下，缔结合法而不可分割的结合。1557 年 2 月，亨利二世发布了秘密婚姻的法令，这成了让·德科拉斯一篇专论的主题。

原本本地向阿尔蒂加或是巴茹的牧师坦白他们的罪过。从所有记载来看，在婚姻风平浪静的那些年，他们被视为受人尊敬的夫妇；在复活节忏悔期间，要是哪一位牧师听说新马丁一度是庞塞特，那么，他会把他们当作臭名昭著的通奸犯，将他们驱逐出教会，除非他们马上离婚。这就触及了整个阿尔蒂加的新 48
教问题。新马丁和贝特朗开始对新宗教产生兴趣，个中的原因可能是，甚至非常可能是，他们可以从中为他们的生活找到新的存在理由。

至1536年，新教改宗的宣传者在富瓦县传播他们的教义，1551年，人们已离开帕米埃和勒马斯–德阿齐前往日内瓦。1557年之后，这一运动的力量壮大起来，1561年，在伯爵夫人、新教徒让娜·德阿尔布雷的鼓励下，勒马斯自立为新教的镇子。靠阿尔蒂加更近的勒卡拉，成为新教教会的一个堡垒。莱兹河两岸的村镇也出现了骚动。帕耶的领主、保守的天主教徒雅克·德维尔米严厉控制着他的农民，但1563年，勒福萨一群重要的家族“被怀疑加入了新教”。1568年，阿尔蒂加的教堂的“偶像”遭到洗劫，神坛被打碎，参与其事的不仅有新教的士兵，还有当地的改宗者。在后来进行的一次主教区视察过程中，这一时期被看作“该阿尔蒂加的居民成为胡格诺教徒”的时期。[8]

这样一个大规模的运动必定有一个准备阶段。这意味着，十年之前，在将阿尔蒂加与帕米埃、勒福萨、圣伊巴尔斯、勒卡拉和勒马斯–德阿齐联系起来的交通往来中，新教观念已伴随着羊毛、粮食和酒类蔓延开来了。这意味着，安托万·卡费尔，那名来自日内瓦，1556年在富瓦的圣樊尚公墓布道的牧师，也曾取道阿尔蒂加。这意味着，村中有人拥有新教版的法文《新约》或是新教小册子，并用普罗文斯话大声念给邻里们听。尽管他们依然把刚出生的婴儿送到天主教的洗礼盘中举行洗礼，但听牧师布道的某些人，已在期望着新教牧师取代本堂神甫的日子
49 了。同时，当地的教士并没有处于反攻的最好的位置上。1553年前后，在梅西耶·皮埃尔·洛朗斯·迪凯拉尔成为阿尔蒂加的牧师时，他面临着一场与候选对手的官司，事情最后在图卢兹最高法院才得到解决。（在16世纪40年代和30年代，同样的事情曾分别发生于多米尼克·德克拉弗里亚和雅克·博埃里身上。）而巴茹的教区牧师是德罗兄弟之一，此人出身卑微，在村中的影响力自然不大。[9]

说我们私订终身的配偶受到了新教义的影响，有什么证据呢？首先，罗尔斯家成了新教徒：他们给他们的孩子起名时，用的是《旧约》中的名字，如亚伯拉罕，至17世纪，大多数阿尔蒂加人都是虔诚的天主教徒，而罗尔斯家仍有人长途跋涉到勒卡拉举行新教的仪式。[10]至于新马丁，我怀疑在他到达阿尔蒂加之前，还没有接受《圣经》的福音。隆巴兹的主教安托万·奥利维耶被视为新教同情者，在阿诺所属的主教区，新教运动势力强大[11]，但在1553年至1556年间，曾经从军的阿诺·迪蒂尔的心思还没放在这里，而且可能并没住在赛亚斯。相反，我认为他是在阿尔蒂加接受新观念的，他在那里为自己塑造的

生活本身就类似于改宗的经验，这是一个亵渎神明者、一个过着“放荡生活”的年轻人——假如不说他完全是一个骗子——被净化的过程。

不管事实如何，在里厄和图卢兹对新马丁进行的一系列审判中，阿尔蒂加或是巴茹的牧师并没有扮演主要的角色，这一点是意味深长的。在结案之前，他们肯定在一百八十名证人之列，但他们说过的言辞，并没有出现于科拉斯对双方有力证据 50
的摘要之内。同样意味深长的是，新马丁对派来审问他的两名法官表达了敬意，让·德科拉斯和弗兰索瓦·德费里埃在1560年已为新教所吸引，成了它在图卢兹最高法院最为坚定的支持者。他请求他们回来为他做最后的忏悔，这些忏悔不包括天主教的俗套话，也没有提到圣徒，只是请求上帝怜悯那些将希望寄托于十字架上的基督的罪人。[12]

在新马丁和贝特朗作为“真正结了婚的人”生活在一起的岁月里，新教的教义给他们带来了什么希望呢？那就是，他们可以仅仅将他们的故事告诉上帝，而不必和任何人类的中介交换意见。那就是，他们自愿打造的生活，乃是上帝天意的一个部分。也许他们曾间接听说过，1545年后，改革后的日内瓦制定了新婚姻法。在那里，婚姻不再是圣事，要是一个妻子在没有任何理由，也“没有犯下任何罪过”的情况下被丈夫遗弃，那么，在经过一年审查之后，便可从宗教法庭得到离婚的许可，并允许再婚。[13]

然而，即使他们自身果曾挪用和应用这些观念，他们肯定意识到，未来依然并不稳当。怎么才能向改革派的宗教法庭解释，顶替马丁·盖尔的身份后，阿诺·迪蒂尔已经洗心革面了呢？新马丁至少暂时赢得了贝特朗的信任，让她成了他的同谋，但一个骗子能够指望阿尔蒂加的其他人相信他吗？

第六章　争执

新马丁不仅是个丈夫，还是继承人、侄子、阿尔蒂加重要 51
的农民业主。麻烦最后正是从这些角色开始的。

一度属于老桑克西·盖尔的房子，如今成了新马丁的家。根据巴斯克人的习俗，他的两位未婚妹妹可能跟他一起搬了回去。在那儿，他和贝特朗参加村中的人情往来、教父教母和交易买卖的世界，拜访皮埃尔·盖尔和他的妻子（那是贝特朗的母亲，我们记得）、马丁·盖尔已出阁的妹妹们、贝特朗的兄弟，以及其他后来将会为其证明身份的邻居和朋友。许多年前曾将毫无疗效的药酒带到贝特朗的婚床上的卡特琳·博埃里，来自帕耶的洛泽兄弟，来自勒卡拉的马具工德尔佩什一家，雅姆·德吕尔和他的妻子、帕米埃和阿尔蒂加的贝尔纳·阿泽尔（贝尔纳也许是婴儿贝尔纳·盖尔的教母），都是他们生活宽裕的农民家庭圈子的成员。[1]

对新马丁来说，进入农场生活并不难，小麦、小米、酒和

52 绵羊，是他在隆巴兹主教区就已经知道了的。尽管在赛亚斯附近也有砖瓦制造业，但砖并没有列入新马丁经营的范围，看起来皮埃尔·盖尔继续支配着这一家庭产业。给人深刻印象的是新马丁如何在商业领域为盖尔家扩大家业：他成了让·邦克伊那样的乡村“生意人”，顺着莱兹河上下，并到更远的地方经营粮食、酒类和羊毛。在阿尔蒂加，要成为大地产的小经营者并不容易——对朗格多克的乡村资本家来说，这是最为成功的道路——因为在其管辖范围内，并没有贵族或是大教堂地产。也许他得以加入1558年至1559年阿尔蒂加收税承租者的行列（这些年的记载有脱漏），但他涉足土地的买卖和租赁是确定无疑的。也就是说，他试图从地产中谋取商业利益，这些由桑克西·盖尔精打细算地在阿尔蒂加获得的地产，传给了他的继承人马丁。[2]

事情的转变肯定让贝特朗·德罗尔斯心花怒放，因为乡村生意人的妻子，本身也经常成了生意人。但皮埃尔·盖尔开始从中作梗。一开始，他很高兴侄子回到村里，跟老朋友（比如帕耶的执政官让·洛泽）夸奖他。后来，新马丁开始出售一部分祖产。我们已看到，在莱兹河谷活跃的土地市场里，这种行为并不罕见，却不符合巴斯克人的习俗。在他提议给亨戴的某些祖产订立新租约，甚至卖掉它们时，皮埃尔·盖尔肯定惊呆了。[3]

同时，新马丁着手进行的另一个行动，让大权在握的皮埃尔大发雷霆。他请求皮埃尔将账本交给他。在老桑克西死后，

皮埃尔作为他侄子的财产管理人一直就记着账。新马丁和颜悦色地——以有天赋的庞塞特总是挂在嘴边的“得体的口吻”—— 53
提出请求，但他怀疑皮埃尔扣留了部分财产，而且无论如何，想要回皮埃尔从中获得的收益。在很长一段时间里，他们心平气和地拿这个话题开玩笑，但至1558年底或1559年初，新马丁终于向里厄的法官提起民事诉讼，将皮埃尔告上法庭。*

在农民家庭中，这些行动并非闻所未闻。根据拉博德的习俗，皮埃尔本该在他开始管理财产时，为他侄子制订一份财产清单，并存下一笔钱，作为他愿意完璧归赵的保证。在里厄主教区，有权处置其丈夫财产的寡妇，在她们的孩子长大成人后，理应将账目转交给他们，除非丈夫特地指明它们“不可被干涉”。的确，在阿尔蒂加，监护人应该当着一位公证员的面，友好地移交账目和从财产中获得的收益，只有这样，才不会产生误解。[4]

然而，对皮埃尔·盖尔来说，新马丁做得太过分了。他可能觉得，在马丁出走期间，他理应分得部分报酬。他也可能觉得，他“一手拉扯大”的侄子，不应要求这种契约式的安排，更不能采取打官司这种手段。既然自己说一不二，老家长也可能憎恨对自己权威的挑战。也许这仅仅如新马丁说的，是出于“贪 54

* 对这个案子，科拉斯只报道说，新马丁“只限于通过在法庭控告（皮埃尔·盖尔），拿回他的财产：至于收益和移交账目，皮埃尔·盖尔叔父拒绝予以考虑”（pp. 33-34）。最终处理结果恐怕是，皮埃尔同意移交剩下的财产，而新马丁同意撤销讨回账目和其他收益的要求。

婪"，想要为他自己的家、他的女儿女婿们控制财产和收益。

不管如何，对机智的马丁头一次露面时的怀疑，曾一度被埋在心里，现在它们又在皮埃尔的心中浮现并与日俱增。为什么他忘记了如此之多的巴斯克话，其中一些还是他小时候经常挂在嘴边的？他为什么对击剑和变戏法失去了兴趣？他曾认为那个粗壮的身体是他侄子成年后的体型，但现在看起来怪怪的。在他仔细端详小桑克西时，觉得这孩子长得并不像那个和贝特朗同床共枕的男人。最重要的是，"巴斯克人是忠实的"。出于偷窃父亲粮食的小偷小摸的缘故，马丁·盖尔就含羞抛下他的家产，不辞而别。而现如今一位冒名顶替者正在不知羞耻地想要偷走继承人的东西。[5]

皮埃尔让他的妻子和女婿们相信了这一可怕的真相。贝特朗的母亲完全同意她丈夫的看法，她不仅是一个百依百顺的妻子，而且是一个脚踏实地的女人，一位全心全意地关心女儿的最佳利益的好母亲。多年以前，在马丁阳痿那几年，请求贝特朗离开他再找个好人家的不正是她吗？现在，她必须将她从通奸的羞耻中挽救出来。他们一同强迫贝特朗将她的枕边人告上法庭。然而，贝特朗执拗地拒绝了。

在随后一年多时间里，盖尔家分家了，争执扩大到整个村子及村外。皮埃尔·盖尔到处走动，逢人就说新马丁是个欺骗他的冒牌货。他请求朋友让·洛泽帮他筹笔钱，让人做掉这个骗子。洛泽拒绝了，但他感到震惊，皮埃尔居然想害死自己的侄子。而马丁到处游说，说他的叔父之所以捏造这个故事，是因为他向他讨回账本。村中的鞋匠说，假如他是马丁·盖尔，为什么他的脚板在这些年变得小多了？马丁的妹妹们坚称新马丁是她们的兄弟（她们可能更乐意由他而不是她们的叔父来担任家庭和家产的当家人）；而皮埃尔的女婿们坚称新马丁是个骗子。（贝特朗的兄弟所说的话，在报告中找不到。）贝特朗极力维护“她的丈夫马丁·盖尔”：“他是我的丈夫马丁·盖尔（据说她说过），要不他就是占有了他的躯壳的魔鬼。我对他知根知底。如果有人发疯到颠倒是非的地步，我会把他给宰了。”后来，在皮埃尔·盖尔和他的女婿用钝器打马丁时，人们回忆说贝特朗用自己的身体保护他。[6] 55

1559 年春天和夏天，阿尔蒂加的执政官无疑在许多会议上讨论了马丁·盖尔的问题。由于村中的意见如此对立，他们根本无法对这个纠纷作出裁决。对某些人来说，新马丁是个诚实的家长、丈夫和乡间生意人，受到贪婪叔父的不公正诋毁；对另一些人来说，他是个耍滑头的冒名顶替者，正在毁坏一个殷实家庭的好名声。还有一些人则无法弄清真相。双方都称赞这个家庭，但一方更看重年轻一辈对暂时离家外出见世面，以及独立拿主意决定如何使用财产的期盼；而另一方更强调老一辈的决策权，以及家庭行为的长期延续性。

这种意见上的分歧，与分裂村落社会的其他分歧相比，究竟有没有互通之处，了解这点会是饶有趣味的。科拉斯告诉我们，在阿尔蒂加村内外，新马丁的支持者和皮埃尔·盖尔的支持者几乎势均力敌，不过除盖尔家之外，他只报告了三个例子

56 的具体情况：卡特琳·博埃里和让·洛泽支持马丁，而鞋匠支持皮埃尔。在二百五十年前的蒙塔尤，村子是根据克莱格与阿泽马两个氏族来划分派别的，可以肯定的是，阿尔蒂加并不是由严格的氏族来拉帮结派的。相反，这里的政治制度更有利于阿尔蒂加和附近村落的上等人家建立联盟关系。邦克伊家、洛泽家和博埃里家都有自身的圈子和附庸，但我们可以从公证的合同中看出它们是重叠的。像这样一种爆发出来的争执，并不总是遵循严格的家庭阵线。[7] 如果要我就马丁·盖尔的案子做点儿揣测，可能当地的新教同情者多半相信新马丁，而天主教徒多半相信皮埃尔·盖尔。

尽管如此，1559 年夏末和秋季发生了两件事，让马丁和贝特朗的处境更加恶化。一位来自罗什福尔的士兵路过阿尔蒂加时，看见了那位引发争议的人，跟证人宣称，他是个骗子。马丁·盖尔在佛兰德斯，两年前在圣康坦围攻战中丢了一条腿。真正的马丁·盖尔有条木腿，那位士兵说完，就继续赶路走了。[8]

如此说来，事隔十一年之后，原来的马丁·盖尔恐怕还活着，证明新马丁假冒的证据与日俱增。皮埃尔·盖尔终将找到路子，将那个骗子送上法庭，这个可能性似乎越来越大。那对夫妇不得不准备反驳他的观点，现在他们可能商量好在审判中最后要遵循的策略。他的证词必须尽可能详细，考虑到从拉博德开始，马丁·盖尔生活的每一个方面，而且必须自始至终
57 与她的证词吻合；必须握有没人能提出挑战的私密细节。也

许这样法庭才会裁定，他是真正的马丁·盖尔，而贝特朗的继父必须闭嘴。

这样，庞塞特又一次开始排练了。从头至尾将过去的生活重新温习一遍，重新经历一次婚礼、节庆和阳痿，重新体验一下咒语被解除的过程。贝特朗从她的记忆中搜索房事片段——甚至可能还稍加修饰——他们会让法庭大吃一惊。（科拉斯后来谈到这个证词时说，“理解它比讲述或写下它要容易得多”。）[9]

另一个打击接踵而至。拉努领主让·德埃斯科纳伯夫的一座农舍被烧毁，他控告新马丁是纵火者，要求图卢兹的司法总管将他监禁起来。德埃斯科纳伯夫家是莱兹谷地的小贵族家族，让的地产所在的教区，位于阿尔蒂加的正西面。然而，他在阿尔蒂加买了地，1550 年和安托万·邦克伊等人同属收税权的承租户。也许实际上放火烧毁他房子的只是某些阿尔蒂加人，他们对村中没有贵族充满自豪，对一位贵族渗透到村子满怀怨恨。但德埃斯科纳伯夫攻击的靶子，是暴发户、农民及生意人马丁·盖尔，丑闻的焦点人物，在上诉中——显然，这是由皮埃尔·盖尔透露的消息——他告诉法官说，那位囚犯“篡取了另一个男人的婚床”。[10]

贝特朗沉浸在深深的苦恼中。看样子，她再次搬回了家，与她的母亲和皮埃尔·盖尔住在一起。[11] 她来到图卢兹（在三十二年中，这也许是她头一次长途旅行），给狱中的马丁带来盘缠和其他必需品，叫人知道这个男人是她的丈夫，皮埃 58

尔·盖尔夫妇正逼她诬告他。德埃斯科纳伯夫指控新马丁的证据并不很充分。若他是阿尔蒂加的领主，他也许可以打赢官司，但在图卢兹的司法总管辖区法院（Sénéchaussée）面前，他不得不撤回纵火的指控，犯人被释放出狱。[12]

同时，皮埃尔·盖尔也采取行动，要找出这个骗子究竟是何方神圣。很奇怪，在这个人来人往、闲话满天飞的地方，他竟然什么也没发现。新马丁在他游历的过程中曾留下一些蛛丝马迹。比方说，在普伊德图格，一个位于赛亚斯南部而属于里厄主教区的村子，旅馆掌柜认出他是阿诺·迪蒂尔。阿诺请求他保守秘密，因为“马丁·盖尔死了，他将他的财产给了我”。一个名叫佩莱格兰·德利贝罗的人叫他庞塞特，新马丁让他不要作声，但又全然不管自身扮演的角色，让他转交两块手帕给自己的兄弟让·迪蒂尔。[13]

这些故事，有的传到了皮埃尔耳朵里，现在，他可以说出他们中间这个叛徒的另一个名字：阿诺·迪蒂尔，化名为庞塞特，一个赛亚斯的浪荡子。然而，为了抓住这个骗子，他还得撒谎。他冒充贝特朗·德罗尔斯的代理人，出现在里厄的法官面前。（也许他是通过某张公证文书做到这点的，让·佩居拉先生从勒福萨前来阿尔蒂加起草合同时，经常用皮埃尔·盖尔的家作为办公地点。）在贝特朗的名义下，他得到许可，开始对这个自称马丁·盖尔的人进行正式的审问，并动用几位全副武装人员，立即把他关了起来。因为针对被告可能脱逃，同时被告又“声名狼藉，曾因犯了几桩重罪被痛惩”的特殊案子，法律是允许这样做的。[14]

1566 年 1 月，当新马丁从图卢兹的监狱回来时，皮埃尔已 59
在等着他了。贝特朗温柔地欢迎他，给他洗脚，把他带上她的床。次日凌晨，皮埃尔和他的女婿们全副武装，以贝特朗的名义抓住了他，将他捆起来押送到里厄监狱。[15]

让我们在此稍歇片刻，问一问这样一种处境是否无法避免。换句话说，要是真马丁 · 盖尔从未回来，阿诺 · 迪蒂尔是否能够逃过这场劫难？我的一些实用主义的史学界同行建议说，要是那个骗子并没有讨要账目，在家产问题上亦步亦趋地遵从他叔父的意愿，那么，他可以继续扮演马丁 · 盖尔好多年，而没人会怀疑。另一方面，最近我和熟悉老掌故的阿尔蒂加人谈起贝特朗和阿诺时，他们笑了笑，耸耸肩膀说，“那样也不错——但那个十足的恶棍，他撒谎”。

我想阿尔蒂加人更接近事实。这并不是说要是阿诺 · 迪蒂尔更加审慎，更有远见，就有可能为自己安排一出不一样的剧本。这也不是说阿诺是阿尔蒂加唯一撒谎的人：我们刚才就抓到皮埃尔 · 盖尔在造假，在我们读完本书之前，我们还会听到其他人撒谎。但一个严重的谎言，一个弥天大谎——尤其是一个人冒名顶替另一人——对个人情感和社会关系都有令人烦扰的影响。[16]

从村民那里，从盖尔家人那里，阿诺一再得到无意中的帮助，在某种程度上说，他们不得不同意他撒的谎。他并不是乡

村的伊阿古（Iago）*，心存嫉妒地挑拨人们彼此冲突。但当他冒用别人的名义堂而皇之地当上家长和父亲之后，他就永远不会
60 承认他的谎言，永远不会让他们有机会宽恕他。这样一来，在村子和家庭关系中，深深的不适、不确定和焦虑，就会不可避免地滋长。当人们开始公开怀疑他的身份时，他们也开始再次怀疑他施了巫术。与他少年时人们对他的看法相比，现在，在这个推断的背后，出现了多得多的恐惧。

对阿诺来说，谎言会在他和村民之间产生一段令人不安的内在距离。我已论证说，他并不是个仅仅要席卷马丁·盖尔的财产，然后一走了之的骗子。巴斯克人皮埃尔·盖尔对于新马丁出售部分祖产和讨回账目的担心，在相当程度上本来被理解为——肯定被他的阿尔蒂加支持者理解为——可以接受的，这本不过是朗格多克农民行为的新形式而已。但新马丁想要做的是待下来，就像他每次外出回来那样，回到贝特朗的婚床。讨回账目这件事，正表明他在他扮演的角色中，感觉到何等舒适。但在他脑袋里，肯定始终存在着一个遁词（out），这并不是个从某人的伙伴身边创造性地解脱出来，又允许重新结合的那种遁词（“我是个基督徒，可以从这一切中间解脱出来”），也不是至少允许洞见和生存的遁词（“我是个巴斯克人，这并非我真正的家乡”），而是一个令人羞耻的遁词（“我对这些人都没有真正的责任”）。

* 莎士比亚戏剧《奥赛罗》中的反面人物。——译注

对于知道真相的贝特朗来说，撒谎还有其他后果。她动用她作为女人所能拥有的所有活动余地和想象力，竭尽全力试着改变她的生活。但她也以她的贞操和德行而自豪，并如后来在法庭上说的，她是畏惧上帝的。她想作为一位母亲和家庭妇女生活在村落社会中间。她想让她的儿子继承家业。上帝会因撒谎而惩罚他们吗？假如他们的婚姻仅仅出于私定，在她的母亲
和其他村妇的眼中，她是不是一个令人羞耻的通奸犯呢？她的 61
女儿贝尔纳会被玷污吗？因为据说通奸怀上的孩子，是刻着父母罪过的标记的。[17] 她爱新马丁，但他已骗了她一次，他是否最终还会骗她一次呢？假如另一个马丁 · 盖尔回来了，那该如何是好？

在新马丁被匆忙地送到里厄监狱那一天剩下的时间里，贝特朗处于母亲和继父强大的压力之下。他们甚至威胁说，要是她没有正式许可皮埃尔的行动，他们要将她逐出家门。这位固执的女子盘算着，定下她的计划。她要对控告那位骗子的案子表示赞成，希望输掉这场官司。她要按照她和新马丁就证词谋划好的策略，希望法官会宣布他是她的丈夫。但在过去几个月里，在千万次的质疑和侥幸过关之后，她也准备打赢官司，不管新马丁的下场有多可怕。在这一天，她让人将衣服和钱送给里厄的那位囚犯。那天傍晚天黑后，她认可了皮埃尔作为她的代理人所采取的行动，她自己则作为那位假冒她的真丈夫马丁 · 盖尔的男人的原告，出现在里厄法官的面前。[18]

第七章　里厄审判

当然，阿尔蒂加的人家对里厄法庭并非一无所知。总是有 62
些纠纷无法就地解决，最后必须将官司打到那里：比如，雅纳尔·洛泽曾将住在外地的里厄主教告到法庭，因为他拖欠教区年金；农民为一块土地的所有权彼此打官司；让娜·德邦克伊与另一位女继承人对簿公堂。[1] 在马丁·盖尔的案子开庭之初，在为它提供证词的人中，不少人对国王的司法事务的开销和危险及其潜在的好处应已有所了解。

在图卢兹最高法院所属地方官中，法官本身的薪水不高不低。但在里厄的世界中，他是号举足轻重的人物，与当地的领主成功地角逐声望和权势。1560 年，菲尔曼·韦西埃可能已得到这个位置，作为有执业资格的法官和坚定的天主教徒，他后来负责调查这个教区的胡格诺教徒对教会财产发动的攻击。[2] 和国王在里厄的法律代理人和法庭的律师一道，他面临着一生中最棘手的一个案子。

在 16 世纪的法国，冒用别人的名字和资格行骗是一桩严
63 重的罪行。它没有固定的刑罚，但一旦国王的代理人与“民事当事人”——就像贝特朗·德罗尔斯——插手案子，被告受到的威胁就不仅仅是罚款了。要是罪名成立，他可能被判刑，甚至是死刑。在这里，由于事关一个人的名誉和生命，人们认为证据应是“确凿、不容置疑和比白昼还清明的”。[3] 但在一个没有照片，罕见肖像，没有录音机，没有指纹，[*] 没有身份证，没有出生证明，教区还没有按常规进行记录——要是确曾记下什么东西的话——的时代，人们如何准确无疑地确认一个人的身份呢？你可以测试那人的记忆，尽管他受过相关训练的可能性终归是存在的。你可以请求目击证人来指认他，而且希望他们能做到准确、诚实。你可以考虑他脸上和身上的特殊标记，但只有当目击证人记得以前那人时，方可确立它们的重要性。你可以观察他长得像不像家里的其他人。你可以检查他的笔迹，但前提条件是他和要验证的人都能写字，并且你有后者笔迹的样本。里厄法庭不得不试着从这种证据中找出一点真相，此后村民围绕马丁·盖尔进行的对话，都将服务于这一目的。

第一步，是从由民事当事人提名的证人当中收集情况，这个名单无疑是由贝特朗和皮埃尔一同拟定的。[4]（皮埃尔可能
64 将他希望会支持指控的人列入名单，而贝特朗则列入她希望会

* 1927—1931 年都灵的朱利奥·卡内拉一案表明，即使依靠指纹，也还会有争议。指纹显示那位有争议的人是印刷家马里奥·布鲁内里，而卡内拉教授的妻子称他是她的丈夫。Leonardo Sciascia, Il teatro della memoria (Turin, 1981）.

被告与见证人之间的对质，出自 Jean Milles de Souvigny（Ioannes Millaeus），*Praxis Criminis Persequendi* (Paris, 1541)，美国哈佛大学法学院，珍本室

对指控提出质疑的人。）由于相关费用来自民事当事人的腰包，为节省开销，大部分取证活动可能不是在里厄，而是在阿尔蒂加村或村子附近开展的。人们可以想象一下当时慌乱的情景：法官和他的代理人出现了，当地的公证员和勒福萨的法学学士多米尼克·博埃里先生在他们的左右出谋划策。证人发誓提供的证词句句属实，作完证后，审查员一字一句地复述他们说过的话（或者至少人们认为他会这样做），让他们进行更改或是添加内容。然后，要是他们知道如何签名，就签上自己的名字，要不然就画个押。

66 一旦国王的代理人有时间琢磨所有的证词，并提出他的看法后，法官就在里厄开始听审。法官提审犯人，向他质问有关的指控，询问马丁·盖尔的生平，听他为自己提出哪些辩护。然后，他审问贝特朗·德罗尔斯，此后再次听审被告，看他是否能复述她说的情况。此时，在民事当事人提名的证人提供的证词的支持下，法官认真地对待犯人的陈述。被告声称，皮埃尔·盖尔逼迫贝特朗在违背自身意愿的情况下提起上诉，她搬出了皮埃尔的房子，被安置到另一个地方。*

---

* 科拉斯说，被告请求将贝特朗安置到“体面人的家中”，他的要求被采纳了（pp. 37，45）。他评论说，“在此之前”女子被隔离在女修道院（p. 38）。里厄主教区有四个女修道院，都很有贵族气，但都不在阿尔蒂加和里厄之间：靠近勒马斯–阿齐尔的萨朗克修道院和隆加热、拉格拉斯–迪厄、圣克鲁瓦–沃尔韦斯特小女修道院（L. H. Cottineau，*Répertoire topo-bibliographique des Abbayes et Prieurés*[Macon，1935-1939]，cols.1315，1643，2183，2932）。在帕米埃还有一个克拉雷会苦行修女院。但没有一家适合贝特朗，她可能首先被安置在阿尔蒂加一户可靠的人家，在里厄作证期间，又被安置到当地一户人家。

下一步重新审问证人，让他们与犯人对质。（民事当事人仍需支付相关费用。）法官确保证人遵从他或她在作证时所说的话，然后提审被告。后者开始进行对质（reproches），也就是对证人进行反驳，对证人的可信度进行估计——甚至在被告知关于他的证词之前。这是质疑原告人格的唯一机会，他必须好好利用这个机会。然后，证人的证词被大声宣读，被告在必要时对之进行质问，给出不在场的证据，并提出疑问。

有些案子对质一结束就了结了，因为对国王的代理人和法官来说，被告是有罪还是清白已经水落石出。但对马丁·盖尔的审判并非如此。被告已提名了能支持他在听审和对质时所作陈述的证人。贝特朗依然没有撤回对他的指控，而被告确信他可以提供证据，说明她是受人唆使的。法官对证词也不满意。他想要进一步了解这个令人难以理解的阿尔蒂加农妇，了解其他证人的名声，了解犯人的身份。根据指示，国王的法律代理人召集证人参加辩护（现在轮到他支付开销，他得事先存入一笔钱）。在阿尔蒂加、赛亚斯及其周围的教堂里，在庄严的仪式中宣读了一份告诫书（monitoire），信中警告所有知情人将实情告知法官，否则将可能被逐出教会。即使新教徒也必须认真对待它，不管他们对牧师的权力有多怀疑。[5]

到审判结束，共有150人前往里厄作证。在属下的两个教区，一村接一村的村民问他们自己，你如何才能辨出那人的身 67
份——那个被从土地和家庭的已知环境中揪出来，如今在里厄法庭的审判庭中被展示的人究竟是谁。所有阿尔蒂加证人几乎都同意的只有一点：在被告走到他们中间时，他喊着每个人的名字，跟他们打招呼，并准确地提醒他们许多年前在某一确切的场合他们一起干过的事。除此之外，他们像来自其他地方的人那样众说纷纭。超过 45 位证人说，犯人是化名为庞塞特的阿诺 · 迪蒂尔，或至少不是马丁 · 盖尔，因为他们从儿时开始，就与迪蒂尔或盖尔一起吃喝过。这包括了阿诺 · 迪蒂尔在勒潘的母舅卡尔邦 · 巴罗，以及庞塞特很久以前订过契约的那些人，其中三人在他作为贝特朗 · 德罗尔斯的丈夫生活时，就已认出囚犯是迪蒂尔。大约 30 到 40 人说，被告绝对是马丁 · 盖尔；他们还在摇篮里时就认识他。这包括马丁的四位妹妹，他的两位妹夫，以及卡特琳 · 博埃里——她来自当地最有声望的人家。

这些在马丁 · 盖尔离开阿尔蒂加之前就认识他的证人，将他们的记忆往前追溯到二十年前。人们也许认为农民的视觉记忆不错——在他们的劳作过程中，必须记住许多景象、形状和颜色——但在这里，同样是众说纷纭。一些证人认为，马丁比被告更高、更瘦、长得更黑，鼻子更平，下嘴唇更突出，而且眼皮上有个疤，但在这位骗子身上根本看不到。鞋匠讲述不同鞋码的故事，马丁的尺码比犯人的大。另一些证人则坚持说，马丁 · 盖尔的嘴巴有龅牙，前额有个疤，右手长了三个疣，所有这些都在犯人身上找到了。

最后，一大部分证人，约 60 人，以不同理由拒绝辨认囚犯的身份。也许他们害怕在他们提出看法后，要是他被宣判无

罪，或是和马丁·盖尔发生争执，被告会告他们诽谤。但他们公开说过的话更为直接：撇开嘴唇、眼皮和鼻子的证词不说， 68
囚犯的确长得很像马丁·盖尔。他们无法确定他的身份，考虑到后果，他们怎敢作出判断呢？[6]

在这几个礼拜里，那位寻求判决的女人度日维艰，异常孤独。她生活在与新马丁隔离的陌生环境里，而新马丁肯定在怀疑她的忠贞。她的母亲和继父正期盼着，这案子可给那个骗子定死罪，不然，至少是发配他到国王的舰队服劳役；她的小姑们无疑在嘀咕，干吗她要提起上诉呢？贝特朗·德罗尔斯的贞操，成了在莱兹谷地和其他地方宣读的告诫书的主题。在她的证词中，她必须谨小慎微。她只能提到被告在过去所了解到的马丁·盖尔，这样一来，他才不会在回答时卡壳，而她也不至于受到通奸的指控。她不得不使用女子容易受骗上当的形象——这是不论什么时候，大凡对己方有利时，妇女在执法官面前常常都会施展的技巧。[7]

可能在里厄听审之前，贝特朗曾有机会和律师交谈，但在法官、他的下属职员以及国王的代理人面前，她是孤身一人。 69
在这个男人的世界里，即使对于意气风发、在村中无话不说的女人来说，表达自我也并不容易。但她回答法官的问题，谈到马丁·盖尔的生平，从早婚谈到那个年轻人的出走，然后主动提供了一些新的细节。法庭必须聆听马丁·盖尔的性无能以及它是如何结束的，聆听他们俩更为私密的时光。他们结婚已很久了，由于没有婚床（cubilia），贝特朗不得不跟她的堂姐妹们一起过夜。按照事先的约定，马丁等其他女人入睡后方才爬上床。（勒叙厄尔的叙述就此打住，但贝特朗没有停下，而是继续讲述“他们在婚姻的秘密行为之前、当中和之后所干的事”。[8]）

在与犯人当面对质之前，贝特朗都在完美无缺地扮演着她双重的角色。对犯人而言，那也是个微妙的境遇，他不得不小心翼翼地对她的轻信提出反驳：撇开她说他是个骗子不论，她是个“受人尊重和诚实的”讲实话的女子，她是在皮埃尔·盖尔的逼迫之下才撒谎的。然后他测试她的爱，并表白他自己的爱，对法官声称，要是她愿意发誓说他不是她的丈夫马丁·盖尔，他甘受法庭选择的任何一种死刑。贝特朗沉默了。[9]

如果说马丁·盖尔的妻子已被分化瓦解，那么在审判过程中，新马丁的表现则是坚定如一。在舞台中心，他使出浑身解数证明自己的身份，不管是描述马丁·盖尔婚礼上每个客人的衣着，还是讲述他如何在漆黑的夜晚摸上贝特朗和她的堂姐妹们的床，他在回忆时从未错过一步。他滔滔不绝地讲着他离开
70 阿尔蒂加后在法国和西班牙的活动，给出那些他的陈述的证明人的名字（法庭经过查问，他们确认了）。他对与他对质的证人作出的反驳肯定非常出色：这是“猛烈而有效的质问”，是对卡尔邦·巴罗和其他证人的挑战，他们“提供了对犯人不利的如此详细的事实”，后来科拉斯如是说。[10]至于被告说了些什么，我们只能想象了。对卡尔邦·巴罗，他也许会说：“我过去一生中从未见过这个人。假如他是我的舅舅，为什么他不能让其他家人也这样说呢？”对鞋匠：“这个人是皮埃尔·盖尔

的酒肉朋友。让他亮出他对我的脚的尺码的记录。谁还能支持他的谎言呢？”

所有这些反问，似乎都是被告在没有法律咨询帮助的情况下提出的。根据1539年的《维莱尔–科特雷特法令》，在刑事审判中，被告有可能被剥夺咨询权，尽管目前的研究表明这并不经常被征引。[11] 律师会为新马丁提出内行的建议，因为在他的案子里，从他在天亮前被武装逮捕开始，他可以用来阻挡诉讼和上诉的由头便已俯拾皆是。但尽管涉及告诫书及众多证人，审判从头到尾只花了几个月时间。人们不免会揣测，凭借灵活的头脑和敏锐的反应，也许这个犯人很快就作出了足以让法律专业人士留下印象的论辩。被告将他的辩护集中到一点上：他因财产问题控告皮埃尔·盖尔，后者因此怀恨在心。在谋害不成的情况下，皮埃尔和他的女婿们图谋用这个计划来陷害他，甚至不惜捏造出一个新的罪名——冒名顶替。“如果有位丈夫被他的近亲虐待，那当然是他——而且是在不公平的情况下。”[12] 他必须被释放，而皮埃尔·盖尔应作为诽谤他人的罪人，受到他——马丁——原来可能因行骗罪而遭受的严厉刑罚。* 71

最后一批证人听审完毕后，国王的代理人要求作出最后的

---

* 科拉斯在他的评注中为这种以牙还牙式的法律提供辩护，而刑事法官让·安贝尔在他同时代的审判实践手册中说它已不再具备法律效力。被判处诽谤罪的人通常被处以正式的道歉和罚款的惩罚。在考虑当时对指控的滥用时，安贝尔有时希望以牙还牙式的法律重新具有法律效力。Jean Imbert, *Institutions Forenses, ou practique iudiciaire* (Poitiers, 1563)，pp. 446，498.

判决。证据难以评断，在法官的请求下，对被告与马丁·盖尔的妹妹和儿子的相像程度作出了鉴定报告，但报告也没能让情况明朗多少。犯人长得不像桑克西，但像他的妹妹们。笔迹检测法无法采用，因为就算被告碰巧现在能写他的名字（除了公证员和牧师外，村民中只有乡村生意人这一小群人会签署他们的合同），庞塞特和马丁·盖尔早先都没有干过这事。

法庭也许考虑过拷问被告，看他是否会坦白：为做到这一点，法律需要足以证明他有罪的强有力的证词，或者来自一名无可辩驳的证人的证词，或者有两名证人提供的详尽证据。但里厄的法官不想那么做。也许他认为这个办法无法奏效（最近对巴黎最高法院的研究表明，拷打并不经常会带来招供）。也许他认为，他碰到的是再好不过的案子，毋需坦白，或者他认为，这个被告会直接把拷打之后做出的判决上诉到图卢兹最高法院。[13]

尽管如此，法官宣布被告犯下了冒用马丁·盖尔的名字和人格、侮辱贝特朗·德罗尔斯的罪行。民事当事人要求他在公众仪式上乞求她的宽恕，并赔偿2000里弗赫以及她的审判开销。
72 国王的代理人请求判死刑，这超出了贝特朗的请求。但这并不太令人意外：1557年，里昂的司法总管辖区法院宣判两人绞刑，仅仅因为他们在两个月的时间里，以另一个人的名字制造了假合同。里厄的法官宣布将囚犯斩首并肢解成四块——这是个奇怪的恭维之举（compliment），因为一般认为斩首是用在贵族身上的。[14]

这个被定罪的人立即上诉到图卢兹最高法院，抗辩他是清白无辜的。不久以后，他自己支付开销，被护送到图卢兹。在贝特朗支付了打官司的费用之后，与此案有关的一大堆文件也跟着他离开了。1560 年 4 月 30 日，“马丁 · 盖尔，孔西埃热里的囚犯”的案卷已到达最高法院的刑事法庭。[15]

第八章　图卢兹审判

图卢兹最高法院已存在了 117 年，它的建筑历经重建，官员的数量在不断增加。在朗格多克，这个机构可谓是炙手可热。在 1560 年，它不仅判决上诉的民事和刑事案件，有时也直接插手这些案子，监督所属地区低级法庭的活动，而且决定如何处置图卢兹反天主教的神像破坏者，派委员外出到隆贝兹主教区，调查非法集会和出售武器、异端和谋杀等案子。它的庭长和法官是腰缠万贯并受过良好教育的精英，在图卢兹坐拥豪宅，在乡下广置地产，并通过各种途径获得贵族头衔。他们的法官服变得日益豪华，人们以尊敬而荣耀的口吻称呼他们：让 · 德科拉斯在跻身其中之前曾给他们呈上献词，称其中一员"最为公正、最为卓越、最值得称道"（integerrimus，amplissimus，meritissimus）；在提到另一位成员时，说他"最为博学、最为公正"（eruditissimus et aequissimus）；在提到整个最高法院时，说它是"最值得尊敬和不容亵渎的立法机构"（gravissimus

73

sanctissimusque Senatus)。[1]

刑事法庭（Criminal Chamber，又称 La Tournelle）是最
74 高法院的五个法庭之一，是由十至十一位轮值的法官和两三位庭长组成的。在轮值出席“马丁·盖尔”上诉案的那些人当中，包括了法院的一些杰出人物。其中有曾出版不少法学论著的博学的让·德科拉斯。还有米歇尔·迪福尔，前司法总管辖区法庭法官，现任最高法院院长。他出身杰出的法学世家，娶了贝尔尼为妻，她的嫁妆来自图卢兹松蓝染料贸易的利润。让·德芒森克尔本人是最高法院的第一院长，在审判的最后几天从高等法庭前来参加审判。他在城内有座豪华的文艺复兴式的宅子，在隆贝兹主教区也置有地产，这些地产离阿诺·迪蒂尔出生的村子不远。

最高法院的职员们，通过他们的工作，甚至通过婚姻建立联系（艾蒂安·德博纳尔德法官的女儿不久将与芒森克尔的儿子结婚）。从 1560 年开始，他们已感觉到他们之间分歧日深。不久，三位法官成了坚定的清教徒——让·德科拉斯、弗朗索瓦·德费里埃与皮埃尔·罗贝尔——而其他几人，如米歇尔·迪福尔，至少对宗教改革持同情态度。另一边，芒森克尔是个忠诚的天主教徒，而更不妥协的院长让·达菲和尼古拉·拉托米后来利用他们所能动用的所有手段消灭新异端。[2]

尽管如此，眼下他们对来自里厄法院的那桩离奇案子产生了共同的兴趣。虽说他们在最高法院已见多识广——老西蒙·雷尼耶听审案子已将近四十个春秋，而最后任命的让·德科拉斯，

也在 1553 年就开始担任法官——但他们是否曾受理过这样一个案子，一个妻子声称她在长达三年之久的时间里，错将一个男人当作她的丈夫呢？通奸、纳妾、重婚，是的，都曾碰到过，75 但一个冒名顶替的丈夫呢？法庭决定由让·德科拉斯担任本案的发布人，这意味着他得仔细审查案中的疑点，最后准备报告所有辩护词，并提出一个判决方案。弗朗索瓦·德费里埃受委派协助他进行调查和审问证人。法院首先听审的是贝特朗·德罗尔斯——她请求出庭——和皮埃尔·盖尔。[3]

在这两个人从阿尔蒂加动身前往图卢兹时，那个依然坚称自己是马丁·盖尔的人，正戴着脚镣在孔西埃热里的监狱里待着。这不算是出格的待遇：从孔西埃热里逃走的概率如此之高，以致除欠债人和拖欠罚款的人之外，其他所有犯人都戴着脚镣，除非他们染了重病。他与所有能接触到的人自由交谈，我们可以想象他如何施展自己无法压抑的口才，让关押在一起的囚犯都乐不可支：一个来自卡尔卡索纳的绑架嫌疑犯；一个公证员，一个牧师，一个来自帕米埃的马刺制造匠，他们都被指控为异端；两个声称来自“小埃及（Little Egypt）的阿斯塔拉普”的神秘人物。[4]

5 月初，听审贝特朗和皮埃尔，然后在整个法庭面前，他们各自与被告对质。语言看起来不成问题：审判应该以“当地的方言”进行，而法院所有成员都是本地人。贝特朗一开始企图说服法庭，她从未当过囚犯的同谋。她知道她的贞操被玷污了，但这完全是因为其他人给她设好了圈套。她说着话，声音打颤，两眼盯着地板（“defixis in terram oculis satis trepidè”）。接着，囚犯精神饱满（“alacriori vultu”）、深情款款地跟她打
76 招呼，说他希望不会伤害到她，他知道这整件事情都是他的叔父一手策划的。他表现出来的表情“如此肯定”，科拉斯评论说，“比德罗尔斯的确更为自信，以致在场的法官无不认为，囚犯是真正的丈夫，反倒妻子和叔父才有冒名顶替的问题”。两相对质后，刑事法庭下令关押皮埃尔和贝特朗，皮埃尔应该不会离“马丁 · 盖尔”太近，而贝特朗被监禁在孔西埃热里的女牢里。[5]

现在，马丁 · 盖尔的生活再一次被讲述和复述。科拉斯和德费里埃首先提审了贝特朗。要是她现在想背叛他，只需讲个他无法复述的故事就行了，但她坚持几个月前他们一同谋划好的版本。然后，他们多次审问被告，徒劳无功地试图让他犯点儿错误。* 科拉斯报告说：

> 他的陈述持续了相当长时间，其中包括非常之多的真实迹象，因此很有可能说服法官，认为（被告）是无辜的，甚至还会佩服他记忆之巧妙，因为他复述了无数发生在二十多年前的事情。法官们挖空心思，试图出其不意地拆穿他的谎话，但无法从他身上榨出一点儿东西，也无法误

* “为了发现罪行和重犯的真相，”图卢兹最高法院一位法官后来写道，“有时允许法官撒谎。”Bernard de La Roche-Flavin, *Treize livres des Parlemens de France* (Geneva, 1621), book 8, ch. 39.

导他对事情做出错误的回应。[6]

证人也是得审问的，这一点很清楚，法官们听审了大约 25 到 30 名证人。他们有的是从已取证过的人当中挑出来的，有的是还没作过证的人。照样与被告进行对质——看到囚犯戴着 77
镣铐，卡尔邦 · 巴罗哭了起来，但“马丁 · 盖尔”一如既往地对他的证言提出质疑。5 月底，大约七名证人被传唤到图卢兹，特地与贝特朗当面对质。在身陷囹圄、羞愧难当的情况下，她还得面对她的小姑让娜 · 盖尔，以及莱兹谷地的头面人物，比方说让 · 洛泽和让 · 邦克伊等人，他们很可能就她是否被唆使提供证词。[7]

1560 年的整个夏天，让 · 德科拉斯筛选所有证据，决定他应该在报告里说些什么。对他来说，将时间花在马丁 · 盖尔的案子上，也许是一种解脱。他的重要论文《论法的艺术》（*De iuris Arte*）在那年年初问世，他还没着手写任何新东西。与此同时，在几个月前安布瓦兹的新教阴谋失败的影响下，法国的政治局势动荡不已，在图卢兹本地，新宗教追随者与旧宗教追随者之间的对立也是随处可见。有时在刑事法庭判决异端时，他躲得远远的。[8] 虽说他知道真理在哪里，但还没准备好动用他所有的公众影响力来支持它。眼下更容易办成的事，是找出一个人身份的真相。

情况表明，证人并没有提供多少进一步的证词：九到十名证人确信囚犯是马丁 · 盖尔，七八名说他是阿诺 · 迪蒂尔，而其他的人则说他们不知情。科拉斯着手对证人和他们的证词进行系统的分析，他肯定发现了，在里厄判决中，并没有人做过这个工作。两次审判证人的数量对被告并不利。但是，真正重要的不是对身份提供证词的证人的数量，而是这些证人的质
78 量——他们是否正直诚实，是否已将真相和盘托出，还是他们仅仅出于感情、恐惧和利益说话——以及他们证词的相似性。就这一特别的案子来说，科拉斯认为近亲提供的证词最有价值。* 他们应该最有可能认出一个人，“因为在血缘上很近”，也因为他们和他一起生活长大。但在这一点上，他发现亲属们对双方都提供了正面的辨认。

为将犯人绳之以法，法庭必须握有证据，证明罪行的确是犯下了，而且被告就是实施犯罪的那个人。即使有招供，仅凭它也不足以确立这两个事实，因为不管用刑与否，被告可能都不会从实招来。无论如何，本案的被告并没有招供。是否可能遵循传统的法子，由两个可信的证人，就几个关键的行为提供证词，以此确立证据呢？科拉斯握有几个有待验证的事实，但每次核查都碰上麻烦。比方说，佩莱格兰·德利贝罗发誓，他叫被告阿诺·迪蒂尔，对方答应了，还让他带两块手帕给他的兄弟让；但德利贝罗是唯一提供这种宣誓证言的证人，他还受到被告强有力的质疑。两人证明，他们听来自罗什福尔的士兵

* 参看下文第 85 页（边码）对刑事案件中近亲证词的一般性问题和对阿诺·迪蒂尔的兄弟的讨论。

说过，马丁·盖尔在圣康坦战斗中丢了一条腿，但由于这仅仅是“传言”，因此无足轻重。

在中世纪，有形证据还不是确立证据理论的一个部分，但
到 16 世纪，它已成为刑事案件必须予以考量的因素，不过，
有形证据在这里也没有提供任何明明白白的答案。这里主要靠
的是那些记得马丁·盖尔长相的人提供的证词，也许证人在撒 79
谎，或纯粹是记忆出了差错。那些声称囚犯和马丁·盖尔身上
的印记和伤疤相同的人，每个人所指认的疣或指甲并不相同，
没有两人指认相同的印记。另一方面，要是青年马丁·盖尔的腿，
果真比被告更瘦弱，那么，经验经常证明，年轻时身材单薄的人，
随着年龄的增长，身体可能变得强壮了。被告几乎不知晓巴斯
克语这件事，可能意味着他不是马丁·盖尔，因为“一个巴斯
克人不懂怎么说自己的话”是不可能的，但这也可能仅仅意味
着，由于他在如此之小的年龄就离开了拉博德，从来就没有真
正学会他父母亲的语言。[9]

科拉斯“大惑不解”，但作为发布人他必须提出推荐方案。他越是推敲证据，情况似乎越是表明，被告就是他自称的那个人，里厄法官的判决必须被推翻。

他思考有关贝特朗的证据。这个女子“恪守妇道”，过着体面的生活，告诫书提供的信息证实了这一点。她与囚犯同床共枕超过三年，“在长时间里，若囚犯不是真的马丁·盖尔，德罗尔斯是不可能发现不了他是陌生人的”。几个月以来，她一直反对她的继父和母亲，坚称他是她的丈夫，甚至用自己的

身体保护他免受伤害，就在签署起诉的几个小时前，还在床上
80 接纳了他。后来，在里厄的法官面前，她拒绝发誓说他不是马丁·盖尔。这丝毫没有增添事情的真实性，因为在刑事案中，“发誓的证据并不具有法律效力”。但这至少表明了她的心态，5月在刑事法庭与被告对质时，她的那种不确定而紧张的神色，更强化了这一印象。情况可能如据说贝特朗早先声称的，她是在被胁迫的情况下才提起了错误的诉讼。[10]

他又思考皮埃尔·盖尔。想想这位来自雷亚蒙的法官，在听审这位满嘴巴斯克腔的阿尔蒂加老制砖匠时会是什么样子。这位叔父是如何表达他对骗子的愤怒和不满的？由于科拉斯将“举止”视为他的证人是否真诚的标志，这又是如何影响到他提出给皮埃尔·盖尔戴上镣铐的建议的？不管如何，他手头的证据不利于这个老制砖匠。有关账目的诉讼及其结果已记录在案，这为诬告动机提供了强有力的证明。皮埃尔本人坦白说，他曾在里厄法官面前，假冒贝特朗的代理人的名义。他和妻子、女婿企图谋害被告的阴谋，已由“若干证人”讲过，其中包括声望不错的让·洛泽。靠这些证据，已有理由下令拷打皮埃尔·盖尔，看看他是否会招供企图谋杀侄子、提起污蔑性的控告，以及唆使贝特朗·德罗尔斯作证的罪行了。的确，勒叙厄尔称，刑事法庭曾考虑过这一步，虽说还没到通过这个决定的程度。无论如何，科拉斯认为，诬告是一种严重而又频频发生的罪行，是个处心积虑的计划，违背了上帝第八诫，即谋害邻里的诫条。[11]

最后是被告。不少证据对他有利。科拉斯觉得，马丁·盖尔的四个妹妹是极佳的证人，“是加斯孔尼受人尊敬和体面的女人，她们总是坚称，囚犯肯定是他们的兄弟马丁·盖尔”。（对科拉斯来说，她们的支持看起来与私利毫无瓜葛，因为要是马丁·盖尔还有另一个儿子的话，她们继承盖尔财产的机会就更为渺茫了。）有关被告的长相更像她们这一点，比他不像桑克西看起来更能说明问题，科拉斯说，因为他的年龄和她们更接近，而桑克西只是个十三岁的小毛孩子。还有一个经过验证的事实：囚犯能确凿而完整地记得马丁·盖尔生平的每件事，包括原告本人说出的私密的细节。有关阿诺·迪蒂尔放荡不羁、“坏事做尽”的报告，并没有危及囚犯的案子。要说的确有什么影响的话，那就是它们助了他一臂之力，因为他看起来并不像那路人。 81

对被告的裁决，将表达罗马法“宁可放过有罪者，不可误罚无辜人”的原则。更为重要的是，它将重心放在16世纪法国法庭非常看重的民法上：它重视的是婚姻和由此生下的孩子。“在存在若干疑点的情况下，”科拉斯说道，“对婚姻或是孩子的支持……改变了平衡。”贝特朗必须有个丈夫，桑克西和贝尔纳必须有个父亲。[12]

刑事法庭即将对案子进行最后的判决，内部意见“对囚犯有利，而对皮埃尔·盖尔和德罗尔斯不利”。[13] 这时，一个装着木腿的人，出现在图卢兹最高法院大楼的门前。他说他的名字叫马丁·盖尔。

第九章　马丁 · 盖尔归来

马丁 · 盖尔的腿在圣康坦战斗中被打断后，他交了两次好运。首先，他没有死于枪伤，经过医生的救治，他挺了过来，可以借着木腿跳着走。其次，他的主人——如果不是佩德罗·德蒙多扎，便是他担任红衣主教的兄弟——请求菲利普二世帮助处境维艰的马丁。国王为褒奖他为西班牙提供的效劳，指派他在耶路撒冷圣约翰骑士团 * 的一个分会终身担任俗兄弟。这个骑士团的身份限制在这个国家是最严格的，它要求骑士们提供贵族身份证明，比尔戈斯的银行家们，曾徒劳无功地乞求放宽 82

---

* 耶路撒冷圣约翰骑士团（the military order of Saint John of Jerusalem），全称是“耶路撒冷圣约翰医院骑士团”，历史上著名的三大骑士团之一，也是现存最古老的天主教修道骑士会之一。1099 年由法国贵族成立于耶路撒冷的施洗者圣约翰教堂附近，本为照料伤员和朝圣者而建，后作为军事修会开展活动，成为耶路撒冷王国的一支重要军事力量。穆斯林占领圣地后，相继迁至爱琴海的罗得岛（1309）和马耳他（1530），故而又称罗得骑士团或马耳他骑士团。目前，这个骑士团在联合国享有观察员地位，它设在罗马的总部马耳他宫是其唯一的领土，也是世界上最小的国家之一。——译注

马丁·盖尔案的第一幅图像说明（这对夫妇的身份在图中被拔高了），出自 Jacob Cats, *Alle de Wercken* (Amsterdam, 1658)，马扎林图书馆，巴黎

这一规定。[1]马丁·盖尔一如既往，在贵族支配的男性世界中，充当一个小配角。

出走十二年之后，他为何还会打定主意，依靠木腿越过比利牛斯山，回头过他的老日子呢？这是马丁·盖尔故事中最大的秘密。科拉斯根本没有提到个中原因，尽管他提示说，马丁只是在回来之后，才发现冒名顶替的问题的。勒叙厄尔称马丁先回到阿尔蒂加，听到发生的事情后，立即和桑克西动身前往 83
图卢兹。不过，勒叙厄尔的叙述有误，因为它难以解释，何以在审判的最后几天，马丁的妹妹们会惊讶不已。

不过还是可以设想，马丁·盖尔只是碰巧回来的，而且回来的正是时候。他可能厌倦了宗教场所循规蹈矩的活动，作为一个平信徒，决定最好还是和他家人在一起，了却他作为残疾人的余生，他在这一家中也许还会拥有些许权威。一年之前，西班牙、法国和英格兰已签署了《卡托–康布雷齐和约》，比尔戈斯主教也在1559年12月被菲利普二世派往法国边境会见他的新娘伊丽莎白·德瓦卢瓦。马丁·盖尔也许希望在这个握手言和的年头，他曾在西班牙军队效力这件事能得到宽恕。[2]

我认为，更为可能的是，他在回来之前，对审判已有耳闻。皮埃尔·盖尔肯定希望得到他的音信，要是他还活在人世的话。朗格多克境内的乡村都在讨论这桩案子，里厄的法官派遣的调查员甚至远赴西班牙核实新马丁提供的游历彼地的证词。图卢兹的市民和其他地方的律师也在讨论这件事情，尽管法官不应将他们的审议透露给法庭之外的任何人，在最后判决之前，公众也不允许出席审判。这个消息有可能通过耶路撒冷圣约翰骑士团传到了马丁·盖尔本人的耳中，因为它在朗格多克和富瓦县有几个分会。[3]

马丁·盖尔也许问过自己，要是另一个男人过着我抛弃的
84 生活，正在被当作我的父亲桑克西的继承人，我妻子的丈夫和我儿子的父亲，那么我是谁呢？这位货真价实的马丁·盖尔，也许想在事情不致太迟之前，回来重新夺回他的身份、他的人格。

7月底，他一赶到图卢兹，便被最高法院的警卫囚禁起来。听审开始了。“新来的！”在开始与西班牙来客对质时，据说被告大声喊道，“坏蛋！流氓！这个人被皮埃尔·盖尔买通，被他教唆过了。”这个人在最后时刻前来骚扰婚姻的神圣地位，被告要拆穿他的面具，要不然宁愿被吊死。说来奇怪，这个带木腿的人，对马丁·盖尔家事件的记忆，居然比被告还差劲。[4]

对一度被称为庞塞特的那个人来说，这是个胜利的时刻。把他在那天和往后几个礼拜的行为单纯看作狗急跳墙是错误的。不管是死是活，他是在面对一个陌生人，捍卫他为自己设计的身份。（读者会记得，两人很可能从未谋面。）

科拉斯和德费里埃再次对两人单独进行了十次或十二次听审，向新来的马丁提出以前没提过的“隐秘”问题，结果发现他的回答跟被告的回应相差无几。在被告周围，似乎围绕着巫术的气氛。为解除被告的戒备心，德芒森克尔庭长问他，他是如何召唤邪灵，来教会他如此之多的阿尔蒂加人的事情的。科

拉斯说，他的脸色煞白，迟疑了一会儿。对法官来说，这是有罪者的确定无疑的迹象。[5]这个反应，我想，不但来自被告的危机感，而且来自恼怒，因为他天生的技能，竟然被误认为邪灵附体。

接着，刑事法庭进入最后一轮的对质。卡尔邦·巴罗再次 85
被召来，这一次还传唤了阿诺·迪蒂尔的兄弟——这违反了（16世纪日益频繁地发生的）中世纪关于兄弟不应在刑事案中彼此提供不利于对方的证词的规定。但迪蒂尔兄弟并没有前来图卢兹，而是一走了之。

对那个被囚禁了好几个月、面容憔悴的皮埃尔·盖尔，法官们安排了一场戏剧性的试验。新来者被混入衣着相似的一群人当中。皮埃尔从中认出了他的侄儿，流下了眼泪，为他的运气最终出现转机而欣喜莫名。

法院将妹妹们逐个召来，让两个马丁站在一起。仔细观察了一会儿独脚人之后，让娜说，“这是我的兄弟，马丁·盖尔”。她一直被长相酷似的背德者给蒙蔽了。她拥抱马丁，兄妹痛哭，其他妹妹也是如此。[6]

轮到贝特朗·德罗尔斯了。在孔西埃热里待了约三个月之后，她的精神是否萎靡不振呢？她瘦了，病了，但至少还有几个被指控犯了异端罪的女子和她关押在同一间监狱，这意味着她有机会跟她们讨论福音。那里还有个有家产的女子，她像贝特朗一样，是个被关押的原告。另一个囚犯则暂时离开，等待分娩。[7]这个女性的世界，可能让贝特朗想起了等待马丁·盖尔归来的岁月。对她的处境可能出现的各种结果，她是铁下了心肠，当她来到刑事法庭时，她能出色地演好她的角色。

看了新来者一眼之后，她开始颤抖和哭泣（这是根据科拉斯的记载，他认为，注意证人的表情，是好法官的一项职责），并跑过去拥抱他，请求他饶恕她犯的错误，她之所以犯下错误，
86 是因为她无力抗拒阿诺·迪蒂尔的诡计和引诱。所有准备好的借口，全都和盘托出：你的妹妹们太快就相信了他；你的叔父接受了他；我如此期盼我的丈夫回来，以致相信了他，尤其是因为他如此了解我的私事；当我意识到他是个骗子时，我希望我死了，要是我不怕上帝，我会自尽的；在我知道他窃取了我的贞操的那一刻，我便将他告上了法庭。

对贝特朗·德罗尔斯的眼泪，马丁·盖尔没有流露出一丝悲哀，他带着恐怖和严厉的表情（也许是回忆起他曾厕身其间的西班牙布道者，让他露出了这种表情）说道："别哭……不要把我的妹妹或我的叔父当作你自己的借口，因为比起父亲、母亲、叔父、姐妹和兄弟对他们的儿子、侄子或兄弟的了解，妻子理应更为了解自己的丈夫。对降临到我们家的灾难来说，唯有你应该受到责怪。"科拉斯和德费里埃提醒他说，在这件事情上，他也有罪，因为是他抛下贝特朗在先，但他不为所动。[8]

马丁·盖尔现在被认出来了。即使没有任何供词，法庭已握有充分的证据，可以进行确定无疑的判决。让·德科拉斯准备了一份新的报告，并起草了判决书，刑事法庭就某一文本达成了一致意见。绰号为庞塞特的阿诺·迪蒂尔，犯了"冒名顶

替和欺骗性地冒充他人姓名和身份及通奸”的罪行。[9] 尽管在审判的最后一个礼拜，他有使用巫术和召唤魔鬼的嫌疑，但在判决书中没有提到这一点。迪蒂尔被判处当众认罪（amende honorable），做一次公开的道歉，然后在阿尔蒂加被处死。

法官可能需要讨论一下，应该动用何种刑罚。对阿诺·迪蒂尔来说，当然坐牢的可能性是不存在的，因为唯有等待审判 87
和有罪的欠债人，才有资格坐牢。他能选择的是罚款，各式各样的体罚（鞭笞、烙印记、截肢），流放，为国王的舰队划一段时间的船，或是死刑。对这个案子来说，科拉斯发现，法国的法律根本没有任何指导性的文献；除了仅有的几个假冒签名的案子外，几乎没有受理过“冒用名字和身份”的案子。在古老的文本中处理办法差异很大，有些将冒名顶替视为不必处罚的游戏，另一些则处以轻微的惩罚，还有一些是流放，只在极 88
少数的场合判处死刑。根据 1532 年国王的一道命令，对“为数不少的”伪造假合同者和在法庭作伪证者，可以判处死刑，但司法实践并不统一。科拉斯可能听说过 1557 年两个里昂骗子的上诉案（他们用米歇尔·米尔的名义签合同），后来被里昂司法总管辖区法院判处死刑；但巴黎最高法院减轻了对他们的处罚，判处他们鞭笞之刑，并罚他们在国王的舰队服役九年。司法总管辖区法院第二次判决的骗子，是一个名叫西特拉察的希腊人，他收取了原本属于一名死者的债金，法院判决他交回所有误收的款子，交纳 500 里弗赫给国王，并将之驱逐出法国。[10]

不过，迪蒂尔的罪行更为严重。它牵扯到窃取遗产，其情节的严重性，类似于一个女子为了让她的私生子获得继承权，欺骗性地指认他为丈夫的亲生子。更为重要的是，他犯了通奸罪，在科拉斯看来，这一罪行通常应受到更为严厉和更为坚决的惩罚。图卢兹最高法院只对严重违反社会责任的通奸罪处以死刑。比如 1553 年，一位法官的手下被处以绞刑，因为他和他主人的妻子睡觉；又如 1556 年，一个业主的妻子和她的分成租佃户犯了通奸罪（两人都被绞死）。[11]

基于上述考虑，最后决定判处阿诺死刑，法院的这一决定后来至少遭到一名法律界人士的指责。不应根据里厄法官提出的判决将他斩首，而是应该将他吊死，这才适合他作为一个放
89 荡不羁的浪人、作为一名平民百姓的身份。法院不应出格到将他活活烧死，但由于他令人恶心的罪行，他的尸体应被烧掉，“这样，对这个如此卑鄙可恶的人的记忆，才能完全消失，为人遗忘”。

刑事法庭多少照顾到阿诺·迪蒂尔的权利，这一策略让马丁·盖尔和贝特朗·德罗尔斯更容易接受现实。不过，这也表明，对曾以证词搞羣他们的那个犯人，他们仍心存几分尊重。他的女儿贝尔纳是合法的，法院决定接受贝特朗的陈述，她认为孩子是在她和马丁·盖尔行房事时怀上的。只有在父母双方都意识到具体情况时，孩子才成其为私生子。要是女人没有意识到自己嫁给了牧师，那么她的孩子应该是合法的。

更为非同寻常的是，法院没有没收阿诺·迪蒂尔在隆贝兹

主教区的财产，并将之移交给国王，这不同于大多数罪犯被判处死刑的情形。在偿还贝特朗的审判开销后，剩下的财产判给了他们的孩子贝尔纳。[12]

另外，在处决之前，也没有拷打那个被定罪的人，让他供出他的同谋——这叫给出“先决条件”（la question préalable）。科拉斯有时的确曾准许拷打。1560 年初，他和达菲庭长签署了一份判决书，某个化名勒普罗万西尔的让·托马斯“将接受审问，以便从他口中了解归咎于他的毁谤、罪行和邪恶的咒语等行为的真相”。[13] 但刑事法庭可能认为，这个奇怪的阿诺是不可能被 90
制服的——要是他真被制服了，他们当然不想最后让他招供说，贝特朗·德罗尔斯是他的同谋。

法庭还得决定如何处置孔西埃热里的那个女囚犯。人们会如何谈论这个如此容易上当、如此固执地坚持错误的漂亮妻子呢？在多次讨论之后，法官一致同意相信她的善意——女性归根结底还是脆弱的。她不会因欺骗、重婚或是通奸而被处罚（在这些情况下，对最后一种罪行的处罚可能是，在她丈夫想要领她回家之前，让她待在一家女修道院里），她的女儿是合法的。

马丁·盖尔也是如此。为决定是否要指控他多年抛下家人，并为法国的敌人战斗，法院花了不少时间。他们最后决定，他的出走是由于他年轻，“青年的冲动和轻率，那时在他心中沸腾”。至于他为菲利普二世效力，应该责怪的是他的主人，作为一个侍从，他只有服从，他并不想“冒犯他与生俱来的主公”。况且算上发生在他的腿、他的家产和他的妻子身上的事，他受的罪已经够多了。

皮埃尔·盖尔也不会因他假冒贝特朗的代理人的名义，或是因他策划谋杀阿诺·迪蒂尔的行为而受到惩罚。为了控告那个骗子，他已冒了财产甚至生命危险：假如他输了这场官司——这差一点就成了事实——他会因在法院诬告而面临严厉的刑罚。[14]

法院最后裁决的每一件事，用意都在于实施科拉斯之前为做出有利于新马丁的判决而辩护的那个标准：重视婚姻和由此
91 降生的孩子。9 月 11 日，德芒森克尔庭长在全庭面前召集贝特朗·德罗尔斯、马丁·盖尔和阿诺·迪蒂尔。不论庭长说什么，庞塞特坚称他就是马丁·盖尔。然后，芒森克尔试图调解贝特朗和马丁，责备他们犯下的错误，敦促他们冰释前嫌。而被告在一旁不停地打断他的话，对每个字眼都提出质疑。

这是新马丁最为拙劣的表演——要不然就是他最为严肃的表演了。他已输了，现在轮到他成为妒火中烧的丈夫。在法庭面前，他表现得鲁莽无礼，因此，法庭对判决作出最后的变动。[15] 本来要求他做两次正式的道歉，一次在法庭面前，一次在阿尔蒂加。他现在只需做后一件事了。天知道他会在法庭说些什么呢？*

---

* 科拉斯对此事的记载非常奇怪。为什么要通过取消其中一项道歉来惩罚阿诺·迪蒂尔的不规矩的行为呢？难道将面对法庭道歉改为面对村子的更为羞辱的道歉就更合适吗？不是科拉斯对事情的表述出了问题，就是这再次表明法官对非同寻常的阿诺·迪蒂尔的感觉十分复杂。

9 月 12 日，最高法院打开大门，让公众聆听判决。一大群人冲进审判室，当时担任波尔多最高法院法官的青年米歇尔·德蒙田，似乎就在他们中间。[16] 芒森克尔宣读了判决，赦免了马丁·盖尔、贝特朗·德罗尔斯和皮埃尔·盖尔的罪行，否决了绰号为庞塞特的阿诺·迪蒂尔"自称是马丁·盖尔"的上诉。他将在阿尔蒂加教堂前公开道歉，然后被领着穿过村子，在马丁·盖尔的房子前被处决。里厄的法官负责这个事情。科拉斯没有记录贝特朗·德罗尔斯和阿诺·迪蒂尔的面部表情。 92

四天后，在大约十二年前安顿贝特朗婚床的房子前，建起了示众架。家人们都已从图卢兹回来，方圆几英里的人们，都赶来瞧一瞧骗子，见证这次处决。村子已不再像过去一年来那样众说纷纭。谎言现在已被公开，惩罚仪式即将开始，在此过程中，撒谎者将被羞辱、请求宽恕、被驱逐。

庞塞特竭尽全力，让他最后的作为成为值得回忆的事情。他那一天做的第一件事，就是首先恢复他的旧名。他主动在里厄法官面前忏悔，从两个人在马内喊他马丁·盖尔开始讲起。每件事情都是通过自然的手段，由他和他所列举的某些同谋来完成的。[*] 事情跟巫术毫无瓜葛。他自始至终隐瞒了贝特朗扮演的角色。根据科拉斯的看法（尽管勒叙厄尔没有提到），他也坦白了年轻时干过的几次小偷小摸活动。

---

* 科拉斯只是说到，他坦白"某些人给了他私密的信息和建议"（p. 83）。勒叙厄尔说他提到曾帮助过他的"两个人"的名字（*Admiranda historia de Pseudo Martino*…[Lyon, 1561], p. 22）。也许他们是失踪者的两个朋友，那两个最早误认他为马丁的人。

然后，像所有慈爱的农民父亲一样，他立下了遗嘱。他列出他在金钱、羊毛、小麦、酒类和小米等方面的债权人和债务人，
93 要求用他从阿诺·吉杨·迪蒂尔和其他人那里继承来的财产来偿清债务。它们暂时被卡尔邦·巴罗占用了。为保证他的叔父支付上述款子，他对他提起民事诉讼，这应由他指定的遗嘱执行人来执行。他指定他的女儿贝尔纳·盖尔——现在的贝尔纳·迪蒂尔——为他的唯一继承人；他的兄弟——勒潘的让·迪蒂尔和图卢兹的多米尼克·勒本戴雷——成为她的监护人和他的遗嘱执行人。

这位被判刑的人穿着传统的忏悔服——白色的衬衫，光头，打着赤脚，跪在教堂前，当众认罪仪式开始了。他请求得到上帝、国王、法庭、马丁·盖尔和贝特朗，以及皮埃尔·盖尔的宽恕。在脖子上套着刽子手的绳子，被领着穿过村子时，这位巧舌如簧的农民和大家打着招呼。他就是那个不知羞耻并狡诈地攫取他人财产及其妻子的贞操的阿诺·迪蒂尔。他赞扬图卢兹法官们的调查，希望尊敬的让·德科拉斯和弗朗索瓦·德费里埃此刻到场。连站在通往示众架的梯子上时，他还在喋喋不休，请求取代他位置的那个人不要对贝特朗太苛刻。她是个重名誉、守妇道的坚贞女子，他可以作证。她一旦对他起了怀疑，就将他赶走了。为了她做的事，她鼓足了勇气，打起了精神。至于贝特朗，他只是请求她宽恕他。在他临死的那一刻，他乞求上帝借他的儿子耶稣基督之手怜悯他。[17]

第十章　讲故事的人

判决阿诺·迪蒂尔之后不久，图卢兹最高法院暂时休庭两个月，这是每年9月份的规矩。让·德科拉斯没有马上前往他在雷亚蒙乡下的宅子，而是来到图卢兹的书斋，开始撰写那个人的故事。本来，烧死那个人，就是想要从记忆中把他永远抹去。至1560年10月1日，他已基本完成初稿。[1]与此同时，一个叫纪尧姆·勒叙厄尔的年轻人，也记录了他眼中的同一事件。这一故事中的某些东西，触及了他们自身的生活，某些令人不安和让人讶异的东西，有必要一吐为快。 94

这一案子对纪尧姆·勒叙厄尔的吸引力何在呢？要搞清楚这点并不容易，因为人们对他所知甚少。勒叙厄尔生于皮卡底滨海布洛涅一个富庶的、拥有大量地产的商人家庭。他被送到图卢兹接受民法训练。他的兄弟皮埃尔担任皇家财政官员。1561年底，皮埃尔将他在布洛涅的宅子，用于“新宗教的集会和祈祷”。看来纪尧姆和他的兄弟持同样的观点，有段时间，

让·德科拉斯，作于16世纪60年代后期，此为17世纪巴斯泰复制，原画已佚，法国国家图书馆，木版画陈列室

他成为孔蒂信奉新教的大公的一个随从。1566 年，他成了布洛涅的最高总管辖区法院的一名律师。几年后，又成为当地管辖 95
河流和森林的副职官员。1596 年，他还将撰写有关他家乡小镇的第一部历史书，这本著作写得不错。在此之前，拉克鲁瓦·迪迈内已听说过他，在 1584 年的《文库》(*Bibliothèque*)中，说他是“拉丁文和法文诗人”。他也懂希腊文，曾将麦凯比斯*第三本书的希腊文版译成拉丁文，此书于 1566 年刊行。

《图卢兹冒牌马丁的奇妙故事》也是他的书，是以拉丁文写成的，审判不久后，其手稿就开始在这个城市里流传。他将书献给米歇尔·迪福尔，最高法院的第四任庭长，马丁·盖尔案子审判期间一直是刑事法庭的成员。一如勒叙厄尔后来在写给米歇尔·德奥斯皮塔尔大法官的献词中所说的，他被“接纳为迪福尔的家人和委托人，这个家族独一无二的博学、对生活的真诚、显赫和荣耀，在这一地区无出其右”。他所记载的审判的证据，可能来自庭长本人的谈话和文件——他称自己“收集”(colligebat)这个故事——也许他充任小职员，因而得以出席法庭。可以确定的是，1560 年，纪尧姆·勒叙厄尔希望在法律和法学修辞文化界出人头地，况且他本身对文学和古典学也感兴趣。[2]

有关让·德科拉斯的情况，我们知道的更多些。按照他的

---

* 麦凯比斯（Maccabees），即朱达·麦凯比斯，卒于公元前 166 年，犹太爱国者。——译注

出版商有段时间在他的书的扉页上提供的说法，他是个最为著名的(clarissimus)人物。在审判马丁·盖尔那一年,他本人的“生平”，出现于科拉斯《论法的艺术》的前言中，前言作者是他以前的学生安托万·于西里斯。他于1515年生于阿尔比热瓦的雷亚蒙,兄弟三人,排行老大,在图卢兹长大。他的父亲让·德科拉斯，是位有执业资格的律师，担任最高法院的律师。还
96 在十三岁时,（根据传闻）年轻的让就在图卢兹的讲台上讲解民法了。在随后几年里，在昂热、奥尔良和巴黎学习民法和教会法期间，他经常被请去授课。然后，他来到帕多瓦，提交了一百项法律议案，作为他博士论文的主题。他机智的反应，赢得了赞赏。1536年,二十一岁时,“法律界的伟人”菲力帕斯·德修斯授予他博士学位。(科拉斯后来说过,那时德修斯年老体衰,连个法律术语也记不住，花了十五分钟，使足了劲，才说出演讲的第一句话。最后，学位是由其他人授予的。这一逸事表明，科拉斯有时也调侃自己一下，并不是老端着神童的架子。)

返回图卢兹后，科拉斯被聘为大学的董事，成了为人称道的民法讲座教授。他本人提到了听众们的掌声，而于西里斯也提到，人们不记得还有哪位教授能吸引如此之多的听众。在科拉斯面对两千人，滔滔不绝地进行令人如痴似狂的演讲时，于西里斯也在场，“他的声音平和、流畅、清晰而富于节奏感”。图卢兹的法学演讲常常从早上五点持续到十点，如果我们认识到这点，这个印象就深刻多了。[3]

在早年风光的岁月里，有一点是于西里斯没有提到的，科

拉斯和法律结下了另一种缘分：他成了诉讼当事人。他的母亲让娜 · 德泰尔梅在雷亚蒙过世，根据 1542 年的遗嘱，她将所有财产和地产传给他。老让 · 科拉斯老爷阻挠遗嘱的执行，小让 · 德科拉斯少爷就将他告上法庭。1544 年，图卢兹最高法院对案子进行判决。儿子的继承权得到确认，而父亲被勒令允许儿子清点财产，不过，老科拉斯在他的余生里，被授予财产和地产的用益权。两人最后达成谅解——科拉斯在 1549 年将一 97
本书献给他的父亲——但如对他博士学位授予仪式的喜剧性描述一样，对他父亲的这场诉讼案，显示了他对秩序和权威的某些暧昧态度。[4]

在此期间，科拉斯本人也结婚生子，这令他倍感欢欣。他在他的法学论著《论婚礼》(*De Ritu Nuptiarum*)中提到“幸运的婚姻”，他还会在他的注解当中，插入一个部分，讲述他的妻子卡特琳 · 布瓦松，一位图卢兹商人的女儿。这对夫妇很快要了孩子，先是女儿让娜，接着是儿子雅克，他在法学讨论中也提到后者：“昨天，1546 年 4 月 13 日，我被难以置信的喜悦所感动，因为我们健康的卡特琳让我成了一个小男孩的父亲。”[5]

成为受人欢迎的教师后，科拉斯将家搬到瓦朗斯，1545 年至 1549 年，他在那里讲授民法。然后，他在费拉拉教了两年书。这段时间他一直在撰写和出版对罗马法的拉丁文注释，主题包括婚姻和合同、国家的司法行为和宪法等。至迟从 1541 年开始，他将手稿寄到出版社，尤其是里昂的出版社，那里是法学出版物的中心。法学院学生们喜欢他的书：在讨论未成年人继承权主题的一个特别贴切的句子旁，有位学生这样写道：“典型的科拉斯风格”（Corasissima）。

这些不同版本的著作也体现了科拉斯的两个有趣的面向。首先是愿意自我改进、反思和重新阐释的倾向。他常常告诉他的读者，“我某某年开始在图卢兹写下了这些东西，现在我在费拉拉对它进行修改”。其次是对如何推进他的职业生涯有着
98 敏锐的感觉。他最早的那些书已献给了巴黎最高法院的第一庭长和图卢兹最高法院的第一庭长芒森克尔。时机成熟时，他还将合适的著作寄给沙蒂永和洛林的红衣主教。[6]

1553 年，当图卢兹最高法院职位出现空缺时，这一招奏效了。他带着一个哀伤的理由，从费拉拉回到那座城市：他的妻子卡特琳·布瓦松去世了，他回来度过一段时间的居丧期。由于他身在法国，亨利二世曾就如何对付费拉拉的公爵和红衣主教，要他提出忠告。国王从中受益，因此指派科拉斯占了那个空缺。1553 年 2 月，让·德科拉斯宣誓成为他父亲曾长期担任律师的最高法院的法官（conseiller）。[7]

从担任新司法职位到马丁·盖尔案之间的七年时间里，科拉斯的生活发生了变化。他又结了婚，对新教事业越来越感兴趣，也开始考虑他出版论著的其他目标。他的继配是雅凯·德比西，一个寡妇，也是他的表姐妹，一位皇家审查官（Master of Requests）的侄女。她的第一次婚姻没生下孩子，第二次仍然如此，但她悉心照看雅克·德科拉斯，总是称呼他为“我的

儿子”。我们主要是通过审判后若干年间他们之间的通信来了解让和她的关系的，但它们同时也透露了科拉斯早年的婚姻体验。[8]

科拉斯毫不隐瞒、深深地、几乎是愚蠢地爱着雅凯·德比西。“从来没有哪一个妻子——不管在不在身边——像你现在和将来那样被丈夫珍视和爱慕。”“我请求你相信，每日每夜，每时每刻，我都在梦想着你，等待着你，渴望着你，爱你爱到缺了你我也不复存在。”他寄书给她看，寄给她“一套俏皮的衣服”，“两支样子不错的钢笔和合你我口味的甜食”，告诉她要是雷亚
蒙冷的话，“只要不是跟和尚（moine）一起睡，务请不要一人 99
独眠”。* 他向她提供政治报告和有关宗教改革事业的新闻，教她如何接待重要的来访者，如何接受送来的消息。他为她的健康、为她是否回报他付出的感情发愁。在没收到她的来信时，他写道，“这让我不由自主地相信，我在你的记忆中，并没有我一直希望的那么刻骨铭心”。

事实上，雅凯对她的丈夫的确是有些矜持。在他们的婚姻游戏中，他是追求者，而她是被追求者。他在他的信上签的是“你的你的你的和成千上万次你的让 · 德克拉斯”；而她签的是“你非常卑微而顺从的妻子”。他热切地问她是否该接受某项重要职务；而她在回信中说“由你做主”，这封类似于法令的正式签字的信，不免伤及他的感情。同时，虽说身体不好，但她

* 双关语，moine 是个古老的法语词语，意思是“暖床者”。——译注

还是出色地经营着他们的地产，出租土地，让人维修篱笆，检查人头税账册，安排在地里播种小米和燕麦。她寄给他新闻和她读过的书、她为他织的吊袜带、阉鸡，还有治疗他眼睛的药水。她希望他“知足常乐”。[9]

夫妻俩的结合，特别表现在对于新的宗教信仰的共同信念上。对让·德科拉斯来说，他了解新教的渠道很多——比方说，从费拉拉的勒妮公爵夫人身边的人那里，因为费拉拉是法国的宗教避难者的中心。他讨论教会法的主要著作《教士职业之普遍问题的评注》（*Paraphrasis in universam sacerdotiorum materiam*）于 1548 年出版时，他肯定还不是个改宗者：他接受教皇的合法性，只是说教皇不应是暴君，而应始终是位忠实的牧师。1557 年，他在反对秘密婚姻的论文中，至少对教会法
100 提出了批评，预言他会受到“宗教借口下的……恶毒诽谤”的攻击，并强调文章的所有观点都“符合上帝的教导”，这些方面与新教的态度是表里如一的。[10]

科拉斯的《关于秘密地并不合礼节地订立的婚姻的……短论》（*Petit discours…Des mariages clandestinement et irreveremment contractes*）标志着他一生中的另一个转折。这是他用法语写成的第一本书。这位加斯孔人的目标，并非意在丰富法国语言这种普普通通的文学目的，“对此，我承认，我的国人因其烦琐的说话方式，几乎根本不赞成这一目的”。相反，他想要影响公众意见：父母是否同意他们孩子的婚姻，是个属于“那些受过训练、博学、有学问的人与那些目不识丁者的共

同的”问题。他将这本书题献给亨利二世，在书中支持国王最近发布的秘密婚姻方面的法令，而亨利二世不久后授予科拉斯九年的“特权”，这是销售专营权，适用于他想要出版或重印的他本人的任何著作。这个不同寻常的礼物，让科拉斯比起同时代的大多数作者，能够更好地控制他的著作的印刷和利润。1558 年，他将它使用于哈德良皇帝与哲学家爱比克泰德[*]对话的法文译本，1560 年又使用于他讨论法律结构的伟大的集大成之作《论法的艺术》，前者是献给皇太子的，而后者是献给法国大法官的。[11]

1560 年让 · 科拉斯接受刑事法庭的任务时，已四十五岁，如上述证据显示，他个人的情绪并非一以贯之，目标也非始终如一。他开创了杰出的职业生涯，但他也全力投身新教，这最终让他葬送了职业和生命。作为罗马法专家，他坚定地信仰长 102
幼有序的家庭和君主的权威（“臣民必须遵从他们的上司，就像遵从他们自己的父母一样”，他说道），但他很快被牵扯进图卢兹和法国的新教抵抗运动。他警告家人当心“不顾后果的爱情”，但一想到一个月后就能去接自己的妻子，他慌不迭地拎出皮箱，开始挑选她的塔夫绸裙。[12]

让 · 德科拉斯开始与“马丁 · 盖尔”接触时，发现此人拥有他本人的某些才能。虽说囚犯只是个农民，但他沉着、机智、

---

* 哈德良（Hadrian，76—138），罗马帝国皇帝，117—138 年在位。爱比克泰德（Epictetus，约 55—138），旅居罗马的希腊斯多葛派哲学家。——译注

（特别是）能言善辩。“他似乎不只是在向法官复述事情，”勒叙厄尔说道，“而是让它们在他们面前重又活了过来。”“我还不记得曾听说过有这么一个人，记性像他那样出类拔萃”，科拉斯说道。[13]他似乎也是个体面人家的男人，爱着他漂亮的妻子。对为财产清单将父亲告上法庭的儿子来说，他为账目问题控告叔父并不那么令人憎厌。要是我认为“马丁·盖尔”是个新教同情者的看法是对的，也许科拉斯还有另一个理由，他认为这是一个可以信任的人。

后来，那个装着木腿的人“像个奇迹”，一个天意，上帝的仁慈之举，他现身法庭，来保护皮埃尔·盖尔，并证明让·德科拉斯弄错了。[14]两年前，在翻译哈德良与爱比克泰德对话时，科拉斯曾思考过谎言的危险：

> 哈德良：什么是人无法洞察的？
>
> 爱比克泰德：他人的心和思想。

这位法官评论说：“确实，在人与人之间，没有比造假和伪饰更令人厌恶的了，不过，我们的这个世纪不幸到了这种田
103 地，在每一个等级中，一个懂得如何提高撒谎、虚伪和伪善的技巧的人，常常是最受人尊敬的。”[15]

科拉斯可曾梦到过他会遭受这种欺骗，被一个他不能不佩服其伎俩的人欺骗呢？这个骗子的成就是多么精致，多么持久——阿诺·迪蒂尔的“一千个必不可少的谎言”。（“他的

应对如此精彩，”勒叙厄尔说道，“他看起来几乎就像是在表演。”）律师、皇家官员和未来的廷臣都完全知道如何自我塑造（self-fashioning）——用史蒂芬·格林布拉特的话来说——像16世纪任何刚刚被任命高级职位的人那样，知道如何改变言谈、习惯、举止和对话，因为这曾帮他们飞黄腾达。自我塑造与撒谎的界限在哪里呢？蒙田在一篇自我辩护的文章中，曾对他的读者提出这个问题，但在此很久以前，庞塞特的创造能力（inventiveness）就已经把这一问题摆到了他的法官面前。[16]

科拉斯的第一反应是，否认这是个证明人类创造性才能的案子。相反，阿诺是个得到邪神帮助的巫师。他是个邪恶的人，不论从司法还是从道德的角度看，科拉斯都不会对他的死存有任何悔意。科拉斯的第二反应是，阿诺·迪蒂尔身上的某些东西让他感到不可思议，它们触及他本人的矛盾情感和他所属阶级的处境——在新马丁和贝特朗·德罗尔斯的那桩私定的婚姻中，不仅有非常错误的东西，也有意味深长的合理之处。

于是他在书桌边坐下来，将笔削尖。他的著述生涯出现了又一个转折，另一本法文著作出炉了。不过，首先这本书允许他再次审判他刚处死的那个人：再次判他有罪，但也给那个人，至少是给他的故事提供另一个机会。

第十一章　离奇的故事，悲惨的故事

科拉斯的《难忘的判决》是本富有新意的书，将矛盾 104
的形象和混杂的文体熔于一炉。而勒叙厄尔的《奇妙故事》（*Admiranda Historia*）虽说也有若干原创特色，但很容易归入新闻纪实这类文体——在期刊出版来临前的这个世纪，这种文体的地位相当重要。它是小开本的小册子，仅仅讲述了从盖尔在阿尔蒂加出现，到阿诺·迪蒂尔被处死的故事，最后得出道德教训。图卢兹的“一个朋友”将一份手稿寄给里昂杰出的人文主义印刷商人让·德图尔内斯，此人有时也刊行新闻纪实。甚至在获得这一著作的皇家特许证前，他就马上用拉丁文将它印行了。另一份手稿落入巴黎出版商樊尚·塞特纳斯的手中。至1561年1月底，塞特纳斯找人将这本书译成法文，并从国王那里取得六年的出版特许证。他以《1560年发生于朗格多克的一位冒牌并被误认的丈夫的奇妙故事》（*Histoire Admirable d'un Faux et Supposé Mary, advenue en Languedoc, l'an mil*

279

DE DEVX GENTILS-hommes ſe rapportans tellement de face, voix, parole & geſtes qu'il eſtoit impoſsible de les diſcerner en ſorte quelconque.

Hiſtoire premiere.

IE n'ignore point qu'entre les grands miracles de la nature on n'aie de tout

16世纪的一个非常相似的案件，出自François de Belleforest, *Histoires prodigieuses* (Paris, 1574)，美国宾州大学，弗内斯纪念图书馆，特藏部，范佩尔特图书馆

cinq cens soixante）为题将它出版，但没有标出作者的名字。这个骗子的新闻，像谋杀、通奸、火灾和水灾等“恐怖”与“奇怪”的事情一样，开始流传于世。[1]

同时，1561 年 2 月 2 日，让 · 德科拉斯在他的手稿上写 105
下献词，把它寄给里昂出版商安托万 · 樊尚，并将自己的九年特许权转让给他。而在此之前，樊尚只刊行过少数几本以法语写成的书籍。他是通过拉丁语版图书起家的，其中就包括科拉斯 1555 年的《论诉讼》（*De actionibus*）和 1560 年的《论法的艺术》。[2] 对 1561 年的购书者来说，新书的书名相当吸引人，也相当新鲜 :《图卢兹最高法院的难忘的判决，包括一个当今的离奇故事和一百则法院法官与该案负责人让 · 德科拉斯长官先生的精彩而渊博的评注》（*Arrest Memorable, du Parlement de Tolose, Contenant une histoire prodigieuse, de nostre temps, avec cent belles, & doctes Annotations, de monsieur maistre Jean de Coras, Conseiller en ladite cour, & rapporteur du proces. Prononcé es Arrestz Generaulx le xii Septembre MDLX*）。

在法国，有时会印行刑事案件的判决，如 1536 年宣判的意大利人投毒谋杀法国皇太子案。民事与刑事的法令汇编也开始出现。[3] 不过现在，在 117 页的书中，判决只占了两页，而这位法官本人的评论正是借此得到了广泛的传播，而不是藏之于某篇讨论刑法的广征博引的论文。科拉斯也许是法国第一位用法语将他自己受理的刑事案写成书的法学人士。[*]

接下来是“离奇故事”这个词语。那些年，“离奇物事”的汇编，如离奇的植物和动物，两个太阳和怪胎，可谓大行其道。106 在樊尚 · 塞特纳斯推出皮埃尔 · 博阿斯陶的《离奇故事》的前一年，当他刊行勒叙厄尔的小册子时，这个词语在开篇的十四行诗中，被嫁接到冒牌马丁的故事上 ：“你能读到的最为离奇的故事 / 从基督或异教徒的时代以来……/ 在你看来平淡无奇 / 在冒牌丈夫之后。”科拉斯就将这个字眼放进书名，并在博阿斯陶的意义上使用了这个词，后者曾是他在瓦朗斯的学生。离奇（prodigious）的东西是古怪的，但未必含有独一无二的意思，它只是比其他同类的事件更为罕见。于是，这一冒名顶替的事件，超出了人们曾听说过的其他任何事件。[4]

乍看起来，科拉斯著作的内容，与传统的法学注解并无二致，在文本和注解之间，存在着辩证的关系。事实上，文本的主体部分并不是科拉斯引述的官方文件，而是由科拉斯本人编织的所谓的事件的网络（Texte de la toile du procès）[5]，注解常常和法律毫无关联。

对科拉斯来说，这一传统形式的新用法，赋予他比过去更

---

* 在 1539 年《维莱尔–科特雷特法令》颁布之后，所有司法程序必须使用法语。在对公众开放的民事案件中，律师的正式抗辩有时被印出来，并在 16 世纪末成为一种供人欣赏的文学体裁（Catherine E. Holmes, L’Eloquence judiciaire de 1620 à 1660, Paris, 1967）。相比之下，刑事案件在宣读判决之前，原则上是不对公众开放的，而且一如在马丁 · 盖尔案中，并不存在律师抗辩的情形。这意味着随后对这个案子进行的文学处理，要求作者进行大幅度的重组。

大的自由度，虽说他以往论文的涉及面也很广。首先，这为他评论他那个时代的法律实践的中心问题，诸如证人、证据、拷打和证物的性质等，提供了一个机会。这是个“最佳的”案例：证人犯错，道听途说的证据反倒正确，法官几乎被搞得一头雾水。这为他提供了讨论婚姻及其问题，如早婚、性无能、遗弃和通奸等等的机会。[6]这也给对诸如亵渎神明之举进行宗教反思，对天主教的某些躲躲闪闪的探究等活动留下了余地。解除阳痿诅咒的圣饼和特制的蛋糕，乃是“徒劳无益的迷信”，
人们应祈祷和进行斋戒。他对巫术的评注，也反映了新教的 107
感知：我们通过基督的爱而得到救赎，我们必须乞求他“呼唤我们的心灵……借助他的话，我们能驱散所有的幻觉、诡计和假冒，魔鬼正是通过这些途径，一直试图引诱上帝的孩子和他的教会的”。[7]

对科拉斯而言，除了传达新教信息之外，马丁·盖尔的故事是否还有什么更为基本的意义呢？围绕它问世的某些背景，显示这可能是存在的。出版商安托万·樊尚是法国改革教派的一个重要人物，1561 年底，他获得了刊行加尔文主义诗篇的皇家特许证。这本法语畅销书比《难忘的判决》更为风行。科拉斯将书献给瓦朗斯主教让·德蒙吕克的同一年，巴黎神学院发现德蒙吕克的思想属于异端。勒叙厄尔最初的论著，也多少有点新教背景：作者的态度倾向于加尔文派；他有一篇给米歇尔·迪福尔的献词，而迪福尔是同情异端的嫌疑人；他的印刷商让·德图尔内斯是新教的支持者。科拉斯和勒叙厄尔也许曾

问道，如果事情发生在改宗后的日内瓦城，在这个新法律和严厉的宗教法庭绝不允许在如此之小的年龄成婚的地方，在这个会让贝特朗及时离婚，并很快发现通奸的地方，盖尔家的悲剧是否可以避免？难道不是新教的上帝，将装着木腿的那个人及时送回，从而打消图卢兹最高法院法官过度膨胀的信心吗？[8]

要是科拉斯和勒叙厄尔持有这样的看法，应该说它们并没有被强加于他们的文本之上。《难忘的判决》的读者来自两种
108 宗教背景，后来巴黎天主教堂还重印了它。勒叙厄尔在巴黎的出版商樊尚·塞特纳斯也是位天主教徒。科拉斯的献词仅仅显示了该书的娱乐目的：它的“论旨非常漂亮，让人非常愉悦，非常怪异”，足以让主教从他操心的庶务中得到愉悦和解脱。[9]

的确，《难忘的判决》最为重要的特征，是语气的混合和形式的混杂。这是一本质疑法律运作的法学著作，一本质疑历史记载自身真实性的历史叙述。这是一个游移于说教故事、喜剧和悲剧之间的文本。英雄像是坏蛋，而坏蛋反倒像是英雄，故事同时以两种方式讲述。

《难忘的判决》的法学组织方式，有助于创造这种复杂性。正文的组织类似于科拉斯给最高法院的报告，他必须陈述有利于和不利于被告的观点。现在，他可以让正文和评注对立起来，在正文中，他提到“被告”和“该迪蒂尔”，而在评注中，他提到“这个乡下人”“这个放荡的家伙”“这个放荡不羁的

罪犯”。

另外，为展开论述，科拉斯夸大了某些事情，同时忽略了其他事情——我们甚至可以说，他撒了一点谎。首先，在他的笔下，阿诺·迪蒂尔的记性比事实还要神奇：勒叙厄尔至少报道说，他忘了马丁·盖尔的坚信礼上教父、教母的名字，而在科拉斯的文本中，他从未忘记过。其次，在他的叙述中，他本人和法庭不像事实上那样相信阿诺的无辜。他从未提到贝特朗和皮埃尔被关押了几个月，而勒叙厄尔记载了这个事实，最高法院的记录，也在两处记载了这一事实。1560 年 9 月 12 日的判决，事实上称贝特朗·德罗尔斯和皮埃尔·盖尔是“与案情有关的前囚犯”。在书中复制这一宣判时，科拉斯有意忽略了这些细节，代之以“等等”。

省略并不单纯为了节省篇幅，因为在印刷的宣判书中，添 109
入了几种阿诺·迪蒂尔事实上并没有犯下的罪行：“绑架、盗窃圣物罪、plagiat（在罗马法中指在当事人不知情的情况下将其贩卖或其他罪行）、非法侵占财产罪及其他该人犯犯下的罪行。”[10] 科拉斯对这些罪行的评注，让它们本质上成了欺骗性的假冒和通奸的延伸，但这些也让他有机会争辩说，贝特朗是出于被迫，死刑乃是犯人咎由自取。*

总体而言，这些夸大和遗漏，有助于强化《难忘的判决》

* 科拉斯只是在非法侵占财产罪上碰到了麻烦，因为查士丁尼法并没有对这种案件判处死刑。通过说明诈骗涉及大笔财产（马丁的家产），中间又牵扯到背信弃义和扰乱婚姻平静的问题，科拉斯认为案情为判处死刑提供了正当性（pp. 126-127）。

作为说教故事的特性。阿诺·迪蒂尔放荡不羁的特性，是通过与《圣经》的、古典时代的和晚近的骗子进行比较建立起来的。老天让毫无血缘关系的人拥有酷似的长相，这已经够奇怪的了，但遍寻之下，科拉斯还没有发现长相和举止——“一千种必不可少的谎言”——的相似性能成功地延续如此之久的例子。在13世纪，虽说佛兰德斯冒牌的巴尔德温伯爵握有许多证据，但伯爵的女儿让娜对他始终心存怀疑。而在这个案子中，亲人们接受了骗子，“更了不起的是”，连他本人的妻子，也和他亲密地生活了三年多，“甚至没有感觉到，乃至怀疑这一欺骗行为”。马丁案的这个版本，将欺骗的全部令人惊奇的力量，都归于阿诺的名下。这为指控他是巫师提供了理由——科拉斯说，虽说迪蒂尔否认任何邪术，他自己还是无法放弃这个看法，这也让
110 对迪蒂尔的惩罚性的处决毫无被质疑的余地。它还将贝特朗塑造成容易受骗的人，因“她性别的弱点，轻易地被奸诈狡猾之徒欺骗”变得可以理解。[11]

但是，不管对丈夫还是情人，这一版本都有若干令人困扰之处。在这一时代习见的喜剧故事中，在某人取代他人在黑夜偷欢时，受骗者很少能察觉到异样。（我只知道一个相反的例证：《新故事百篇》中一位年老的骑士，注意到侍女结实的乳房和他妻子的成年乳房之间的差别。[12]）但贝特朗的事情并不属于让人轻松的传统文学类型，而是真实的故事，况且事情还持续了不止一夜。性别的弱点，果真严重到连婚姻的爱恋和通奸都无从分辨了吗？戴绿帽子的马丁·盖尔显然不同意这个看法，

从科拉斯和勒叙厄尔两人转述的他在法庭放出的话，我们可以明白这一点。我们已看到，科拉斯是如何对待雅凯 · 德比西的，很难相信，这样一个人会坚持认为女人会这么容易上当。[*]

在他的说教故事中，这位法官留下了其他漏洞，这为采用其他文体对它进行改编提供了可能。主人公在哪里？说教故事应以主人公的离去为开端，以他的归来，以他揭穿冒牌主人公的面目，以他的破镜重圆作结尾。然而，马丁 · 盖尔的离去，本来便该受到非难，他的归来虽说凑巧，但事实表明，他既无情无义，也无悔过之心。在与庞塞特的记忆竞赛中，他败北了。科拉斯也没有表示，此人随后与贝特朗的复合会 111
是幸福的。勒叙厄尔也不太同情马丁，不过，他还是写下了芒森克尔庭长试图说和马丁和贝特朗的情景，这在科拉斯的书中不曾出现。[13]

更令人奇怪的是，《难忘的判决》第一版省略了阿诺 · 迪蒂尔的忏悔和处决的记载。书中两次提到忏悔一事都是一笔带过[14]——匆匆浏览的读者也许没有意识到这个事实——但1561 年版写到罪犯被送到里厄法官那里就突然打住了。科拉斯为他的读者留下了思考的空间，去怀疑刑事法庭是否真的抓对了人。

---

* 他对待女儿让娜 · 德科拉斯的态度也说明他是尊重女人的。1559 年 9 月，他为她将乔瓦尼 · 比科 · 德拉 · 米拉朵拉的《十二条规则》(Les Douze reigles) 从拉丁文译为法文，以此作为诱惑时期的保护伞。这本著作于 1565 年在里昂与《难忘的判决》的新版本一同刊行。

只是在1565年版中，科拉斯才描述了阿诺在阿尔蒂加的忏悔，从而消除了含糊性。但在一条他将整个故事视为“悲剧”的新评注中，他马上重又引入了含糊性：

> 正文：既然该马丁·盖尔最亲密、最特殊的朋友们将他错认为马丁……他决定去出演你正在听的这出悲剧。
>
> 评注CIIII：对这个不错的农民来说，这真是个悲剧，何况他的结局如此悲惨——他［为此］丢了性命。或者说，至少这让分辨悲剧和喜剧变得困难。

1572年版的出版商对这一点进行加工时，用了“悲喜剧”（tragicomedy）这个在17世纪日益为文学理论和实践所接受的字眼。* “戏剧的开场部分是欢快、愉悦、喜乐的，包括冒牌和误认的丈夫设下的圈套和狡诈的伎俩。”（读者会认为，他们手
112 里拿的是薄伽丘的《十日谈》，纳瓦尔的玛格丽特的《七日谈》，或是以浪子为题材的《小癞子》）。“中间部分因审判中的争辩和争论变得难以捉摸、令人怀疑。灾难或伦理问题是悲伤、可怜和悲惨的。”同样，勒叙厄尔多次称之为悲剧，从而从另一种角度打量他简单的记录。[15]

还有必要强调一下科拉斯笔下这个农民故事的原创性。法

---

* 十分有趣的是，“悲喜剧”这个词首次在普劳图斯的《安菲特律翁》开场白中被使用，这是一本关于冒名顶替的剧本，在16世纪早期有拉丁文和法文版本。

国悲喜剧的结局是欢快的，其主要角色是贵族。由皮埃尔·博阿斯陶于1559年翻译、改编和刊行的意大利人邦德罗的《悲剧故事》(*Histoires tragiques*)一书，的确将悲剧和“放荡不羁的”情感联系起来——阿诺和贝特朗也显示了这种结合——但其中的角色都不是村民。科拉斯能否想象“下层不同民众间的悲剧”，取决于他能否将自身在某种程度上认同于对自己进行了重新塑造的那个乡下人。[16]

在科拉斯的“喜悲剧”版中，阿诺·迪蒂尔仍带有某些不可思议的特质。他被比作装扮成安菲特律翁以图诱奸其妻的朱庇特。科拉斯将他与古典时代伟大的记忆家，比方说塞涅卡的朋友波提乌斯·拉特罗进行了对比，发现他还要胜过一筹。但他也有同谋，包括贝特朗，因为她压根儿就没上当，反倒决定和他开始一段姻缘。(贝特朗的这个形象，也出现于科拉斯的文本中，但比起上当的妻子那一面来说，显然不那么显眼。一位体面女子甘愿献出自己的身体，这个可能性比庞塞特的自我改造要让人困扰得多。科拉斯曾在写给雅凯的信中提到一个梦境的主题，“我昨天做了一个奇怪的梦，你当着我的面和另一个人结了婚，当我责备你犯下的错误时，你的反应是别过脸去不理睬我”。[17])在这一点上，人们会赞同让那个一度阳痿、现 113
在远在天边的丈夫戴绿帽子。在这一点上，阿诺·迪蒂尔成了某种英雄，成为比装木腿的铁心汉更为真实的马丁·盖尔。他的被揭穿比他的冒名顶替更具悲剧色彩。

第十二章　论瘸子

“我寄给你……一本我的《判决》,这本有关马丁·盖尔的书，刚印行第五次”，1567 年 12 月，让 · 德科拉斯在写给他妻子的信中写道。也许令他感到自豪的是，他的书销路不错。巴黎和布鲁塞尔 1565 年推出的版本，侵犯了他的九年专卖权，甚至此事也令他自豪。现在开本小了，这是书籍成本降低，出版商希望打开更大的市场的标志。在 1572 年初，巴黎出版商自身获得了十年的皇家许可权，便将它出版了。[1] 114

不过,此时科拉斯已几乎不再有心思考虑《难忘的判决》了。1562 年 5 月图卢兹发生加尔文派起义后，他先是和他在最高法院的天主教同事发生了争执（证人称火绳枪是从科拉斯城中宅子的窗户发射的，但他极力否认此事）。后来，1568 年初，皈依新教的法官们不仅被逐出最高法院，而且被判处严重叛国罪，他们的人像也被施以绞刑。而科拉斯继续为新教事业效劳，成为胡格诺教徒、纳瓦尔的女王让娜 · 德阿尔布雷的司法官。风

声平息后，他回到图卢兹，在巴黎圣巴托罗缪之夜大屠杀[*]风潮
115 中，他和弗朗索瓦·德费里埃一同被关押。1572 年 10 月，他们身穿红袍，在最高法院大楼前，被一帮天主教的乌合之众私自处死。[2]

不过，科拉斯的著作仍被刊行。在人们为真假教会和魔鬼的欺骗争斗时，那本讨论冒牌丈夫的书于 1579 年在巴黎重印了一次。1576 年和 1588 年，第一版的拉丁文译本相继在法兰克福问世（其中一种流入英格兰），至 16 世纪末，里昂出版商巴泰勒米·樊尚再次印行了他父亲的作者的著作。[3]

律师和法官是本书最早也是最重要的购买者，他们将他们的名字签在衬页上，在书页的边上记笔记，并将它与科拉斯的《秘密婚姻法注疏》（*Paraphraze sur l'Edict des Mariages clandestinement contractez*），或是其他讨论婚姻法的著作订在一起。至 17 世纪早期，“马丁·盖尔的判决”被列为任何接受司法训练者必读的核心文本。不过，它也被当作文学作品，得到更大范围的欣赏，有一位读者还将它和勒叙厄尔的《奇妙故事》订在了一起。[4]

勒叙厄尔的著作顺着新闻纪实的预期路数，被出版、再版，并被改编为流行的故事。在法文第一版中，勒叙厄尔比较朱庇特、墨丘利、安菲特律翁和索西乌斯的那部分内容不见了，阿

* 巴托罗缪是耶稣的十二使徒之一，8 月 24 日是圣巴托罗缪节。在 1572 年的这一天晚上，天主教徒在巴黎发动了对新教徒的大屠杀。——译注

惩罚降临在木腿上，出自 Otto Vaenius, Quinti Horatii Flacci Emblemata (Antwerp, 1612)，美国普林斯顿大学，善本与特藏室

尔蒂加成了“亚提格（Artigne）”，迪蒂尔成了“蒂利（Tylie）”，再也没有人去进行订正。1615年版刊行时，书名中的贝特朗成了“一位有名望的女人”，事件的时间被抽离了——发生于“近来动乱期间”——圣康坦和菲利普二世的战斗也不再被提及。[5]

那些有意复述或是评论这个故事的读者们对故事的反应，
116 我们多少了解一点儿。福雷的皇家法官让·帕蓬在1565年写的《著名判例汇编》（*Recueil d' arrestz notables*）中，将它纳入讨论通奸的部分。阿诺·迪蒂尔的“多重罪行”特别让他震惊（我们记得，这个多重罪行是科拉斯在印刷文本中指出的），他觉得其中的任何一件几乎都应判死刑。对科拉斯以前的学生、后来图卢兹最高法院的法官热罗·德迈纳尔来说，《著名……法权问题》（*Notables……Questions du Droit*）的主题，是贝尔纳·迪蒂尔的合法性及其继承她被定罪的父亲的财产一事。在《法国研究》（*Recherches de la France*）中，埃蒂安·帕基耶将马丁·盖尔案与其他以离奇的证据结案的案子放在一起。在勒叙厄尔详尽记载的基础上，这位杰出的巴黎法官认为，马丁·盖尔首先应为他抛弃妻子而受到惩罚；他相信那个女人也会同意他的看法。[6]

对那些不那么热衷于法律问题的人来说，这个故事引人入胜的地方，是其奇妙、“离奇”的特色。学者、出版商亨利·艾蒂安援引它来证明，希罗多德书中描写的成功进行冒名顶替的故事，并非那么无法置信。吉尔贝·库赞和安托万·迪韦迪耶将它穿插在农民暴动、彗星和洪水、女性变为男性和政治阴谋的故事中间。在博阿斯陶《离奇的故事》的续编中，弗朗索瓦·德贝勒福雷将它放入讨论相貌酷似的章节中。（有证据表明，图卢兹宣布判决那天，他出现在听众当中。在他说科曼热的丈夫“温柔地，而不像加斯孔人那样，以受人非难的方式粗暴地”对待他们的妻子时，人们猜想，贝勒福雷是否记起了庞塞特是他的同乡？[7]）

不管其出发点是文学的还是职业的，在所有这些作家的笔下，阿诺·迪蒂尔均为故事中具有创造性的人物，一个人们既 118
羡慕又害怕，既嫉妒又排斥的人。有的作者提到巫术的可能性，不过没有强调这一点，因为在同时代的审判中，冒名顶替并不属于人们指控巫师造成的危害之列。[8]在这些复述当中，自我塑造的贝特朗消失得无影无踪，对判决正当性的质疑也是如此。不过，必须补充的是，女性对这个故事的评论，直到 20 世纪才出现。雅凯·德比西对她丈夫作为礼物送给她的著作的反应，并没有留下记载。贝特朗·德罗尔斯会被骗这么长的时间吗？我怀疑雅凯不会相信。*

上述归纳的男性对马丁·盖尔故事的反应，有两个例外。其一来自诗人奥热·加扬，此人是阿尔比热瓦的新教徒，曾入伍当兵。在 1592 年以法语和奥克语出版的《离奇的爱情》（*Amours prodigieuses*）中，他认同的不是“冷酷无情的骗子”

---

* 在大多数情况下，珍妮特·刘易斯引人入胜的小说《马丁·盖尔的妻子》（*The Wife of Martin Guerre*）和我的历史叙述截然不同，不过，就对贝特朗的刻画而言，两者相似：她不是个傻子，而是具备某些精神上的独立性。

（“le trompeur aguerri”），而是上当的妻子：

> ……在贝亚恩和法国
> 我看过许多长相酷似的女孩，
> 她们可以随随便便变换地点
> 轻而易举来将我欺骗。

他庆幸他爱上的是摩尔女子，因为就算他离开一百年，还是能够认出她。[9]

119 另一个例外是蒙田在其《论瘸子》（“Des boyteux”）中的讨论，此文首次发表于1588年。[10] 人们经常认为，这篇文章的目的，是讨论巫婆何以不该被烧死，只是捎带介绍了一下图卢兹案，然而事实上，蒙田提出的问题并不限于巫术，对科拉斯及其文本的回应贯穿全文。蒙田坚持说，了解事物的真相是如何困难，人类理性作为一种工具是如何不确定。“真相和假象是如此相似……我们却只能用同一双眼睛来打量它们。”蒙田自己也承认曾在热烈的讨论中被冲昏了头脑，言过其实，夸大了真相。不过，我们都在坚持我们的意见，甚至借助强权将之强加于别人。所以，宁要试探性的提议，不要毫不顾忌的确信，宁可六十岁做徒弟，也不要十岁当博士。

正是在这一关节点上，在《论瘸子》的核心部分，蒙田明确地谈到马丁·盖尔案：

年少时，我曾看过一桩官司，涉及两个男人的离奇事情，图卢兹的司法官科拉斯曾将案情整理出版。其中一个人将自己打扮成另一个人。我记得（我记得的其他事情都没有此事清楚），当时我认为，科拉斯把他——那个被科拉斯宣判为罪犯的人——的冒名顶替行为描绘得那样不可思议，那样超乎我们的理解力和他身为法官的理解力，以致我发现判决甚为鲁莽，那个人被判处绞刑。

阿尔蒂加和赛亚斯那六十个农民无法分辨马丁·盖尔和阿诺·迪蒂尔，同样，蒙田也许会不同意自己的判断。*

让我们接受“法庭对此一无所知”之类的判词吧，这种话简直比雅典最高法院的法官们说得还要率性、还要机灵。那些法官们在发现自己被怂恿、卷入一桩他们无从知晓或无从判断的案子时，便要求当事人在一百年后再来打官司。 120

蒙田强调，对诸如烧死巫师这种无法挽回的判决，还缺乏足够的证据。要杀人就必须明明白白，清清楚楚。他引用意大利谚语说：“没有和瘸腿的女人睡过觉的人，是不会懂得维纳

* 必须记住，在审判结束时——蒙田见证了这一时刻——阿诺·迪蒂尔还在坚持说他是马丁·盖尔。另外，蒙田可能只读过科拉斯《难忘的判决》的第一版，书中没有提到阿诺的忏悔。

斯无懈可击的美妙的。”有人还将它应用到男人身上，认为他们腿上的毛病，会在他们的性器官上得到弥补。难道这不是我们理性的残疾，是我们的想象力如何战胜我们的无上例证吗？蒙田想知道那些裁决者的“局限”（termeritie）在哪里。对他来说，“在必然性（necessitie）的判决之外，再无其他判决，不可能再前进一步”。

蒙田在《论瘸子》中，过于苛求过世已久的科拉斯，但他的文章以某种怪异的方式，传达了《难忘的判决》的精髓。科拉斯在十岁出头时，行止已宛如一位博士，他在书上签的题词是“服从理性”（A raison cède）；但他也承认，在四十五岁时，他的理性误导了他，要分辨实话和谎言，对法官来说谈何容易。科拉斯本可提议判他到皇家舰队服役或是流放，但他却要判处死刑，不过，正是他本人对案子含糊其辞的表述，给蒙田责备他提供了可能。蒙田的任务更为简单：他不是作为法官，而是“以聊天的方式”写作，而科拉斯面对的，是等待法庭判决的支离破碎的家庭和四分五裂的村子。

121 将《难忘的判决》和蒙田的文章摆在一起阅读，会给它们各自赋予一层新的意义。蒙田始终流连于腿的意象：王子犯痛风的腿，据说是牧师“奇妙的事迹”给治好的；法国人的瘦腿和日耳曼人的肥腿，可以归因于骑马；瘸腿女人的大腿变形，却偏能给人快感。他本身也变了形，也就是说，变得难以理解：“在这个世界上，我还没有见过像我这样的怪物，或是更为特别的奇观……我越是频繁地回归和理解自己，我的变体越是让我惊讶，越是无法理解我自己。”马丁·盖尔和阿诺·迪蒂尔的腿也是争论的起点，但连“带木腿从西班牙来的”那个人，也是很明显的一个符号吗？从奥拉斯那里，人们了解到，惩罚降临于瘸腿上，但即便如此，还是追得上甚至身手最为敏捷的罪犯。不过，人们也知道这句流行的谚语，谎言降临于瘸腿，因为谎言让你无法走远。[11] 科拉斯相信他找到了谁是冒牌货，但在他的《难忘的判决》的核心，是像蒙田那样令人不安的不确定性。

尾 声

我们有关阿尔蒂加村的下一条信息出现于1563年，现在，人人都各回原位，怀疑也逐渐消失了。皮埃尔·盖尔和马丁·盖尔被请来处理两个邻居之间的纠纷。经决定，A. 罗尔斯将成为这次争端的仲裁者之一，人人都同意遵从这一决定。然而，皮埃尔依然必须和里厄法庭打交道，他将乡村生意人雅姆·德吕尔和他的妻子贝尔纳告上法庭。这很可能是为盖尔家收回被阿诺·迪蒂尔售出的地产而做的努力。科拉斯认为，虽说应允许买主留下转交前从土地上获得的任何红利，但马丁·盖尔应有权废止这些合同。[1] 123

有关马丁·盖尔和贝特朗·德罗尔斯，我们没掌握什么直接的资料，但我们可以看到，他们没有继续争吵的理由。要是她是个通奸者的话，那么他就是个戴绿帽子的人。（不管如何，根据古老的当地习俗，通奸者可通过偿付罚金，和他们的配偶重归于好。[2]）她不可再次轻易犯错误，他也不应再不负责任地

124 抛弃家小。现在他可以讲述他奇妙的冒险，讲述他和遥远的大人物一起度过的日子，他残缺的身体，也需要妻子照料。（朗格多克的诅咒“但愿腿伤让你变成瘸子”[le maulubec vous trousse]，显示了普通大众对瘸腿的恐惧。[3]）她如今掌握了前所未有的手腕和权威，她需要丈夫，她的孩子需要父亲。*（他们之间必须有人在宗教问题上作出让步，因为马丁在红衣主教家和耶路撒冷圣约翰骑士团分会的经历，很可能将他改造成忠实的天主教徒，而贝特朗可能是个新教徒。）

连贝特朗的婚床也有了新动向，因为在1594年，已故的马丁·盖尔的儿子们分家析产，通过这一事件，我们可以了解到这一点。桑克西已过世，在去世之前，已将他的名字传给下一代的教子桑克西·罗尔斯。砖厂、三座房子和许多莱兹河两岸的土地都给分了，参与分家的包括皮埃尔·盖尔和加斯帕尔·盖尔（马丁和贝特朗生的儿子们），小皮埃尔（马丁与其继配生的儿子，1575年前后出生）。[4]（马丁后裔们的生活方式，显然不是巴斯克式，而是朗格多克式的。）17世纪中叶，村中还有一位叫马丁·盖尔的人，他有至少六位同姓的亲戚，其中包括公证员多米尼克先生，阿内·德盖尔嫁给了邦克伊姓的好人家。盖尔家和罗尔斯家关系最为密切，充当彼此子女的教父、教母，控制紧邻的地产，有时还共同掌握地产。[5]

---

* 证据表明，贝尔纳·迪蒂尔和她的母亲待在一起。阿诺·迪蒂尔的财产已判决给她，“这样马丁便用不着负责给她提供嫁妆”。Le Sueur，Histoire，E ii^r.

这是否意味着在生活中，冒名顶替的事就像根本没有发生过呢？正当的继承和订有合约的婚姻，是否一路轮回，抹 125
去了所有沧桑的痕迹呢？我不这么认为。贝特朗不可能忘记她与阿诺·迪蒂尔的生活，而村民肯定也找到了可以谈论它、却又不致让过去的纠纷升级的方式。似乎可以确定的是，他们听说过科拉斯的书——往来于里厄的公证员和生意人肯定听说过它——不过，说阿尔蒂加人想在他们晚间聚会时大声朗读《难忘的判决》，或是说他们会完全接受这个外人讲述的版本，看起来都不太可能。这个当地的故事，将会和其他的新闻一起被提起，比如最近村中的私生子，或是最近从莱兹河谷前往西班牙的移民，后者在他旅居期间娶了小妾，建立了第二个家庭。[6] 但它压倒了其他的奇闻逸事，历经宗教战争之类的动乱，被流传下来了。

在大约二十八年前的阿尔蒂加，一位刚从法属加泰罗尼亚迁来的年轻母亲，隔着童车对村中的祖母抱怨道，“在阿尔蒂加就没有发生过什么大事”。“也许现在没有，”祖母回答道，“但在 16 世纪……”她讲起了马丁·盖尔的故事。

马丁·盖尔的故事之所以被不断讲述，是因为它提醒我们，奇怪的事情是可能发生的。即使对解读它的历史学家来说，它也保持了顽强的生命力。我想，我已经发现了过去的真实面目——抑或，是庞塞特又演出了一次？

再造冒名者

——从马丁·盖尔到萨默斯比*

1979年春节，一名自称当地干部的男子，打通了上海艺术剧场的电话，替当时居住在北京的一位老革命的儿子要一张票。尽管票已售罄，剧团经理还是热情地答应了。不久，一个青年男子来到剧院。他身穿旧军装——这是坚守人民解放军艰苦朴素作风的完美象征。此人一口京腔，自称李晓勇。他坐在剧院最好的位置观看了表演。

表演结束后，导演走到李晓勇身边说，他打算第二日前去拜访。青年人坚持要他当场把话说了。导演压低嗓门请求道，自己想搞套宽敞一点的房子，问他能否将这一请求转告早上打电话要演出票的干部。李答应说没问题。次日，剧团经理也请求李晓勇将自己的要求转告那位干部。之前，他就已告诉李晓

---

* 本文为伦敦大学皇家霍洛威学院海斯·鲁宾逊系列讲座第一讲。讲座时间为1995年3月7日。后于1997年整理刊行。

勇，他可以随时前来观看表演。他问能否将自己在煤矿工作的孩子调回上海，照顾他的身体，李说他会尽力而为。

于是，一个以李晓勇为中心的关系网形成了。他找到进入上海其他剧院、一位重要女演员的家以及迎春茶话会的路子，可以接触到上海文艺界的所有才俊。他开始行动前，当地干部，甚至是那位年轻人在北京的父亲可能会打通确认电话。紧随这些活动，人们总是要李请求组织或头面人物出面帮忙，牵涉到的事情包括搞套条件更好的房子，安排更好的戏剧角色，把孩子从乡下调回上海，等等。李的新朋友会接到一通干部打来的电话，告知他已了解情况，并称事情不易安排，或是继续进行有风险。

到了入春时节，李已搞到上海某大学领导公车的使用权——在步行和自行车的世界，这是稀缺的资源，也是地位的象征。他还与一位漂亮年轻的女演员订了婚，并住在她家。她父亲在旧社会是个资本家，故而她的家人很高兴跟革命家庭建立了关系。只需在小舅子们的学校和工厂露个面，李就可以提高他们在集体里的地位。

1979 年春，为了将未婚妻调到一个更好的剧团，李晓勇直接去找一个干部。干部对这个在城里到处鸣喇叭的年轻人早就心生疑窦，他在调查后发现，此人的真实身份为张龙泉，出身于上海一个普通家庭，这次是逃避乡下东风农场令人讨厌的工作回来度假的。春节期间，他搞剧院门票未果，于是开始假造身份，逐渐给自己创造了一个新生活。他于 1979 年

4 月 6 日被捕。[1]

九年后，新泽西，普林斯顿。普林斯顿大学招生办公室收到了一个名叫亚力克西 · 桑塔纳的人的申请书。他自称在犹他州牧场工作，十八岁，父亲已过世，读过很多书，曾在中距离赛跑中多次打破纪录。在学院的入学考试中，他的成绩名列前茅。到大学来面试时，显得颇为机敏。大学录取了亚力克西·桑塔纳，并提供了约 40000 美元的奖学金，供他使用四年。

桑塔纳请求延期入学以照顾生活在瑞士的生命垂危的母亲，一年之后，亦即 1989 年秋季，他终于来到普林斯顿。如今他将已故母亲的名字冠于父名之前，自称是亚力克西 · 英德里思–桑塔纳。他在普林斯顿混得很不赖，各门功课和大学田径队赛跑都取得了优异成绩。他交游甚广，朋友们都喜爱听他诉说充满异国情调的旅行和探险经历。他获得了常春藤俱乐部的成员资格，这是普林斯顿历史最悠久、也最难加入的社交饮食俱乐部。

在普林斯顿第二年的二月，他参加了哈佛–耶鲁–普林斯顿田径运动会的跑步比赛。一位耶鲁学生认出了他，大约六年前，他们曾一起参加过加州的田径运动会。当时他的名字是杰伊·米切尔 · 亨茨曼，并赢得了斯坦福越野跑公开赛的奖项。不过，那位耶鲁的赛跑选手报告说，他并无参赛资格，因为他并非斯坦福的学生。根据他本人提供的信息，他是个十六岁的孤儿，来自内华达的一个社区。为进入斯坦福，他一直试图在帕罗阿尔托的一所高中注册。不管他跑得多快，一名体育新闻记者已在加州报刊上报道了他不具备获奖资格的消息。

1991 年，哈佛–耶鲁–普林斯顿田径运动会结束十天后，普林斯顿警方逮捕了化名为亚力克西 · 英德里思–桑塔纳的詹姆斯 · 亚瑟 · 霍格。他过去的生活之丰富多彩，绝不亚于他逗普林斯顿学生开心的任何故事。此人生于堪萨斯州的堪萨斯城，双亲健在，真实年龄比申请普林斯顿时所报大十岁。在成功的学生生涯和田径明星之路行将在怀俄明和得克萨斯结束之际，他从大学退学，开始过上小偷小摸和假冒身份的生活。人们以为他在瑞士照看生命垂危的母亲的那一年，他实际上有十个月的时间是在犹他州服刑——他因侵占盗窃所得财产而被判处五年监禁。如今在普林斯顿，他因骗取数万美元的奖学金及伪造记录进入普林斯顿而被起诉。[2]

这两个来自世界不同地区的报道，轻而易举地跨越了大洋、语言和国家的边界。我们对这些年轻人的才能佩服不已：张龙泉是如此擅长表演，如此擅长在电话中装扮不同的腔调和口音，与戏剧界人士和演员交谈时显得如此才华横溢；詹姆斯 · 亚瑟 · 霍格在考试中、课堂上表现出的学术素养如此深厚，在赛场上跑得如此神速，讲起故事如此引人入胜。

然而在这两个个案中，假冒的细节又颇具时空特色，而我们对它们的兴趣，部分来自这一历史深度和贴近时空的特征。身穿旧军装的张 / 李宣称的不是皇族血统，而是革命世家；他所追求的不是遗产，而是某种生活方式和人脉关系；他所玩弄的是社会对“关系”的信仰。的确，张 / 李的表演，是对“开后门”这一做法的恶搞，点明了相信“关系”有多愚不可及。在真相大白后，《文汇报》画了张此人的漫画，画中的他是只身穿军装、正在收礼的狐狸，他是中国狐狸精的附体，奸诈无比，欲壑难填。[3]

霍格/桑塔纳的假冒习惯是在一位演员（罗纳德·里根）领导美国时期养成的，这位青年骗取了20世纪末美国的一件价值不菲的东西：在一所精英大学接受教育。他的表演是对像普林斯顿这样一个机构的现行招生政策的恶搞。他真正具备了普林斯顿一直以来在男生身上所寻求的素养：聪明绝顶的脑袋和运动家的技巧。作为一个预想的自学成才的牛仔，加上富有异国情调的姓氏，他欺骗性地具备了普林斯顿寻找的素质——它正致力于让本科生的构成更为多元。霍格/桑塔纳质疑了美国人对通过自身奋斗而取得成就的信仰。他的伪造行为被揭发后，他的几个同学依然肯定他的品行，认为他就像是维克多·雨果笔下的冉阿让，是个才华横溢的人，虽曾为生活所迫，犯过几宗小罪，但后来却改邪归正，重新做人。

有了这两个案子的铺垫，我们可以着手考虑马丁·盖尔及其再造者的情况。我今天要讨论的主题是，一个冒名顶替故事虽具备普世吸引力，但同时又与其时代密切相连。这个故事的魅力，就在于它既与我们如此相似，又如此不同。每个时代都在再造其冒名者的故事，在一定程度上强调其自身的关怀，不过要是普世性与历史特性之间的张力太小，故事便丧失了丰富性，也就无法激起共鸣。

马丁·盖尔故事的流行穿越了地域和时间的边界。且让我来复述其梗概。[4]1548年，一个名叫马丁·盖尔的家道殷实的青年村民，离开了比利牛斯山村阿尔蒂加，将妻子贝特朗·德罗尔斯和降生不久的儿子抛在身后，从此音讯杳无。八年后，他似乎回到家乡。他的妻子接纳了返乡的马丁，他的叔叔、现任的家长皮埃尔·盖尔，他的姐妹们和整个村子也都接纳了他。三年平静的婚姻生活和一个女儿出生后，阿尔蒂加爆发了争执。以皮埃尔·盖尔为首的一方，指控返乡的马丁·盖尔实际上是绰号庞塞特的阿诺·迪蒂尔，是个来自加斯孔尼村子的冒牌货。一个路过阿尔蒂加的阿兵哥支持皮埃尔的看法，此人说，真马丁·盖尔两年前在北上参加圣康坦的战斗时就已丢了一条腿。贝特朗及其大小姑子们则是另一派的头儿，她捍卫这位身为丈夫的男人。

1560年，贝特朗突然改变初衷，同意指控她的枕边人并非马丁·盖尔，而是绰号庞塞特的阿诺·迪蒂尔。不管在里厄还是在图卢兹的审判中，贝特朗都称自己被骗了三年有余；但她讲述的每件马丁·盖尔的往事，那个被指控的披枷带锁的男人都能如实复述。图卢兹的高等法院正打算宣判此人是马丁·盖尔其人，在此当口，一个木腿男子来到法庭。那个披枷带锁的被告还在坚称自己是马丁·盖尔的同时，贝特朗·德罗尔斯已认出木腿男子正是失踪已久的丈夫。阿诺·迪蒂尔只是在最后一刻，在他被带到阿尔蒂加执行绞刑并在火刑柱上被焚化时，才忏悔了自己的冒名顶替罪行。贝特朗·德罗尔斯和马丁·盖尔破镜重圆。

所有听众对这个故事的情节线索都能心领神会：离乡与回家，认可与否认，最后是木腿男人的出场。所有听众都对冒牌货与妻子的行为感到诧异。他如何能蒙骗她达三年之久？16世纪的观察者，那位提出处罚意见的图卢兹法官和法庭上的一位年轻律师，一方面控告阿诺·迪蒂尔是个“罪恶滔天的罪犯”，另一方面对他的记性和口才却敬佩不已——两者均为法律人不可或缺的素养。“我还不记得曾听说过有这么一个人，记性像他那样出类拔萃”，德科拉斯法官写道。勒叙厄尔的评论是：“他似乎不只是在向法官复述事情，而是让它们在他们面前重又活了过来。”[5]

至于贝特朗·德罗尔斯，在16世纪清一色来自男性的评论中，表面上看和其他妇女没有两样，是个“由于自身性别的弱点”而容易受骗的人。这些评论还以更为怀疑的口吻谈论她，认为她“太过轻信”，又让错误“拖延太久”。正是由于这一“易于欺骗”的惯用主题，法院才有可能帮德罗尔斯开脱在冒名和通奸中共谋的指控，将所有的罪责都推卸到非凡的阿诺身上。相比之下，“太过轻信”这个说法，迂回地表达了对这个女人的令人困扰的、温和的怀疑：一个体面的女人——贝特朗被归入的那类——也许决定以自身的方式处理自己的身体。

不仅我们可以辨识这些形形色色的程式化观念，生活在16世纪的人也是如此。这个故事的其他许多特征也都具备这一双重的属性。阿尔蒂加的冒名故事搬演了一个扎根于耕地、葡萄园和稳定家庭形态的社会对丈夫和继承人的渴求。跟我们生活的时代相比，那个时代想要转换身份更加容易，也更为困难。说更加容易，是因为当时没有指纹、相片、身份证，也常常不可能进行笔迹测试，也没有肖像，身份基本上只能靠记忆来证明。说更为困难，是因为在16世纪的法国，要想坚守即便是一小块土地和攻守同盟，也必须待在原地不动。16世纪并无新大陆边疆，拖家带口的法国夫妇是无法搬家到这样一个地方，在新身份的掩护下，过体体面面的生活的。（17世纪新法兰西对垦荒者开放后，乡村小伙子跑到那里，不是娶美洲印第安女人为妻，就是在专门从法国运来的一贫如洗的单身女子中寻找配偶。）争执开始之初，要是阿诺和贝特朗决意于1559年前往加尔文的日内瓦，他们就得放弃他们如此珍视的财产，也欠缺牧师为循规蹈矩的正派生活所开具的证明，而这是在这个新教城市生活所必不可少的。[6] 阿诺·迪蒂尔的成就在于，他将假冒行为插入了一成不变的乡村生活的心脏。

科拉斯和勒叙厄尔的目击报道被付印后，许多人对马丁·盖尔案作了评论，置评方式本身也揭示了16世纪的偏见。阿诺·迪蒂尔应否被判处死刑？米歇尔·德·蒙田是唯一说“不”的人：此案的疑点是如此之多——比如阿诺是如何知道他了解的那些事情的，蒙田认为图卢兹最高法院的判决本应更为克制。其他法理学家则为科拉斯对女儿（阿诺·迪蒂尔与贝特朗·德罗尔斯性生活的结晶）的处理拍案叫绝。她代表了近代早期冒名行径最糟糕的威胁之一：这一时期指定合法婚姻所生孩子（且仅有合法婚姻的孩子）方可成为继承人，这一点已日益成为近代早期对秩序和权益的信仰的核心，而冒名行径则会触犯这一点。科拉斯认为，鉴于贝特朗相信自己是在跟丈夫行房事时怀上贝尔纳这个孩子的——或者至少法院决定在这一点上接受贝特朗的说辞，所以贝尔纳是个合法的孩子。但她应改姓迪蒂尔，阿诺的财产理应判给她。

16 世纪对马丁 · 盖尔的另一类评论将此案归入“异事”。阿诺 · 迪蒂尔冒名行为的成功，被等同于自然界的不同寻常的奇闻异事：令人恐惧的彗星、男身变为女身和相貌不可思议地酷似。在这一切中，冒牌马丁 · 盖尔被放大了。

在 17 世纪被最广泛阅读的记述中，马丁 · 盖尔的故事被放入另一种框架之中。如今它被归入“假冒”大类中。当然，科拉斯和勒叙厄尔在陈述过程中，提及了中古和古代世界的冒名者。这些人物可能会拔高一个乡民故事的意义：朱庇特不是也曾装扮成安菲特律翁奸污了后者的妻子吗？它们有助于对——比方说——贝特朗的诚实作出司法评判：13 世纪佛兰德斯的巴尔德温伯爵的女儿不也一直怀疑冒牌巴尔德温的身份吗？然而，科拉斯和勒叙厄尔念兹在兹的，并非假冒行为和人类欺骗性的一般性特征，而是身份的假造和洞察真相之困难。

17 世纪，在数十年的宗教教义之争，巫师审判和魔鬼学探讨，争夺王位的政治纷争，不同统治学说的对抗，乃至出现冒牌国王（1555 年，英国冒牌的爱德华六世称，自己并未在 1553 年驾崩，而葡萄牙的冒牌国王塞巴斯蒂安们在 16 世纪八九十年代称，他们并未在1578年驾崩）等许许多多事件之后，冒名概念的内涵被拓宽，将所有种类的假冒行为和所谓的骗局与欺诈都囊括入内。世纪之交，一本名为《绝妙难忘故事集》（*Admirable and Memorable Stories*）的新教书籍中，已经出现了这种分类。在“奇怪的假冒者”这个部分，“自称马丁·盖尔的阿诺·蒂列特”被插入一群宣称曾几个月未进粒米滴水的女子，和通过传达炼狱中逝去亲属的声音来敛钱的口技演员中间。[7]

这种文学体裁的巅峰之作，是新教法理学家、史学家、文人让·巴蒂斯特·德·罗科勒编纂的《卓越的冒名者》（*Les Imposteurs insignes*）。[8]他来自离马丁·盖尔的家乡不太远的朗格多克。早在废止《南特敕令》、逼迫胡格诺派出逃之前，他就离开法国，前往阿姆斯特丹和柏林。他的书于1683年在阿姆斯特丹印行，书中收录了四十多个冒名者，但没有区分觊觎各地王位继承权的骗子（自称英王理查三世的珀金·沃贝克，自称1591年遭鲍里斯·戈登诺夫杀害的沙皇之子并在1605—1606年统治俄国的冒牌德米特里）和宗教人物（明斯特革命的再洗礼派教徒领袖简·博克尔逊；较晚近的犹太冒牌救世主撒巴蒂·萨维，他在1666年改宗伊斯兰教）。“最高级的骗子阿诺·迪蒂尔”是《卓越的冒名者》中唯一一个对乡村家庭、妻子和土地之外的东西不怀觊觎之心的人物，不过罗科勒认为这种令人难忘的冒名行为也许会给读者带来愉悦。[9]接着他复制了科拉斯文本的一个简写本，忽略了科拉斯为充实这个故事的证据并将这些故事复杂化所作的许多注释。德罗尔斯几乎完全成了受骗上当的无辜女子。阿诺更像是个彻头彻尾的聪明骗子，他奇妙的记性和花言巧语在一定程度上被忽略不计。书中还遗漏了图卢兹最高法院即将宣布他是货真价实的马丁·盖尔时木腿男人出现这个情节。故事还是很精彩，但科拉斯报道中的趣味性、复杂性和自我质疑，被罗科勒书中其他部分出现的道德确定性所取代。（比如，在描述撒巴蒂·萨维的那章之后，作者紧接着对这位顽固地拒绝承认救世主早就降临的犹太人所受的公正惩罚进行了历史反思。）[10]

罗科勒著作的简化版很可能落入了哲人莱布尼茨之手，因为不久后他便在讨论人类理解力的论文中提及“冒牌马丁·盖尔的故事”。在谈及获取个体性（individuation）理念之困难时，莱布尼茨评论了“对个体的准确观念”如何无法在孩子头脑中自然形成。“普通的相似就足以轻易地把孩子给骗了，他会把另一个女人当作妈妈。你们了解冒牌马丁·盖尔的故事，此人仗着长相酷似和要伎俩，骗过了真马丁的妻子，甚至是他的近亲。”[11] 要是莱布尼茨读的是科拉斯的完整文本，他也许会认为，让贝特朗和马丁的家人将一位长相说不上一模一样的人接纳为返乡的丈夫和继承人，并非只是因为搞混。

罗科勒的书被译为英文和德文，不过到了18世纪，马丁·盖尔最流行的概念框架再次发生改变。巴黎最高法院的两位大律师——加约·德·皮塔瓦尔在1734年，里歇尔在1772年——推出了《著名的案件》（Causes célèbres）汇编，收录了著名的案子及判决书。[12] 案子的内容很杂：这部多卷本开篇是马丁·盖尔案；两母争认一子；17世纪串通情人毒死其丈夫、家人的布兰维里耶侯爵夫人；遗产案；等等。这套书颇为畅销，它们显示了非法律界人士从法律冲突和观点评估的角度观察这个世界的趣味取向。此时的读者应邀像法官那样思考，权衡他的判决，这既不同于16世纪的读者惊叹于咄咄异事或对之表示同情，也不同于17世纪的读者对欺骗的冒名行为表示愤慨。加约·德·皮塔瓦尔在初版中甚至处理了重大政治冲突——比如苏格兰女王玛丽的一生及对她的叛国罪审判——并加以详细描述，好似可以把整个叙事建构为司法个案。里歇尔在第二版表达了对这一做法的质疑：这些事件应该让"讨论国家公共历史的书籍"去描写，而不是收录于一本讨论"个人的阴谋和利益"的集子。实际上，加约·德·皮塔瓦尔对时代的脉搏感悟颇深：最近研究18世纪的史学家一直在揭示，刊印对民事、刑事案子的看法，是在被审查的出版界传播政治观念的重要途径。[13]

加约·德·皮塔瓦尔和里歇尔对马丁·盖尔案的描述都来自科拉斯，不过他们提供的不是翻译，而是他们各自的叙述。在我们的再造者当中，是他们最早清楚地指出，贝特朗并未被阿诺·迪蒂尔所蒙骗："许多人会相信，贝特朗·德罗尔斯自欺欺人，因为这一错误让她高兴"，加约写道。但他们对她的印象是，她是个懦弱的女子，开始是接纳阿诺，然后是受皮埃尔摆布，而不是自己做主。至于阿诺·迪蒂尔，他们贬低了他令人惊讶的技巧。加约和里歇尔认为，阿诺对马丁·盖尔生活的出色记忆并非因为巫术——木腿男人返乡的那一刻，让·德科拉斯差点就提出了这个看法，其中第一个，也是最为重要的原因，是由于阿诺在皮卡底当兵时就结识了马丁，马丁不只向他透露了家人的情况，而且“在酩酊大醉之后”透露了“隐藏在婚姻生活面纱之后的所有秘密”。[14]

18 世纪的作者们将这些话编派给阿诺，让他在最后的忏悔中说出它们，但在科拉斯的文本中（在勒叙厄尔书中也是如此），其实找不到这些话，在原本的起诉中，它们仅仅是揣测。事实上，马丁在西班牙军队当兵，而阿诺在法国军队服役，而且只有马丁参加了圣康坦的战斗。在审判当中，他们彼此都否认认识对方，阿诺还补充道，有些人提前向他透露了“秘密信息”。勒叙厄尔相信两人说的是实话，并评论道，这让阿诺的冒名行为变得“更为奇妙”。对 18 世纪的律师而言，事情的奇妙程度被降低了。

通过加约–里歇尔的版本，马丁·盖尔的故事向东传播到俄国——18 世纪晚期被译为俄文，向西传到美国——1763—1764 年，《新伦敦［康涅狄格］公报》（*New London* [*Connecticut*] *Gazette*）刊登了连载。1787 年，英国诗人、小说家夏洛特·史密斯译出了这个故事和加约书中的十四个其他案子，并以《真实生活的罗曼史》（*The Romance of Real Life*）为题将之出版。[15]一如她在序言中交代的，这些报道的宗旨不再是从法律的角度对这个世界评头论足，而是要揭示来源于日常生活的历史事实，其精彩程度不亚于言情小说，这样一种看法其实是她那一代女性小说家共同的态度。

夏洛特·史密斯并未将一己的看法加入马丁·盖尔案的译文，直到20世纪我们才迎来了妇女对贝特朗·德罗尔斯的诠释。诗人、作家和评论家艾弗·温特斯之妻珍妮特·刘易斯对间接证据的案子开始感兴趣，是因为她丈夫所在的斯坦福英文系的同事被指控并被证明犯下了谋杀罪，而她却不相信他犯了这桩罪行。她在此案和其他两个案子的基础上写了本小说，在这些案子中，间接证据起了很大的误导作用。其中一个就是马丁·盖尔案，她只是从亚历山大·杜马·佩尔的《著名的间接证据案子》(*Famous Cases of Circumstantial Evidence*)的删节版中接触到这个案子的。她感兴趣的是贝特朗。1941年，她出版了一部扣人心弦的心理学小说《马丁·盖尔的妻子》(*The Wife of Martin Guerre*)。她在书中构想的贝特朗曾经被欺骗，然后凭直觉发现了骗局，她想要跟那个男人厮守，因为比起虐待妻子又把她抛弃的马丁，那个男人作为丈夫实在是棒多了。不过在最后关头，在良知的鞭策下，她将他送上法庭。1982年，八十三岁高龄的珍妮特·刘易斯写道，今天读了科拉斯的书，得从不一样的角度来讲述这个故事了，在贝特朗对阿诺转变态度这一点上，应更认真看待皮埃尔·盖尔施加的压力。不过不管她后来怎么想，她是第一个刨根究底、富于想象力地考究那个几个世纪以来一直被评头论足的16世纪乡村女子的人。[16]

1976年，也是在加州，我偶尔在让·德科拉斯的《难忘的判决》中接触到马丁·盖尔的故事。那时我在伯克利讲授一门关于 16 世纪法国家庭、亲属与社会结构的研究生课程，我的一个学生打算做篇讨论收养的论文，此人在法学院的善本图书馆找到了这本书。[17] 我读完这本书后对自己说："这应该拍成一部电影。"这中间有完美的故事线索，有对村民的直接报道，还有跨阶级的观察（从法官的角度观察乡民）——这正是我喜欢做的那种类型的历史。这是个契机，可以向数以百万计的人们揭示他们本不可能了解、业已逝去的 16 世纪的特殊之处。

四年后，我在巴黎和电影剧本作家让–克劳德·卡里埃尔和那位冒名者的再造者、制片人达尼埃尔·维涅坐在一起。我的女权主义意识，属于珍妮特·刘易斯之后一代的女权主义意识；作为史学家，我坚信人们部分地创造自身的生活——有了这些准备，我才会将贝特朗·德罗尔斯视为积极的能动者，而阿诺·迪蒂尔也不再只是个出色的无赖。卡里埃尔和维涅带着 20 世纪晚期法国人的看法：他们将妇女视为终身伴侣，他们对白手起家的男子充满钦佩，他们对一个电影故事可以塞入怎样复杂的线索具备专业的理解。我们都同意，证据强有力地暗示，贝特朗·德罗尔斯是冒名行为中的同谋——即便最初她确实没有完全意识到这一点，最终他们两人肯定达成了相互谅解。我们都同意，把阿诺塑造成一个起初是冒名顶替的骗子，后来则迷上了乡村家长和贝特朗·德罗尔斯丈夫的角色，是有可靠依据的。我们也都同意，影片是可以在 16 世纪密不透风的世界中捕捉到一瞬间的可能性的。

《马丁·盖尔归来》这部片子在两个重要的方面偏离了科

拉斯和勒叙厄尔的文本。[18] 其中一个是我所赞同并帮助成形的。在影片结束时，马丁 · 盖尔和阿诺 · 迪蒂尔被描述为在战场上结识的朋友，（一如你刚读到的）几乎可以确定这并非史实。那时我了解到，只有贝特朗的起诉推测他们之前是朋友，而科拉斯后来在书中表达了对此事的疑问。不过当时我很喜爱科拉斯对背叛友情的评论，并认为这可塑造两人之间戏剧性的对抗。后来我才发现了之前不为人知的青年律师勒叙厄尔的书，而此书强调了两人从未谋面的事实。后来我才追查到马丁 · 盖尔在西班牙追随伟大的蒙多扎家族的事迹，并意识到两人并未在圣康坦战役中并肩战斗。也只是到后来，我观看了杰拉尔 · 德帕迪约扮演的阿诺 · 迪蒂尔和马丁 · 盖尔，这才意识到在一个真正成功的冒名行为中——你得像阿诺那样，开始相信自己成了另一个人，坚持自己是马丁 · 盖尔，即使法官要将你判刑——那时我才意识到，一个冒名行为在从未与本人谋面的情况下才更有可能获得真正的成功。像杰拉尔 · 德帕迪约，你凭直觉创造了他。

对偏离历史记载的另一个做法，我表示反对。在影片中，贝特朗并非冒牌马丁 · 盖尔审判中的原告。有段时间，观看者认为她可能是原告，但不久便了解到，她在起诉书上的画押其实是假造的。在科拉斯书中，她显然扮演了双重角色，她一方面说发现自己被骗，同时却讲述阿诺能够不断重述的马丁 · 盖尔的往事；而在影片的审判中，贝特朗却没有扮演这个角色。相反，在影片中贝特朗自始至终都支持那位被指控冒名的男人是货真价实的丈夫。我很遗憾，这偏离了科拉斯的记录，从司法上说也不可能（要是贝特朗证实自己并未在起诉书上画押，法院便会马上驳回案子），而且这弱化了贝特朗的能动性。它的危险在于，我们塑造出来的是个19世纪支持自己男人的罗曼蒂克式的贝特朗，而不是一个在法律上脆弱的16世纪的乡村妇女，一个要是条件许可会寻求和平的婚姻，但对通奸的指控或其他危及自身和孩子生活的风险存有戒心的人。让-克劳德·卡里埃尔认为，要如实再现贝特朗，势必导致故事太过复杂，也许，他想要强调阿诺的主动性和克里斯玛。不管如何，我尽力为这部片子构想16世纪的线索——片中的贝特朗一直“支持她男人”，直到接近为时已晚的边缘——并告诉卡里埃尔和维涅，我决定以史学家的身份写本有关这个案子的书。

在那本书（书中的看法不可避免地为本文奠定了基础）中，我试图透过历史学、人类学手段，建构所有四个主要的乡村表演者——贝特朗、阿诺、马丁和皮埃尔——的生活和价值观，并设法弄清德科拉斯法官和勒叙厄尔律师的生活和故事。十五年后重温这些文字，我明白除了关注妇女和历史可能性之外，自己还对在20世纪晚期多文化的北美十分突出的身份认同问题颇感兴趣。盖尔家的巴斯克背景，在我的叙述中扮演了重要的角色，这不仅因为我对民族志方法的忠诚要求我这样做，而且因为族群是我们在美国和加拿大思考与争论的东西。作为移居美国的犹太人的孙女、曾孙女，我毕生都在关注自我塑造问题。

马丁·盖尔依旧是个未完待续的故事。有关这个故事，无论是还可以谈论的东西，还是正在谈论的东西都太多太多。实际上，我计划将来某一天回到阿尔蒂加，然后沿着马丁·盖尔的足迹，越过比利牛斯山来到比尔戈斯。尽管如此，几年前让-克劳德·卡里埃尔、达尼埃尔·维涅和我从报纸上吃惊地了解到，乔恩·埃米尔正执导一部好莱坞（华纳兄弟）影片，这部片子是《马丁·盖尔归来》的国际改编版，其背景是内战后重建期间的美国南部。电影剧本由尼古拉斯·迈耶和萨拉·克诺钱所撰。迈耶称他们决定改编的理由是："'马丁·盖尔'在美国表现甚佳。但人们不想阅读字幕，而工作室在谈票房时，他们谈的是七位数而非四位数。"[19]

结果拍出来的片子《似是故人来》模仿了《马丁·盖尔归来》的部分视觉装备，沿袭了情节线索的某些元素，并试图将影片和书中的心理学洞见运用到1856—1867年田纳西的冒名者及其妻子的身上。在丈夫外出为南部邦联战斗的六年时间里，劳蕾尔·萨默斯比一直坚强地料理南方的家族种植园。本以为已经去世的丈夫——或是一位自称杰克·萨默斯比的人——回到家中，索回自己的位置，跟她及他们的儿子住在一起。但实际上，他是个受过几年教育的聪明骗子，名叫霍勒斯·汤森。内战期间，他曾和萨默斯比住在同一间牢房中，他们被释放后，他又目睹后者在一次战斗中丧生。比起离家的那位粗鄙下流的丈夫，他要体贴得多。劳蕾尔一开始怀疑他并非杰克·萨默斯比，后来逐渐接受了这个事实，她断定他非常适合自己——的确，比她合法的丈夫更能抓住她的芳心。

与此同时，冒牌萨默斯比浪子回头，变成了一个好人，一个不错的庄稼人。他将烟草引进田纳西，并向白人邻居和以前的种植园黑奴、如今的分成租佃农承诺说，他们可以租块地，在地上耕种刚引进的作物。他对黑人的热心，招来了“三K党”的敌视。“三K党”的一位头目本来希望与劳蕾尔订婚，对他们的关系也就心怀嫉妒。“萨默斯比”的情敌还找到证据证明，劳蕾尔的丈夫是个冒牌货。一时之间，那个叫萨默斯比的人被指控犯了谋杀罪，说他在战前杀死了一个熟人。在一位黑人法官主持的重建期法庭上，他接受了基于萨默斯比犯下的罪行所判处的死刑，而拒不承认自己是另一个人。这样一来，他用新的名字维护了自己和劳蕾尔的名誉，并保护了黑人对烟草地的所有权。在他行刑的那一刻，劳蕾尔哭了。

对《似是故人来》你可以挑出许多小毛病。我是和内战/重建史学家詹姆斯·麦克法森一起看的这部片子，他评论说，片中田纳西种植烟草这个矛盾冲突，本是可有可无的情节：自18世纪晚期，烟草就开始在此地种植，到19世纪30年代已成为主要出口作物。[20]对杰克·萨默斯比的谋杀指控——在醉后玩牌争吵中杀死先动手的人——有段时间在南方法院可以改判为过失杀人甚至是更轻的罪。我们还注意到，从每个方面来说，这部片子都可谓是“政治正确的”：通过对黑人法官的塑造，赢取非裔美国人的支持，尽管片中对黑人分成租佃农的描写并不一定能做到这一点；通过把南下参与重建的北方人刻画为流氓、恶棍，赢得南部邦联派的支持。

这些细节在此无伤大雅。对任何历史电影都可以提出类似的责难，我自己对《马丁·盖尔归来》本身就曾提出过一些批评。我更愿意追问的是本文开篇提出的更有意义的问题。马丁·盖尔的故事情节——也就是说，这个情节扎根于财产、继承权和私生子等问题，它发生在一个不存在大量新边疆使人们可以开启新的乡村生活，而且记忆是身份的主要保障的社会里——是否可以移植到重建中的南方？或是说，这种移植是否足够有趣？难道这些以19世纪60年代的服饰出现的细节，没有给19世纪美国和战后南方激烈的身份和假冒问题泼冷水？正如一位影评人指出的，那个冒名故事的普世吸引力，在一部“有关贫瘠的土地、作物轮作和肥料”的影片中变得苍白无力。[21]

如今，人们通过讲述伟大的冒名者故事，来谈论19世纪的美国，他们拍摄的片子能够吸引数以百万计的观众。其中一部是赫尔曼·梅尔维尔的最后一部小说、1857年问世的《骗子》（*The Confidence Man*）；另一个是年代更晚近的、马克·吐温出版的一部小说：《傻瓜威尔逊》（*Pudd'nhead Wilson*）。两者讲述的都是一个美国人的故事，故事中的P.T.巴纳姆操演的是个飞黄腾达的模范人物。对白人——有时对非裔美籍人——而言，选择、转移和假造新的身份的空间很大，社会流动及随之而来的疑问是其中的核心经验。塞缪尔·克莱门斯/马克·吐温藏有一部1882年版的《冒名者和冒险家：著名的法国审判》（*Impostors and Adventurers, Noted French Trials*），此书开篇就是“冒牌的马丁·盖尔”。不过在《哈克贝里·芬历险记》中，他并未复制不合时宜的情节，而是通过国王和公爵的角色，创造了能让美国人心领神会的冒名者和冒险家。

《傻瓜威尔逊》触及更为火爆的主题，是一部更容易激发南方意识的书——不管返乡主持种植园事务的男人是否为前主人本人。它涉及实际经验中流动的边界，观察了白人与黑人的关系，牵涉到死亡和身份——19 世纪晚期，这个主题激发了多部小说和故事。在《傻瓜威尔逊》中，内战前有两位婴儿长相酷似，因为他们的父亲是同一个人，种植园的主人。不过一人的母亲是几乎拥有纯粹白人血统的家奴，而另一人则是庄园已故的女主人。在他们还是婴儿时，那个名叫罗克西的女奴把自己的儿子和女主人的儿子掉了包。故事中罗克西向身份自由的小伙子托马斯 · 阿 · 贝克特 · 德利斯科尔透露说他其实是她的儿子，因而是个奴隶，故事讲述了这之后两个年轻人各自的命运。这是直指南方焦虑之心的冒名故事，以反讽的方式对种族和环境问题进行了反思。为何不诚实、懦弱的是在大户人家长大的托马斯 · 阿 · 贝克特 · 德利斯科尔，而勇敢、有德的反倒是被罗克西当作奴隶养大的瓦列特 · 德 · 钱伯？一百年后的今日，在一部影片中再造这些假冒者也许会招来激烈的批评，不过比起将阿尔蒂加移植到田纳西，这将是个更有价值的挑战。

本文着力讨论了改编、再造和反思，尤其关注语境。在上述讨论中，假冒者突显了他们所处时代的张力，并具备令人吃惊的才能。让我最后来谈谈某些恒久不变的东西。假冒者故事具备普世的吸引力，并不意味着我们都有行骗的意愿。在这一方面，蒙田可以成为我们的向导。一方面，面对无法挽回的死刑——就像在马丁·盖尔案中——他谨小慎微。他对自己的坏记性和易犯错误的性格反思颇多。另一方面，他号召无论是对我们彼此，对我们同时代人，还是对我们穿越时间进行思考的人，都应尽己所能，诚信以待。正如他指出的："我们是人类，是我们说的话将我们团结在一起。"[22]

档案的沉默，故事的名声 *

1

几乎从一开始，我就知道马丁·盖尔的故事曾被反复讲述。我首次接触这个故事，是在法官让·德科拉斯的《难忘的判决》里。不久，又在审判的近距离观察者纪尧姆·勒叙厄尔律师的《奇妙故事》中读到它。1982—1983 年,《马丁·盖尔归来》出版时，我收录的参考文献列举了马丁·盖尔冒名故事的不同形式的重印本、译本及记事——从 17 世纪罗科勒的《卓越的冒名者》(*Imposteurs insignes*) 到 18 世纪加约·德·皮塔瓦尔和里歇尔的《著名的案件》(*Causes célebres*)，再到 20 世纪珍妮特·刘易斯的小说《马丁·盖尔的妻子》(*The Wife*

* 本文首先以法文译本的形式登载于《南方年鉴》(*Annales du Midi*, 2008) 专刊，感谢杰克·托马斯及其同事约稿。我还想感谢詹姆斯·阿梅朗提出撰写本文的建议。与马蒂·佩尔图南的交谈，使我获得了诸多微观史洞见，在此谨致谢忱。

of Martin Guerre)，更不必说各种收录科拉斯判牍的法律文献概览。[1]

不过，有关这个案子的信息不断增加。我与提及马丁·盖尔的文字不期而遇，人们也将在各地发现的相关文献寄给我。结果发现，日内瓦的牧师、编辑和史学家西蒙·古拉尔在1600—1601年出版的《绝妙故事集》(*Histoires admirables*)中，将阿诺·迪蒂尔加入充斥书中的口技演员、冒牌斋戒者和其他“外行的冒名者”(imposteurs estranges)之列。一个世纪后，哲学家莱布尼茨举出马丁·盖尔的例子，用以说明想获得个体性的观念有多难：“你们了解冒牌马丁·盖尔的故事，此人仗着长相酷似和耍伎俩，骗过了真马丁的妻子，甚至是他的近亲。”[2]

同时，人们在法庭上为身份而争执不休时，此案一再被提及。1698年，重婚的路易·德·拉·皮瓦迪埃回到纳尔博纳的第一任妻子身边，审判显示此人货真价实。在审判过程中，原被告双方的律师都援引了阿诺·迪蒂尔的先例。(杰弗里·雷维尔在近著中讲述了拉·皮瓦迪埃的故事。) 如今，杰克·托马斯又为我们带来一个引人入胜的故事。1785年，故事中的男人离开阿尔及利亚的囹圄，回到了图卢兹，并自称是阿诺·拉莫尔其人。在此案中，律师想要演示的是，在没有书写证据的情况下，如何建立身份的证明。[3]

最后，通俗的、虚构的报告触目皆是。1763—1764年，《新伦敦[康涅狄格]公报》(*New London* [*Connecticut*]

Gazette）连载了马丁 · 盖尔的故事。1771 年,《霍伊氏都柏林水星报》（*Hoey's Dublin Mercury*）复述了这个故事（这是一位研究 18 世纪广告的史学家告知的）。1791 年，莫斯科的俄语译文重述了这个故事。[4] 珍妮特 · 刘易斯的小说为威廉 · 伯格斯马谱曲的一出 1958 年的歌剧提供了灵感。同样,我的书和《马丁 · 盖尔归来》（*Le retour de Martin Guerre*）这部影片为三部音乐剧提供了灵感,其中就有 1993 年在多伦多首映的莱斯利·奥登的《马丁 · 盖尔之家》（*House of Martin Guerre*）和 1996 年在伦敦首映的，由阿兰 · 鲍布里尔编剧、克劳德–米歇尔 · 舍恩伯格作曲的《马丁 · 盖尔》（*Martin Guerre*）。我担任前者的历史顾问，并为后者的首映之夜的节目撰写了一篇短文。

数世纪以来，人们反复讲述这个故事，对此我曾试图作出解释。[5] 一方面，不可思议的神似，富有说服力的欺骗和无与伦比的记忆力，有时加上秘密的共谋和最后的真相大白，让这个故事拥有广泛的感召力。马丁 · 盖尔故事的好处，在于它具备完整的故事线索：在长达三年的时间里，妻子在床上接纳了“冒牌的”马丁 · 盖尔；在最后一刻，“真”马丁 · 盖尔出现在图卢兹法庭。另一方面，当联系到某一特定时空中的极其重要或让人困扰的议题时，这些普世主题增加了共鸣。16 世纪法国社会自始至终对与社会、与地理流动性及与对政治恩惠的追求相关的“虚伪”和“自我粉饰”充满担忧。对这个社会而言，阿诺 · 迪蒂尔的口才与记忆天赋，他扮演他人的技巧，既是令人恐惧的诱惑，又是一种警示。拉 · 皮瓦迪埃重婚案的引人注目之处在于，他在获取贵族地位和贵族妻子之后，从中抽身而退，与一个普通民众结婚且生活了数年之久。这个案子为 1798 年法兰西喜剧院上演的一出舞台剧提供了灵感。它表达了路易十四晚期对贵族地位的稳定和忠诚的关注。[6]

在过去几个世纪里，由于对有争议身份的敏感点不断变化，人们收集、分类冒名故事的方式也在变化。因此，16 世纪，马丁 · 盖尔的故事常常被归入“奇闻异事”亦即超自然一类，与人世或天堂发生的其他古怪事迹放在一起。到了 17 世纪，“卓越冒名者”（Imposteur insignes）这种类型得到全面发展，过去通常被分别处理的各类欺骗行为如今被放在一起。这些欺骗行为包括：冒牌的救世主，假冒的预言家，假国王，外加像阿诺 · 迪蒂尔那种冒称某一身份的人。在长达一个世纪的时间里，人们对何为真正的宗教展开了激烈的争论，试图分辨神明附体与魔鬼附体之间的差异，并就王位归属展开争辩。在这种情况下，欺骗司空见惯。至 18、19 世纪，冒名顶替故事出现于著名案件（Causes célèbres）类法律文书和其他新出现的汇编当中。当时形形色色的骗子和无赖充斥于欧洲各大都市的流动人口，而这些汇编为此应运而生。

不管如何归类，这些冒名故事有个令人惊奇的悖论：何为真相，如何证明何为真相，它们贯穿于这些叙事，但其编撰者对案子既没有刨根究底，也未进一步追问实情。科拉斯的《难忘的判决》的某一版本（实际上几乎从未利用科拉斯的注释，即使撰写者声称知道这些注释），或是勒叙厄尔的《奇妙故事》，抑或是后来对这些16世纪文本的某些压缩版，都只是简述了马丁·盖尔的故事。在长达数世纪的时间里，故事中的讹误从未被订正——比如，误将Artigat讹为Artigne，阿诺·迪蒂尔的Sajas误为Sagians，Hendaye of the Daguerres误为Biscay。故事中杜撰的成分也是如此，比方说，阿诺和马丁一度是攻击法国的帝国军队中的战友。人们讲述这个故事，是为了对此进行道德和心理学的评论，而不是为了搜寻历史证据和探求真相。阿贝·阿里斯图瓦在1884年的《巴斯克区域史研究》(*Recherche historique sur le Pays Basque*)中，将"亨戴的马丁·阿盖尔"归入"巴斯克民众"(galerie basque)一类。但即便是这样一个对探求真相最有发言权的作者，也只是限于对冒名顶替作寥寥数语的讲述，然后引经据典，警告不可仅凭外貌做出错误的判断。在对上述路易·德·拉·皮瓦迪埃的记述中，杰弗里·雷维尔注意到，人们同样对历史探索毫无兴趣。[7]

2

我作为史学家的好奇心，更确切地说，我作为史学家对"发现真相"的热情，驱使我超越故事，埋首档案和其他资料，追寻马丁·盖尔、贝特朗·德罗尔斯和阿诺·迪蒂尔的世界。任何史学家都认可这种感觉：成堆的文件藏在某个地方，在这些来自过去的印迹中，可以找到自己问题的答案。因此，1980—1982年间，我亲赴法国西南地区的五个省级档案馆，造访阿尔蒂加和阿诺的赛亚斯，进而为追寻纪尧姆·勒叙厄尔北上加来海峡查阅省级档案。我依然记得首次逗留图卢兹期间的感受：16 世纪上诉最高法院的刑事案件诉讼卷宗（sacs de procès）已不复存在，对此我深感失望，我兴许根本无法了解科拉斯和勒叙厄尔对实际审问的描述的幕后隐情；当 1560 年 9 月最高法院对马丁·盖尔案的判决书原件出现在我眼前时，我激动万分。这样说来，确有其事，我想；这就是科拉斯在书中披露的那场判决（arrêt）的旁证。[8]

在档案中上下求索，给了我三个不同的斩获。首先，在我找到的许多地方文献——婚书、遗嘱、买卖与交易文书、纠纷与仲裁书——的基础上，我得以描绘亨戴、阿尔蒂加和赛亚斯的社会、经济、宗教、政治和家庭模式的图景。结合 16 世纪观察者撰写的文字，这些史料允许我充实科拉斯对婚姻、财产、乡民期望和乡村宗派的描述。

其次，对于我追踪的作为表演者或证人出场的那几个村民本身——马丁·盖尔、贝特朗·德罗尔斯、皮埃尔·盖尔和阿诺·迪蒂尔及其近亲，比如马丁的父亲桑克西或是贝特朗的母亲，我发现的相关公证文件仅有几件。特别需要指出的是，皮埃尔·盖尔在 1563 年的三宗交易中出现，它们都是由同一个公证人记录在案的，马丁·盖尔是其中一宗的证人。这些文献补充了科拉斯和勒叙厄尔的文本，比如，马丁·盖尔没有在他作证的公证文书上签字，这证实了我的一个假设：他是个文盲，而这就是审判中没有使用笔迹鉴定的原因。（科拉斯和勒叙厄尔甚至没有提到进行鉴定的可能，这也许是因为他们想当然地认为，绝大多数乡民是不识字的。）

一份1594年的珍贵公证文件记录了已故马丁·盖尔的儿子和继承人分割其财产的详情。勒叙厄尔宣称，盖尔兄弟抵达阿尔蒂加时，建立了一间砖瓦厂。这份文件证实了这一说法，因为地产项下包含瓦窑（la tuillerie）。这份文件的引人注目之处，在于罗列了马丁·盖尔所有儿子的名单，其中包括了他1560年返乡后与贝特朗生养的子嗣，也包括她去世后与继配生养的儿子。这就将马丁·盖尔的故事推进到他返乡后的很长一段时间。同时，其他人也在文献中浮出水面，比如已故的安德勒·罗尔斯及其儿子巴勒泰米出现于1563年的阿尔蒂加文献，若阿图·达盖尔出现于1555年的亨戴文献——他们肯定是贝特朗·德罗尔斯和马丁·盖尔的亲属，但具体关系如何，我无从知晓。

档案追踪的斩获——地方信息异常丰富，但特定人物的史料则仅有一鳞片爪——表明，想要对科拉斯和勒叙厄尔的叙事加以深化、复杂化，我必须求助于旁证。那么，我未能找到1538年贝特朗和马丁的婚书，怎么办？从阿尔蒂加及邻近地区搜集的许多其他婚书中，我可以了解到婚书的大致内容。对科拉斯笔下马丁抛下家小一事，我未能在档案中找到进一步的解释，怎么办？透过来自巴斯克乡村和朗格多克的年轻小伙子的类似活动，乃至引述他们远赴西班牙期间为妻子所立的婚书和遗嘱，我有理由指出西班牙和军事征途的吸引力。我未能找到来自贝特朗本人对名誉和声望的感知的直接陈述，怎么办？我还是可以援引当地其他女子受辱后索赔的例子。

沉默有时会变成一种指证：1551 年主教管区的一份异端调查书，并未在回覆执政官和地方官时提到阿诺的父母——赛亚斯的迪蒂尔和勒潘的巴罗氏。据此可以断定，他们不属于这一地区的精英家庭。由于科拉斯提到，1560 年阿诺从已故的父亲那里继承了勒潘的若干财产,因此我进一步将阿诺一家归入“中农”一类。自始至终，我从我的历史表演者周遭的世界援引相关的例证。我在谈到绰号为庞塞特（即大胃口）的阿诺 · 迪蒂尔时便是如此。我认为他很可能从小开始，就对风靡加斯孔尼的狂欢表演和化妆世界十分着迷。自始至终，我使用条件语气动词——“也许带来了”“可能看见了”——或是“也许”“很可能”或“无疑”一类的副词限定语，来标识基于旁证或间接证据的陈述。

对档案的上下求索带来的第三个结果，是对我的法律文本，尤其是科拉斯的文本进行了全新的处理。透过让 · 德科拉斯和纪尧姆 · 勒叙厄尔的撰述与图卢兹最高法院等的记录，我对两人及其家庭的了解颇为深入。不过在我研究的最初阶段，我只是将《难忘的判决》和《奇妙故事》视为了解法律和乡村冒名事件的史料，然后用档案提供的证据来证实或充实从中获得的信息。突然之间，我意识到这些法律记述的叙事和描述策略，本身就是宝贵的史料，透露出作者对马丁 · 盖尔案的关切和疑问，也透露出日后读者对这一故事如此着迷的原因。于是我转而对文本进行文学分析，发现科拉斯的《难忘的判决》是一种新的国语文类，是结合法律释义与故事叙述和文化评论的一种新方式。科拉斯以死刑确定了这个案子的司法意义，然而书中“文本”和“笺注”之间的辩证法，给事件的评价注入了不确定性。科拉斯将这个故事表述为“悲剧”，或认为中间难以“分辨喜剧和悲剧的差异”，这让他既有可能谴责那个冒名者，又有可能认同于一个地位卑微的乡民，因为此人的演讲和记忆天赋让他想到自己。

3

我带着半信半疑的心态，结束了《马丁·盖尔归来》一书：故事中种种逆转如此怪异，是否我也中了圈套？或如我在那时写下的，“我想，我已发现了过去的真实面目——抑或，是庞塞特又演出了一次？”在后来讨论此案的文章及对批评的回应文章中，我也回到不确定性问题：我想要让我的书成为对真相与质疑的探索，揭示 16 世纪一个社区对身份之真相的探求和今日史学家对过去之真相的探求之间的相似性。[9] 我们史学家力求提供证据，给出令人信服的诠释，但棘手的问题通常却依然故我，迫使我们展开进一步的探讨。

在过去的数年里，我非但没有和不确定的状态相安无事，反倒是反复被未能回答的问题之鬼魂苦苦纠缠。在远离阿尔蒂加的日子里，马丁·盖尔在干什么？他是如何决定返乡的？对这些问题，我可以找到更多信息吗？除了 1594 年儿子们分割家产时留下的马丁·盖尔和贝特朗·德罗尔斯的婚姻生活的图景外，我是否可能发现更多的细节？有关他们、阿诺和皮埃尔，究竟还有多少秘密依然藏在档案堆中？

现如今，并不是每部著作付印后，我都希望回到档案堆。在撰写讨论赦罪故事和礼物的著作的过程中，我阅读了来自法国各地的数以百计的赦免信和礼物来往文献。[10]当新文献只是重复我已发现的模式时，我便结束了研究。另一宗受贿案或礼物撤回案也许会添加地方色彩，却无法改变我的总体描述。能够激起我好奇心的，不是潜藏在某地档案或手稿中的秘密，而是其他学者对我利用的各种文献的诠释。

相比之下，对我写的聚焦个体生命故事的著作——讨论格利克尔·巴斯·朱达·莱布、玛丽·德·兰卡纳雄和玛丽亚·西比拉·玛丽安的《边缘女人》，和讨论哈桑·阿尔-瓦赞／乔瓦尼·莱昂内／里奥·阿弗里卡纳斯的《行者诡道》，我对探寻更丰富的“实”情有着强烈的偏好。在那三位女子的个案中，史料相当丰富，英文版问世后，我确实回到档案中。在档案中，我终于发现了格利克尔亲笔签署的一份文件，这显示这位17世纪的犹太女子自己认可的名字究竟是哪个，我把这份文件收入法文版。在苏里南开展昆虫学、生态学考察之后，玛丽亚·西比拉·玛丽安将加勒比女奴带回尼德兰。但很遗憾，我依旧无法找到这个女奴的下落。作为一个女奴，她没有在任何我阅读到的阿姆斯特丹文献中出现。无奈之下，我不得不对她作为玛丽安的巨著《苏里南昆虫的变形》（*Metamorphosis of the Insects of Suriname*）的报道人的角色进行猜测。[11]

更加令我苦恼的是，有关阿尔－瓦赞 / 乔瓦尼 · 莱昂内作为基督徒在意大利期间的社会联系，我感到相关证据躲在罗马或意大利其他地方的档案堆里。他的手稿为他作为“穿越不同世界的”人提供了丰富的洞察力，但在他的过往和联系中，有些缝隙，我固执地想要去填补。我翻阅了数以百计的教廷记录和乔瓦尼 · 莱昂内可能居住过的罗马街区的公证记录，没有任何确定无疑的斩获，因此在近著中我力求根据相关的证据建构其社会网络，将档案中的沉默理解为他在罗马不过是个边缘人。我还提醒自己：想要将罗马堆积如山的相关文献浏览一遍，需要多年的时间，而那时我已年近八旬矣；终有一日，某个年轻的史学家将邂逅这些秘密，充实故事的细节。

接着，到了 2007 年，我应邀为《南方年鉴》的马丁 · 盖尔案专号撰写一篇论文，我想：“相关档案不难掌握，也相当熟悉。现在，在欢欣、好奇的鼓舞下，是回归档案、追踪真相的时候了。”不过，我对目标细致地加以限定：我要集中处理故事的核心表演者，找寻他们与众不同的生活的新细节。我回到图卢兹的上加龙省级档案馆，富瓦的阿列日省级档案馆以及波城的大西洋岸比利牛斯省级档案馆。在图卢兹和富瓦，都有一个档案保管员欢迎我的到来——在前一地，是热纳维耶芙·杜亚尔，在后一地，是克洛迪娜 · 帕耶。多年前，在她们出色生涯的早期，我就结识了她们。

我急不可耐地翻开每个卷宗。大多数档案来自公证人文书和司法法庭。有些我曾阅读过，有些则是头一次接触。世界重又在我眼前展现，令人愉悦。但我没有发现涉及马丁·盖尔、贝特朗·德罗尔斯、阿诺·迪蒂尔、皮埃尔·盖尔及其近亲的新文献。没有我一直在寻找的婚书，也没有他们授意立下的遗嘱。“马丁·盖尔”曾在里厄法庭起诉皮埃尔·盖尔，试图索回皮埃尔在其侄子离家期间从管理财产中获取的收益，但我没有找到这宗民事诉讼的踪影。我毫无斩获。

我的反应很复杂。我试着祝贺自己：第一次前来时，我的求索干得漂亮，我找到了传世的史料。不过对过去的档案的遗失，我却比多年前倍感痛苦。如此之多的 16 世纪民众在里厄、图卢兹司法总管的法官或拉博德的行政官面前披露案情。然而，不仅仅我追寻的法庭案子遗失了，连这些民众的纠纷、争吵也遗失了，他们的声音消失于无形。不只是我寻找的婚书和遗嘱遗失了，连其他阿尔蒂加人在本地公证人面前所立的家庭计划和遗言也遗失了。阿尔蒂加人要想订立契约，不是远赴孟德斯鸠—沃尔韦斯特的公证人处，就是等到公证人从富瓦伯爵领地的其他地方定期前来阿尔蒂加之时。

的确，我发现出现皮埃尔·盖尔和马丁·盖尔名字的 1563 年的文书，是在附近勒福萨的公证人让·佩居拉的文书里。这次我在 16 世纪 60 年代勒福萨的佩居拉交游圈中发现了一个名叫弗兰索瓦·贝尔贝兹的公证员，数十年后记录马丁·盖尔继承人财产分割情况的正是此人。[12] 但到 16 世纪 60 年代，阿尔蒂加也有了自己的公证人。我如今在爬梳佩居拉的另一个卷宗时成功地找出了他的名字——梅·让·布拉梅拉克，以及该世纪后期他的继任者的名字——克劳德·吉耶尔梅和雅克·洛泽。[13] 我将他们的名字交给档案保管员，好似念出他们的名字，他们从事的业务（études）便会浮出水面。但实际上精心起草的契约已经消失无痕，阿尔蒂加生活最丰富的面貌也随之无影无踪。

4

在翻阅档案卷宗之时，我还有第三个反应：有这么一些人，你感觉到他们的重要性，但其重要性又难以捉摸，这一发现叫人又困惑，又欢喜。1559 年 9 月 20 日，图卢兹最高法院的刑事法庭否决了孔西埃热里的囚犯多米尼克·勒本戴雷和让·德洛克对图卢兹司法总管判决的申诉，司法总管的判决——这里没有明言——将被执行。[14] 多米尼克·勒本戴雷这个名字在我眼前一亮。1560 年 9 月 16 日，在阿尔蒂加行刑前几小时，阿诺·迪蒂尔提名两人担任其遗嘱执行人，并兼任他与贝特朗·德罗尔斯生育的女儿——如今改名为贝尔纳·迪蒂尔——的监护人。其中一人是他的兄弟让·迪蒂尔，而另一人正是图卢兹人多米尼克·勒本戴雷。

早在1981年，我尝试进一步了解勒本戴雷，但失败了：比如，要是他出现在异端嫌疑人的名单中，那么我提出的阿诺同情新教的推测，便可得到进一步的证实。但这一简短的判决书并未提及异端，而图卢兹法院的异端专家雷蒙德·门策和琼·戴维斯也未曾将他记录在案。[15] 图卢兹司法总管那年的刑事案件判决书已经遗失，因此我无法继续追寻这次判决。

那么，从我偶然发现的这些文献中，可否推导出任何意义？两天之后，1559 年 9 月 22 日，刑事法庭从图卢兹市政厅（Capitouls）释放了一个名叫格拉蒂安纳·德·里博的人。她是在交付 200 里弗赫的罚金给让·德埃斯科纳伯夫之后才被释放的。[16] 我非常了解后者，并曾在《马丁·盖尔归来》一书中提及此人：他是个莱兹河谷的小领主，曾试图在阿尔蒂加购买土地，扩大其影响力。1559 年，他指控“马丁·盖尔”焚毁了他的农庄，让人逮捕了他，并将他关押于图卢兹的孔西埃热里。对马丁·盖尔身份的疑问，正是在司法总管的审判过程中，在司法背景下被首次提出的。贝特朗对那个被囚禁的男人给予了强有力的支持，在他和埃斯科纳伯夫之间进行仲裁后，他最终被释放。

阿诺 / 马丁首次遇见多米尼克·勒本戴雷，也许就是在图卢兹监狱。也许，两人在此之前就有联系。也许勒本戴雷被囚，也与埃斯科纳伯夫有关，也许阿诺·迪蒂尔和勒本戴雷也认识格拉蒂安纳·德·里博其人。不管事实如何，勒本戴雷是何时知晓马丁·盖尔的真实身份的？勒本戴雷是否也和图卢兹一带的人一起，在 1560 年 9 月 12 日涌入法庭，旁听对阿诺·迪蒂尔冒名案的判决书？

就至今发现的文献而言，这些问题都没能找到答案，而旁证在这一特定的例子中也派不上用场。勒本戴雷的“真实遭遇”

也许将以饶有趣味的方式，推进阿诺·迪蒂尔的故事，而他“可能的遭遇”则于事无补。我在此提出这些问题，只是想要揭示一份文献可以给史学家带来的学术愉悦，这种出乎意料的惊喜，会扰乱任何完整知识的观念。

再举一例，来说明过去的开放性和模糊性。在回归档案的过程中，我决定再度尝试在亨戴的巴斯克世界中定位阿尔蒂加的盖尔家。1528 年前后，桑克西 · 盖尔与妻子、儿子马丁及兄弟皮埃尔离开此地。他们与此地的亲戚维持了何种联系？在离开阿尔蒂加的那几年，马丁 · 盖尔是否曾路过此地？有没有可能发现阿诺 / 马丁在 16 世纪 50 年代末想要出售达盖尔家在拉博德一带某些地产的痕迹？

拉博德公证活动仅存的文书，收藏于 15 世纪以后支配这一地区的领主于尔特比家族的文献里。重读这些文书，我思考达盖尔家。他们穿越于尔特比家的道路时，也在文书中出现。1555 年，若阿图 · 达盖尔和其他几个来自亨戴及邻近的于吕恩的居民，在一场与于尔特比领主让 · 达尔萨特的财产纠纷中被捕，这个若阿图是何许人也？ 1554 年，让 · 达尔萨特的儿子与继承人订立契约时出现的一个乡村小教区的本堂神甫让 · 达盖尔又是何许人也？ 1559 年 6 月于尔特比家族的一个成员在于吕恩的府邸立遗嘱时出现的拉博德的大法官管辖区（bailliage）的皇家公证人马丁 · 盖尔又是何人？[17] 很自然，此人并非那个木腿男人，因为后者无法写出自己的名字，况且作为曾在西班牙军中服役的军人，只有在刚刚签署的《卡托–康布雷齐和约》

完全执行之后，他才敢踏入法国领土。不过阿尔蒂加的“马丁·盖尔”打算出售达盖尔家的亨戴地产一事，是否有可能引起了这个同名的巴斯克公证人的注意？同样，这些问题眼下无法找到答案，而它们只是史学家引人发笑的好奇的源泉。

至于马丁·盖尔在西班牙侍候蒙多扎一家的岁月，很久以来，我就热切地盼望亲自越过比利牛斯山去追踪他的下落。比尔戈斯，这个马丁一度作为扈从侍候不在地的大主教弗朗西斯科·德蒙多扎·博巴蒂拉及其兄弟佩德罗一家的地方，真是令人望而却步。想要在这个城市的富豪和主教管区的记录中，锁定某个巴斯克跑腿儿的，也许需要数月之久，况且弗朗西斯科和佩德罗兄弟的文书已经散落各地。[18]

不过，兴许我能找到耶路撒冷圣约翰骑士团的分会，马丁·盖尔在圣康坦战役中丢了一条腿后，蒙多扎兄弟中的一人（很可能是军事统帅佩德罗）正是在这一分会里，把马丁当作俗兄弟安置下来。这里也许会留下他决定返回法国的线索。詹姆斯·阿梅朗提供了善意的帮助，帮我查考了坐落在马德里他家附近的西班牙骑士团档案（Sección de Ordenes Militares of the Archivo Histórico Nacional），但在目录中一无所获。他和一位乐于助人的档案保管员都认为，必须搞清西班牙医院骑士团的四大单位（卡斯提尔–莱昂、安波斯塔尔、纳瓦尔、加泰罗尼亚）当中，接纳那个木腿男子的究竟是哪家。唯一的可能是找出佩德罗·德蒙多扎写给菲利普二世的任命申请函和国王的回覆，而这些文书最有可能收藏于位于西蒙卡斯的国家档案的卡斯蒂利亚室（Cámara de Castilla，其中主要收入皇室委员会处理请愿书的文书）。在拿到机票之前，我查阅了西蒙卡斯档案的《研究者指南》(*Guia del Investigador*)，最后发现这个文书室中最有可能的部分——骑士团职位申请登记册——开始于菲利普二世统治的后期，对马丁·盖尔来说，这年代太晚了。[19]

再次面对沉默。为告慰自己，我考察了近年出版的对西班牙医院骑士团的研究——这是最近西班牙社会史的一个前沿。在纳瓦尔的总团长（Grand Priory）的记录中，我发现了桑克西·盖尔将巴斯克乡下卡朗扎的土地和葡萄园作为礼物送给儿子马丁·盖尔，在他去世后，这些地产又移交耶路撒冷圣约翰骑士团管理。唯一的问题是，这一切发生于1247年。[20]

5

在档案的沉默与故事的名声之间，是否存在某种关联？抑或这些遗失纯属偶然？一个关联是，马丁·盖尔故事牵涉到特定的个人——这不是个一般性的故事，故事中的人物是乡民。马丁、贝特朗和阿诺只是村民，这是几个世纪以来令出身高贵的读者和听众对这个故事特别着迷之处。但比起诸如故事讲述者让·德科拉斯等图卢兹最高法院的法官们，想要找到乡民个人的文献是困难重重。

对直接证据的固执求索，乃是史学家的职业特点。你可以无视证据中间的缝隙，就当它们是思索的谜团，或是用有根有据的揣测进行填补，但讲述精彩故事的渴求，总是会转换为对探求真相的渴望。

我将用我近年的求索中发现的两对关系来结束讨论。它们揭示了不同家庭背景可能是如何接受马丁·盖尔故事的。

1518年，《行者诡道》的主角、摩洛哥外交家哈桑·阿尔–瓦赞被西班牙海盗佩德罗·德·卡布雷拉·博巴蒂拉俘虏。在被关押在教廷的圣天使堡之前，此人有段时间被囚禁于佩德罗的兄弟、萨拉曼卡的不在地主教、罗马主教教区的大主教弗朗西斯科·德·卡布雷拉·博巴蒂拉的罗马寓所。兄弟俩肯定记录了阿尔–瓦赞的罗马生活详情：1520年，教宗里奥十世（Leo X）如何亲自在圣彼得教堂给他施洗礼，并赐名乔瓦尼·莱昂内；他如何教授阿拉伯语；他如何写作；1527年，他如何不告而别，返回北非并重新皈依伊斯兰教（基督徒对他的返乡感到失望）。此人被俘和移交的消息，无疑传到他们在西班牙的姐妹、卡内特侯爵迭戈·于尔托多·德蒙多扎之妻伊莎贝尔·德卡布雷拉·博巴蒂拉耳中。那位穆斯林改宗者在意大利的旅途和写作中打发时光的同时，伊莎贝尔将儿子弗朗西斯科·德蒙多扎·博巴蒂拉和佩德罗·德蒙多扎·博巴蒂拉抚养成人。1528年，伊拉斯谟已经在祝福那个充满天赋的年轻人文主义者弗朗西斯科了。[21]

1550年前后抵达比尔戈斯时，马丁·盖尔搬入的那座房子的主人，当然是弗朗西斯科和佩德罗。（我在撰写阿尔–瓦赞的书时，一直没有将这两代人联系起来。）1557 年之前那些年，舅舅早年的那个俘虏的消息，肯定不断传到在意大利教廷任职的弗朗西斯科的耳中：在此期间，梵蒂冈的书商推出了两个版本的署名“乔凡 · 利奥尼 · 阿弗里卡诺”撰写的赖麦锡版《非洲描述》（*Descrittione dell' Africa*）（1550，1556），而弗朗西斯科那些年一直保持联系的侄子、皇室大使、人文主义者迭戈 · 于尔托多 · 德蒙多扎已经获取了阿尔–瓦赞的珍贵手稿之一。[22]

回到西班牙，佩德罗也很可能从兄弟口中获悉了家中以前关押的那个战俘的消息：此人假装改宗，尔后抛弃基督教，不过好歹留下了价值不菲的谈论非洲、伊斯兰教和阿拉伯语的著作和信函。我不会推测佩德罗·德蒙多扎·博巴蒂拉会跟马丁·盖尔谈论“乔 · 利奥纳 · 阿弗里卡诺”，因为毕竟一方是圣地亚哥的统帅（comendador）、国王军队的指挥官，另一方则仅仅是家中的跟班，一个他麾下军官指挥的区区步兵。不过我还是认为，这个家庭早期与那个被绑架的穆斯林的联系，兴许会影响到兄弟俩最终对马丁 · 盖尔故事的接受。

1560 年夏，弗朗西斯科在比尔戈斯安顿下来，一心一意改造他管辖的主教管区。数月前，在菲利普二世的要求下，他和佩德罗在朗塞瓦尔与国王的新娘伊丽莎白 · 德瓦卢瓦碰面，欢迎她来到西班牙，确认法国与西班牙重归于好。不过现在弗朗西斯科得向国王抱怨：他的表兄弟佩德罗 · 德 · 卡布雷拉 · 博巴蒂拉、钦琼的第二伯爵，亦即海盗佩德罗的侄子，寻求加入某一西班牙骑士团，却被以贵族身份证据不足为由拒绝。作为回应，弗朗西斯科向菲利普二世撰写了一篇令人诧异的文本——《贵族的污点》(*El Tizón de la Nobleza*)。在书中他指出，西班牙重要家族均有犹太祖先，有些家族则有穆斯林或奴隶血统，要不然就是曾与教会人士生育私生子女。(在行文过程中，他掩盖了外祖父安德烈斯·德·卡布雷拉亲属中的犹太改宗者[conversos]。)这位红衣主教签署《污点》的时间是1560年8月20日。[23]

几周后，当马丁·盖尔在图卢兹最高法院前出现时，弗朗西斯科和佩德罗还需处理诸多俗务。不过他们肯定听说了他们的前随从/士兵牵涉到的那宗事件出现了戏剧性的转机。在科拉斯和勒叙厄尔的著作散布消息前，估计已有只言片语越过边界，传到比尔戈斯。如今，在这个家族对那个被绑架的穆斯林的记忆之上，加上了离家出走的丈夫及其返乡的记忆；在阿尔-瓦赞的虚情假意之上，加上阿诺·迪蒂尔的冒名顶替；在揭开西班牙贵族世系真相的基础上，加上了揭开一个比利牛斯山村世系的真相。

第二对联系发生于拉博德，跨越了一个多世纪。在近年的求索中，我首次造访了亨戴，其中一站靠近于吕恩的于尔特比庄园。我在此地听到了女继承人玛丽·德于尔特比的故事。1463年，玛丽的丈夫让·德·蒙特利尔追随路易十一，一走了之。1469年，也许是认为丈夫已不在人世，她嫁给了罗德里戈·德·甘博亚·达尔萨特。若干年后，让·德·蒙特利尔回来了。不过他一直无法夺回他的妻子及财产。直到1497年罗德里戈去世后，波尔多最高法院才宣布了对让有利的判决。至此，玛丽已以“重婚者”（la bigame）在拉博德臭名远扬，但她并未接受这个判决。她一把火把庄园烧为灰烬，然后搬去和她的达尔萨特亲人住，直到1503年去世。蒙特利尔和达尔萨特后代之间的纠葛持续了数十年，后者把持了于尔特比的领地权，而前者重建了庄园。1574年，让·达尔萨特与艾梅·德·蒙特利尔结为夫妇，这才最终解决了纠纷。[24]

因此，桑克西·盖尔和皮埃尔·盖尔兄弟在亨戴长大成人时，“重婚者”玛丽·德·于尔特比的故事还活在记忆里。数十年后，贝特朗·德罗尔斯的两个丈夫的传闻传到他第一任丈夫出生、他的亲戚继续生活的那个小镇时，这个故事依然是当地记忆的一部分。这个偶合很可能传为笑料，引起非议。巴斯克人可能会揣测，贝特朗在整件事情中有点主动。

接着，该世纪末，亨戴和于吕恩出现了第二种定位马丁·盖尔案的方式。1598年，那位重婚者的玄孙特里斯坦·德于尔特比，娶了比萨盖领主和波尔多最高法院推事（conseiller）若弗雷·德·蒙田之女卡特琳·德·蒙田为妻。若弗雷·德·蒙田是米歇尔·德·蒙田的第一代堂兄弟，1592年米歇尔去世前，若弗雷对他的情况一直是了如指掌。我们应该记得，1560年9月图卢兹最高法院宣读科拉斯的判决时，米歇尔在场，他还听到当天阿诺·迪蒂尔依然坚称他就是马丁·盖尔。由于两人都是法律人，甚至在米歇尔·德·蒙田于1588年出版的《随笔》

的《论瘸子》（“Des boiteux”）一文中对死刑提出质疑之前，这对堂兄弟肯定曾就案子展开过辩论。[25]

卡特琳·德·蒙田的于尔特比庄园里，很可能收藏了《随笔》，也许还是1595年新版的签名赠送本。这个新版本由蒙田遗嘱指定的文学执行人玛丽·雅尔·德·吉尔奈负责编纂。米歇尔去世后不久，吉尔奈造访了若弗雷·德·蒙田。在为《随笔》所写的序言中，她用赞许的口吻谈到了他，说他作为堂兄弟已给“蒙田家族的名字”“带来了尊严”。[26]

6

蒙田援引那个冒名案和其他例证来说明，知道真相究竟有多不容易：“真相和假象是如此地相似。”（我像书中那样再次给出蒙田的论点，这个论点适用于任何时代。）因此，在需要用不确定或有节制的语气表达观点的情况下，反倒作出了鲁莽、傲慢的判断，必定在这个世界造成了许许多多滥用的恶果。“有人把似乎有道理的事对我说成是可靠无疑的事时，他是在让我憎恨那似乎有道理的事。”承认无知有时是通向知识（science）的最佳路径。蒙田接着谈到他看过的一宗审判和科拉斯讨论“一宗奇怪的案子”的书：

> ……有关两个男人相互替代的事。……我记得……[科拉斯]把被判有罪的人的冒名顶替行为描绘得那样不可思

议，那样超乎我们的理解力，也超出这位法官的理解力，以致我认为判他绞刑的判决书是非常鲁莽的。

接着，他继续谈到了自己周围的女巫（sorcières），谈到了那些对这些女人纯粹的梦境添油加醋的作者。对她们的指控和她们的招供，常常与日常观察相矛盾，必须以质疑的态度对待它们，并承认我们的人性弱点。[27]

卡特琳·德·蒙田如何处理堂兄蒙田对阿诺·迪蒂尔冒名行为的反应和流传于亨戴的马丁·盖尔及其他当地重婚行为的流言蜚语之间的关系，我们无从知晓。不过她丈夫已完全遗忘了《论瘸子》传达的重要信息。1608 年，敦促波尔多最高法院派人调查拉博德地区女巫活动的两位领主中，就有她的丈夫。的确，潘普洛纳主教对穿越边界进入西班牙属巴斯克乡村的猎巫狂热深感不安，根据他的说法，这一切是这样开始的：

> 于尔特比的领主……动用自己的权威，抓了一些老妇人，并把她们关押起来，逼迫她们供出了于吕恩村所有的巫师。……招供中提及的那些人，不管教俗，都是于尔特比领主的敌人和反对者。

最高法院的调查由皮埃尔·德朗克里牵头，持续了四个月之久。在此期间，他们描述了魔鬼的伪装与咒语和巫师聚会的可恶行为。据两个十几岁的女孩供认，在一次聚会中，魔鬼让她们相信，她们正在吊死于尔特比大人和曾指控她们的其他领主，但这些领主都平安无事。几个巫师被处死，其中包括七十三岁的彼得里·达盖尔（“仪式的司仪和聚会的主管”）、他的妻子和他的大多数家人。[28]

在 1612 年言辞激烈的《堕天使与魔鬼变化图说》（*Tableau de l'inconstance des mauvais anges et demons*）中，皮埃尔·德朗克里以赞许的口吻提及彼得里·达盖尔的毁灭。他想要确定无疑地证明，巫师确实干了他们供认的所有令人不寒而栗的危险行径。而曾讨论阿诺·迪蒂尔和马丁·盖尔的“悲喜剧”的让·德科拉斯，从这些巴斯克男女的审判中想必能获得更为复杂、更不确定的信息。不过科拉斯辞世已久，1572 年 10 月，他就已在图卢兹的反新教骚乱中被谋杀。尽管如此，正如我们看到的，马丁·盖尔令人惊异的故事，虽然存在缺口，还是拥有了自己的生命，纠结着地位不同之人的心，困扰着对绝对知识和社会矫饰的断言。

参考书目

Archivo General de Simancas, *Guia del Investigador*, second edition. Madrid: Ministerio de Cultura, 1980.

Baron, Salo Wittmayer. *A Social and Religious History of the Jews* 18 vols; vol. 15: *Resettlement and Exploration*. New York: Columbia University Press, 1958-1993.

Catálogo 1, Diversos de Castilla: Cámara de Castilla (972-1716), second edition. Madrid, 1969.

Coral, Laurent de. *Château d'Urtubie*. Bayonne, n. d.

Coras, Jean de. *Arrest Memorable, du Parlement de Tolose, Contenant une histoire prodigieuse, de nostre temps, avec cent belles, et doctes Annotations, de monsieur maistre Jean de Coras, Conseiller en ladite Cour, et rapporteur du proces.* Lyon : Antoine Vincent, 1561.

Davis, Natalie Zemon. "Le Retour de Martin Guerre, étude historique." In Natalie Zemon Davis, Jean-Claude Carrière and Daniel Vigne, *Le Retour de Martin Guerre*, 115-269. Paris : Robert Laffont, 1982 ; translated by Angélique Lévi.

Davis, Natalie Zemon. *The Return of Martin Guerre.* Cambridge, Mass. : Harvard University Press, 1983 ; French edition : *Le retour de Martin Guerre*. Réédition Texto, Tallandier, 2009 ; translated by Angélique Lévi.

Davis, Natalie Zemon. "On the Lame." In AHR Forum : The Return of Martin Guerre. *American Historical Review* 93 (1988) : 553-603.

Davis, Natalie Zemon, "Le silence des archives, le renom de l'histoire. " In special issue : Martin Guerre, retour sur une histoire célèbre. *Annales du Midi* 120 : 264 (90ct. -Dec. 2008) : 467-483 ; translated by Dominique Peters.

Davis, Natalie Zemon. *Fiction in the Archives : Pardon Tales and Their Tellers in Sixteenth-Century France.* Stanford : Stanford University Press, 1987 ; French edition : *Pour sauver sa vie : Les récits de pardon au XVIe siècle.* Paris : Seuil, 1988 ; translated by Christian Cler.

Davis, Natalie Zemon. *Remaking Impostors : From Martin Guerre to Sommersby.* Hayes Robinson Lecture Series No. 1. London : Royal Holloway, 1997 ; also available online http : //www. rhul. ac. uk/history/Research/research _HayesRobinson. html.

Davis, Natalie Zemon. "From prodigious to heinous : Simon Goulart and the reframing of imposture. " *In L'Histoire grande ouverte : Hommages à Emmanuel Le Roy Ladurie*, edited by André Burguière, Joseph Goy & Marie-Jeanne Tits-Dieuaide, 274-283. Paris : Fayard, 1997.

Davis, Natalie Zemon. *The Gift in Sixteenth-Century France*. Madison, Wis. : University of Wisconsin Press, 2000 ; French edition : *Essai sur le don dans la France du XVIe siicle*. Paris : Seuil, 2003 ; translated by Denis Trierweiler.

Davis, Natalie Zemon. *Women on the Margins : Three Seventeenth-Century Lives.* Cambridge, Mass. : Harvard University Press, 1995 ; French edition : *Juive, Catholique, Protestante : Trois femmes en marge au XVIIe siècle.* Paris : Seuil, 1997 ; translated by Angélique Lévi.

Davis, Natalie Zemon. *Trickster Travels : A Sixteenth-Century Muslim Between Worlds.* New York : Hill and Wang, 2006 ; French edition : *Léon l'Africain : Un voyageur entre deux mondes.* Paris : Payot et Rivages, 2007 ; translated by Dominique Peters.

Gutiérrez Coronel, Diego. *Historia genealógica de la casa de Mendoza*, 2 vols., edited by Angel González Palencia. Cuenca, 1946.

Gutiérrez del Arroyo, Consuelo. *Catálogo de la documentación navarra de la Orden de San*

Juan de Jerusalén en el Archivo Histórico Nacional. Siglos XII-XIX, 2 vols. Pamplona : Gobierno de Navarra, 1992.

Haristoy, L'Abbé P. *Recherches historiques swr le Pays Basque*, 2 vols. Bayonne : E. Lasserre, and Paris : H. Champion, 1884.

Henningsen, Gustav. *The Witches' Advocate : Basque Witchcraft and the Spanish Inquisition (1609-1614)*. Reno, Nevada : University of Nevada Press, 1980.

Ibáñez Pérez, Alberto C. *Burgos y los burgaleses en el siglo XVI.* Burgos : Excmo. Ayuntamiento de Burgos, 1990.

Lancre, Pierre de. *Tableau de l'inconstance des mauvais anges et demons.* Paris : Jean Berjon, 1612.

Leibniz, Gottfried Wilhelm. *Nouveaux essais sur l'entendement humain.* In *Oeuvres philosophiques*, vol. 3, book 3, chap. 4. Amsterdam and Leipzig : Jean Schroeder, 1765.

Malvezin, Théophile. *Michel de Montaigne, son origine, sa famille.* Bordeaux : C. Lefebvre, 1875.

Martínez, Nicolás López. "El Cardenal Mendoza y la Reforma Tridentina en Burgos," Hispania Sacra, 16 (1963) : 1-3.

Mendoza y Bobadilla, Francisco de. *El Tizón de la Nobleza*, edited by José Antonio Escudero. Madrid : El Colegio Heráldico de España y de las Indias, 1992. *El Tizón de la Nobleza de España*, edited by Armando Mauricio Escobar Olmedo. Mexico City : Frente de Afirmaciòn Hispanista, 1999.

Montaigne, Michel de. *Les Essais*, edited by Denis Bjaï, Bénédicte Boudou, Jean Céard, & Isabelle Patnin, under the direction of Jean Céard [based on the 1595 edition edited by Marie Jars de Gournay]. Paris : La Pochothèque, 2001.

Novikov, V. V. *Teatr sudovedeniya* volume 5. Moscow, 1791.

Pasquier, F. "Nomination d'un notaire à Artigat en 1578." *Bulletin de la Société Ariégoise des Sciences, Lettres et Arts* 6 : 1 (1897) : 52-56.

Rábade Obradò, *María del Pilar. Una elite de poder en la Corte de los Reyes Católicos. Los judeoconversos.* Madrid : Sigilo, 1993.

Ravel, Jeffrey S. *The Would-Be Commoner : A Tale of Deception, Murder, and Justice in Seventeenth-Century France.* Boston and New York : Houghton Mifflin, 2008.

Thomas, Jack. "Un fils de Martin Guerre : le vrai-faux retour d'Arnaud Lamaure à Toulouse à la fin du XVIIIe siècle." *Annales du Midi* 120 : 264 (Oct. -Dec. 2008) : 535-561.

Vicario Santamaría, Matías. *Censo-Guía de los Archivos parroquiales de la Diócesis de Burgos.* Burgos : Publicaciones del Arzobispado de Burgos, 1988.

Vicario Santamaría, Matías. *Catílogo de los Archivos de Cofradías de la Diócesis de Burgos.* Burgos : Asociación de Archiveros de la Iglesia en España, 1996.

致谢

我对普林斯顿大学与国家人文科学基金会深表感激，它们为本书的写作提供了经济资助。我也想感谢阿列日、上加龙、热尔、大西洋岸比利牛斯、吉伦特与加来海峡等档案馆，它们提供的建议与优遇，为我的研究取得迅速进展提供了可能。阿尔蒂加的玛丽-罗丝·贝利耶、保罗·迪蒙与于贝尔·达劳德乐意与我分享他们对他们的村子与对马丁·盖尔故事的记忆。让-克劳德·卡里埃尔与达尼埃尔·维涅为我提供了思考历史学家的“总体趋势”与人们生活经历之间关联的新路子。埃马纽埃尔·勒华拉杜里适时地提供了重要的鼓励。美国与法国的许多同行提出了不同看法与参考文献方面的建议：保罗·阿佩尔、伊夫与妮科尔·卡斯唐、芭芭拉·B. 戴维斯、威廉·A. 道格拉斯、丹尼尔·法布尔、史蒂芬·格林布拉特、理查德·赫尔墨兹、保罗·希尔特波尔德、伊莉莎白·拉布鲁斯、海伦·纳德尔、劳里·努斯朵弗、让-皮埃尔·普苏、弗吉尼亚·莱因堡与安·瓦尔特。艾尔弗莱德·索曼就有关犯罪裁决的章节慷慨地提出了建议。乔伊斯·贝克曼的编辑工作,让文本更为清晰。假如没有我货真价实的丈夫钱德勒·戴维斯的帮助，这本有关冒名顶替的配偶的历史著作也许永远也不会出现。

马丁 · 盖尔相关论著选目

这里的条目是根据第一版的时间，按年代顺序排列的。此后的版本和译本在第一版条目下注明。

Jean de Coras, *Arrest Memorable, du Parlement de Tolose, Contenant une histoire prodigieuse, de nostre temps, avec cent belles, & doctes Annotations, de monsieur maistre Jean de Coras, Conseiller en ladite Cour, & rapporteur du proces. Prononcé es Arrestz Generaulx le xii Septembre MDLX.* Lyon: Antoine Vincent, 1561. Avec Privilege du Roy. (Quarto.)

1565 年巴黎重印，八开本，无授权，无出版商名称。

布鲁日重印：Hubert Goltz，1565 年。

——*Arrest Memorable... avec cent et onze belles, et doctes annotations... Item, Les Douze Reigles du Seigneur Iean Pic de la Mirandole... traduites de Latin en François par ledit de Coras.* Lyon: Antoine Vincent, 1565. Avec privilege du Roy. (Octavo.)

1572 年巴黎重印，无 Les Douze Reigles，Galliot du Pré 与 Vincent Norment 共享版权。Avec Privilege du Roy。

1579 年巴黎重印，Jean Borel 与 Gabriel Buon 共享版权。

里昂重印：Barthélemy Vincent，1596，1605，1618 年。

——*Arrest um sivepiaci tum Parlamenti Tholosani, Continens Historiam (in casu matrimoniali) admodum memorabilem adeoque prodigiosam: unà cum centum elegantissimis atque doctissimis Annotationibus Clariss. I. C. Dn. Ioan. Corasii... Doctiss. Viro Hugone Suraeo Gallo interprete.* Frankfurt: Andreas Wechel, 1576.

法兰克福重印：Heirs Wechel, Claude Marnius 与 Jean Aubry，1588 年。

Guillaume Le Sueur, *Admiranda historia de Pseudo Martino Tholosae Damnato Idib. Septemb. Anno Domini MDLX Ad Michaelum Fabrum ampliss. in supremo Tholosae Senatu Praesidem.* Lyon: Jean de Tournes, 1561. "A Gulielmo Sudario Boloniensi Latinitate donatum" (p. 2); "colligeb. G. le Sueur Bolon" (p. 22). Bibliothèque Nationale, F 13876.

——*Histoire Admirable d'un Faux et Supposé Mary, advenue en Languedoc, l'an mil cinq cens soixante.* Paris: Vincent Sertenas, 1561. Avec privilege du Roy.

这本小册子同年推出两刷，其中一刷题目如上 (Bibliothèque Mazarine, 47214)，另一刷题目中的 Histoire 被误拼为 Histoite (Bibliothèque Nationale, Rés. Ln^{27} 9277 bis)。Edouard Fournier 将这本书重印于他的 *Variétés historiques et littéraires* (Paris, 1867, vol. 8, pp. 99–118)，该重印本年代有误，错误与编辑添加之处触目皆是，并遗漏了这一文本四页的内容。

——*Histoire admirable d'Arnaud Tilye, lequel emprunta faussement le nom de Martin Guerre, afin de jouir de sa femme.* Lyon: Benoît Rigaud, 1580.

——*Histoire admirable du faux et supposé maiy, arrivée à une femme notable au pays de Languedoc en ces derniers troubles.* Paris: Jean Mestais, no date [ca. 1615].

Jean Papon, *Recueil d'Arrests Notables des Courts Souveraines de France... Nouvellement reveuz et augmentez outre les precedents impressions, de plusieurs arrests.* Paris: Nicolas Chesneau, 1565, ff. 452^{v}-456^{v}.

Henri Estienne, *Herodoti Halicarnassei historiae lib. ix... Henr. Stephani pro Herodotu.* Geneva: Henri Estienne for Ulrich Fugger, 1566, f. **** ii^{r}.

——*L'Introduction au traité de la conformité des merveilles anciennes avec les modernes. Ou traité prepartatif à L'Apologie pour Herodote.* Geneva: Henri Estienne, 1566. Au lecteur.

Gilbert Cousin, *Narrationum sylva qua Magna Rerum, partim à casu fortunaque, partim à divina humanaque mente evenientium... Lib VIII.* Basel: Henricpetrina, 1567. pp. 610–611: "Impostura Arnauldi Tillii."

François de Belieferest, *Histoires prodigieuses, extraictes de plusieurs fameux Autheurs, Grecs et Latins, sacrez et Prophanes, divisees en deux Tomes. Le premier mis en lumiere par P. Boaistuau... Le second par Claude de Tesserant, et augmenté de dix histoires par François de Belle-Forest Comingeois.* Paris: Jean de Bordeaux, 1571. Vol. 2, f. 282^{r-v}: "Faux Martin à Thoulouze."

此后的版本包括 1574 年巴黎版，1594 年安特卫普版和 1598 年巴黎版。

Antoine Du Verdier, *Les Diverses lecons d'Antoine Du Verdier... Contenans plusieurs histoires, discours, et faicts memorables.* Lyon: Barthélemy Honorat, 1577. Book 4, ch. 26.

Pierre Grégoire, *Syntagma Iuris Universi... Authore Petro Gregorio Tholosano I. V. Doctore et professore publico in Academia Tholosana.* Lyon: Antoine Gryphius, 1582. Part III, book 36, ch. 6, "On the crime of adultery," p. 669.

Michel de Montaigne, *Essais*, Paris, 1588. Book 3, ch. 11, "Des boyteux."

——*The Essayes or Morall, Politike and Millitarie Discourses of Lord Michael de Montaigne... done into English by... John Florio.* London, 1610. Book 3, ch. 11, "Of the Lame or Cripple."

Auger Gaillard, *Les Amours prodigieuses d'Augier Gaillard, rodier de Rabastens en Albigeois, mises en vers françois et en langue albigeoise... Imprimé nouvellement.* [Béarn], 1592.

Ernest Nègre 的现代版见 *Oeuvres complètes*. Paris, 1970. pp. 514, 525-526。

Géraud de Maynard, *Notables et singulieres Questions du Droict Escrit: Decidees et Iugees par Arrests Memorables de la Cour souveraine du Parlement de Tholose.* Paris, 1628, pp. 500–507. 该书首次出现于 1603 年。

Jacques-Auguste de Thou, Historiarum sui temporis ab anno Domini 1543 usque ad annum 1607 Libri CXXXVIII. Orléans [Geneva]: Pierre de la Roviere, 1620. Vol. 1, p. 788.

在由 Parlementaire of Paris, de Thou 所编的著名史书的第一版（1604）中，还没出现马丁·盖尔的故事。1609 年版之后，他增写了这个案子（收入法国国家图书馆所藏 1609 年版的第 4 卷，第 288—289 页）；他去世后，它最后于 1620 年作为第 26 卷的一个部分刊行于世。

——*Histoire de Monsieur de Thou, Des choses arrivées de son temps. Mise en François par P. du Ryer.* Paris, 1659. Vol. 2, pp. 177-178.

Estienne Pasquier, *Les Recherches de la France.* Paris: L. Sonnius, 1621. Book 6, ch. 35.

Jacob Cats, *S'weerelts Begin, Midden, Eynde, Besloten in den Trouringh Met den Proef-steen van den Selven door I. Cats... Trougeval sonder exempel, Geschiet, in Vranckryck, In het laer MDLIX,* in *Alle de Wercken,* Amsterdam, 1658.

这位多产的荷兰伦理学家用两行诗讲述了马丁·盖尔的故事。

Jean Baptiste de Rocoles, *Les imposteurs insignes ou Histoires de plusieurs hommes de néant, de toutes Nations, qui ont usurpé la qualité d'Empereurs, Roys et Princes... Par Jean Baptiste de Rocoles, Historiographe de France et de Brandebourg.* Amsterdam: Abraham Wolfgang, 1683. Chapter 18: "L'Imposteur Mary, Arnaud du Thil, Archi-fourbe."

罗科勒解释说——尽管他的书的内容主要限于偷窃节杖和皇冠的冒名顶替者——他为这个案子开了特例，因为它是如此"令人难忘、离奇"。他说，他沿用了科拉斯的叙述，只是对"当下的礼仪"已不再容许的"俚词鄙语"(p. 287) 进行了改动。

——德文版 , *Geschichte merkwürdiger Betrüger*, Halle, 1761. Vol. 1, pp. 419-445。

Germaine Lafaille, *Annales de la ville de Toulouse*. Toulouse, 1687-1701. Pt. 2, pp. 198-199.

F. Gayot de Pitaval, *Causes célèbres et intéressantes*. Paris, 1734. Vol. 1, ch. 1.

新版由 M. Richer 改编，1772 年刊行于阿姆斯特丹。

对马丁·盖尔案最有趣的复述之一，随意推测贝特朗可能是阿诺·迪蒂尔的同谋的唯一一种著述:“许多人会相信，贝特朗·德罗尔斯自欺欺人，因为这一错误让她高兴。”要不冒名顶替者绝不可能表现原来那个人的所有细微的姿态。

英译本不含评注，由小说家 Charlotte Turner Smith 译出，选自 Gayot de Pitaval 和 Richer 的《现实生活演义》(*The Romance of Real Life*. London: T. Cadell, 1787. Vol. 2, ch. 4)，是其中译出的十五个案子之一。“The pretended Martin Guerre.” 美国的第一版，Philadelphia: J. Carey, 1799. pp. 202-221。

Charles Hubert, *Le Faux Martinguerre, ou La Famille d'Artigues, Mélodrame en Trols Actes, À Grand Spectacle, Tiré des Causes Célèbres... Représenté pour la première fois à Paris, sur la théâtre de la Gaieté, le 23 août 1808.* Paris: Barba, 1808.

1824 年巴黎重印本。

过度浪漫化，面目全非。Martinguerre 是远在印度的伯爵；阿诺·迪蒂尔是被他的父亲拆穿的，等等。

Pierre Larousse, *Grand dictionnaire universel*. Paris, 1865-1890. Vol. 8, p. 1603: “Guerre, Martin, gentilhomme gascon.”

Celebrated Claimants Ancient and Modern. London: Chatto and Windus, 1873. Pp. 84–90.

L'Abbé P. Haristoy, *Galerie Basque de Personnages de Renom in Recherches historiques sur le pays Basque.* Bayonne, 1884. Vol. 2, ch. 24: “Martin Aguerre de Hendaye.”

Armand Praviel, *L'Incroyable Odyssée de Martin Guerre*. Paris: Librairie Gallimard, 1933.

Janet Lewis, *The Wife of Martin Guerre*. San Francisco, 1941. French edition, *La Femme de Martin Guerre*. Paris: Editions R. Laffont, 1947. 刘易斯的小说是在 19 世纪对这个案子的英语报道的基础上写成的。她谈到了对科拉斯的阅读是如何改变她的观点的，见 *The Triquarterly*, 55 (Fall 1982), 104-110。

附录

Jean de Coras, *Processo, et Arresto ò sentenza data dal Parlamento di Tolosa sopra d' un fatto prodiogoso et memorabile, tradotto di lingua francese nella favella toscana, per Mag. Gio. Batt[a] Forteguerri Dott[re]" Pistorese, con cento annotationi ornate et aggiunte da lui.* Dedication of Forteguerri to Christine de Lorraine, Grand-Duchess of Tuscany, dated Pistoia, April 1591. (Manuscript described by H. P. Kraus, Rare Books and Manuscripts, List 203, no. 132.) Forteguérri 翻译了 1561 年版的《难忘的判决》，偶尔在科拉斯的评注中加入自己的评注。

注 释

导论

1. Jean Gilles de Noyers, *Proverbia Gallicana* (Lyon: Jacques Mareschal, 1519-20), C ii^{v}; "Ioannis Aegidii Nuceriensis Adagiorum Gallis vulgarium... traductio," in *Thresor de la langue francoyse* (Paris, 1606), pp. 2, 6, 19; James Howell, "Some Choice Proverbs... in the French Toung," in *Lexicon Tetraglotton* (London, 1660), p. 2.
2. 除其他论著外，请参见 Jean-Louis Flandrin, *Les Amours paysans, XVIe-XIXe siècles* (Paris, 1970), 以及 *Familles: Parenté, maison, sexualité dans l'ancienne société* (Paris, 1976); J. M. Gouesse, "Parenté, famille et mariage en Normandie aux XVIIe et XVIIIe siècles," *Annales: Economies, Sociétés, Civilisations*, 27 (1972), 1139-54; André Burguière, "Le Rituel du mariage en France: Pratiques ecclésiastiques et pratiques populaires (XVIe-XVIIIe siècles)," ibid., 33 (1978), pp. 637-649; Alain Croix, *La Bretagne aux 16e et 17e siècles: La Vie, la mort, la foi* (2 vols., Paris, 1981); Jacques Le Goff and Jean-Claude Schmitt, eds., *Le Charivari: Actes de la table ronde organisée à Paris (25-27 avril 1977) par l'Ecole des Hautes Etudes en Sciences Sociales et le Centre National de la Recherche Scientifique* (Paris, 1981).
3. Thomas Platter, *Autobiographie*, tr. Marie Helmer (Cahier des Annales, 22; Paris, 1964), p. 51.
4. Jacques Peletier, *L'Art poëtique de Jacques Peletier du Mans (1555)*, ed. J. Boulanger (Paris, 1930), pp. 186-189; Coras, pp. 146-147. *Les Cent Nouvelles Nouvelles,* ed. Thomas Wright (Paris, 1858), conte 35. Noël du Fail, *Les Propos Rustiques: Texte original de 1547*, ed. Arthur de la Borderie (Paris, 1878; Geneva: Slatkine Reprints, 1970), pp. 43-44.

5. Emmanuel Le Roy Ladurie, *Montaillou, village occitan de 1294 à 1324* (Paris, 1975); English translation, *Montaillou: The Promised Land of Error*, by Barbara Bray (New York, 1978). Carlo Ginzburg, *Il Formaggio e i vermi: Il Cosmo di un mugnaio del '500* (Turin, 1976); English translation, *The Cheese and the Worms: The Cosmos of a Sixteenth-Century Miller*, by John and Anne Tedeschi (Baltimore, 1980). Michael M. Sheehan, "The Formation and Stability of Marriage in Fourteenth-Century England," *Mediaeval Studies*, 32 (1971), 228-263, Jean-Louis Flandrin, *Le Sexe et l'Occident* (Paris, 1981), ch. 4.

6. AN, JJ248, 80^r-v^. Alfred Soman, "Deviance and Criminal Justice in Western Europe, 1300–1800: An Essay in Structure," *Criminal Justice History: An International Annual*, 1 (1980), 1-28.

7. Coras, pp. 146-147. 对《难忘的判决》版本的讨论，参见我的参考文献。

8. 根据勒叙厄尔的看法，马丁·盖尔家在阿尔蒂加建了个砖厂 (*Historia*, p. 3)；这一砖厂 1594 年出现于家产清单中 (ADHG, B, Insinuations, vol. 6, 96^v^)。勒叙厄尔称，贝特朗·德罗尔斯和皮埃尔·盖尔曾经被关入监狱 (p. 11)；这是由图卢兹最高法院下的一道命令 (ADHG, B, La Tournelle, vol. 74, May 20, 1560; vol. 76, September 12, 1560)。

第一章　从亨戴到阿尔蒂加

1. Pierre de Lancre, *Tableau de l'inconstance des mauvais anges et demons* (Bordeaux, 1612), pp. 32-38, 44-45. ADPyA, 1J160, no. 45, March 9, 1609, 对亨戴及于吕恩附近的"家宅尊称"（S^r^ de la maison）的讨论。James A. Tuck and Robert Grenier, "A 16th-Century Basque Whaling Station in Labrador," *Scientific American,* 245 (November 1981), 125-136; William A. Douglass and Jon Bilbao, *Amerikanuak: Basques in the New World* (Reno, 1975), pp. 51-59. Jean-Pierre Poussou, "Recherches sur l'immigration bayonnaise et basque à Bordeaux au XVIIIe siècle," *De l'Adour au Pays Basque. Actes du XXIe Congrès d'études régionales tenu à Bayonne, les 4 et 5 mai 1968* (Bayonne, 1971), pp. 67–79. Jean-François Soulet, La Vie quotidienne dans les Pyrénées sous l'Ancien Régime (Paris, 1974), pp. 220-225. William A. Douglass, Echalar and Murélaga (London, 1975), ch. 3.

2. Philippe Veyrin, *Les Basques de Labourd, de Soule et de Basse-Navarre* (Bayonne, 1947), pp. 39ff. L. Dassance, "Propriétés collectives et biens communaux dans l'ancien pays de Labourd," *Gure Herria*, 29 (1957), 129-138. Davydd J. Greenwood, *Unrewarding Wealth. The Commercialization and Collapse of Agriculture in a Spanish Basque Town* (Cambridge, Eng., 1976), ch. 1. Paul Courteault, "De Hendaye à Bayonne en 1528," *Gure Herria*, 3 (1923), 273-277. 对亨戴截至 1598 年人口增长的讨论，参见 ADPyA, 1J160, no. 46, April 3, 1598. De Lancre, pp. 45-46。

3. E. Dravasa, "Les privilèges des Basques du Labourd sous I'Ancien Régime" (thesis for the doctorate, University of Bordeaux, Faculty of Law, 1950), pp. 28-29. ADGi, IB10, 21^{v}-22^{r}. ADPyA, 1J160, no. 45, May 19, 1552. De Lancre, pp. 33-34, 42.

4. "Coutumes générales gardées et observées au Pays de Labourd," in P. Haristoy, *Recherches historiques sur le Pays Basque* (Bayonne and Paris, 1884), vol. 2, pp. 458-461; 拉博德的习俗成文于 1513 年。Jacques Poumarede, *Recherches sur les successions dans le sud-ouest de la France au Moyen Age* (thesis for the doctorate, University of Toulouse, 1968), pp. 315-320.

5. 对整个地区的讨论，参见 Léon Dutil, *L'Etat économique du Languedoc à la fin de l'Ancien Régime* (Paris, 1911); Philippe Wolff, *Commerces et marchands de Toulouse, vers 1350-vers 1450* (Paris, 1954); Michel Chevalier, *La Vie humaine dans les Pyrénées ariégeoises* (Paris, 1956); Gilles Caster, *Le Commerce du pastel et de l'épicerie à Toulouse, 1450-1561* (Toulouse, 1962); E. Le Roy Ladurie, *Les Paysans de Languedoc* (Paris, 1966); Soulet, *Vie quotidienne*; 及 John Mundy, "Village, Town and City in the Region of Toulouse," in J. A. Raftis, ed., *Pathways to Medieval Peasants* (Papers in Mediaeval Studies, 2; Toronto: Pontifical Institute of Mediaeval Studies, 1981), pp. 141–190.

6. Jean Froissart, *Chroniques*, ed. Léon Mirot (Paris, 1931), vol. 12, pp. 21-24, book 3, par., 6. ADHG, C1925; 3E15289, 328^{r}. ADAr, G271; 30J^{2}, Reconnaissance of 1679; 5E6653, 188^{r}-189^{r}, 200^{r-v}; 5E6655, 14^{r}-16^{r}.

7. ADAr, 5E6653, 9^{V}, 96^{r}-97^{r}, 101^{v}-102^{v}, 142^{r-v}, 200^{r-v}; 5E6655, 1^{v}-2^{v}, 8^{r-v}, 32^{r-v}, 98^{r}; 5E6656, 12^{r}; 5E6847, December 17, 1562. 对"加萨勒"合同和这一地区其他所有习俗的讨论，参见 Paul Cayla, *Dictionnaire des institutions, des coutumes, et de la langue enusage dans quelques pays de Languedoc de 1535 à 1648* (Montpellier, 1964)。对勒卡拉及周边地区的讨论，参见 Elisabeth Labrousse, *Pierre Bayle* (The Hague, 1963), ch. 1。

8. 19 世纪的遗嘱来自 ADAr, 5E5335, 6219, 6220, 6221, 6223, 6224, 6653, 6655, 6859, 6860; ADHG, 3E15280, 15983. ADAr, 5E6860, 110^{v}-III^{v}; ACArt, Terrier of 1651. ADAr, 5E6220, October 8, 1542; 5E8169, March 12, 1541/42。

9. ADAr, 5E6223, December 10, 1528; 5E6653, 95^{v}-96^{r}; 5E6860, 12^{r}-13^{v}, 74^{r}-76^{r}.

10. ADAr, 5E6653, 95^{v}-97^{r}, 201^{v}-202^{r}; 5E6846, 34^{v}-36^{v}; 30J^{2}, reconnaissance of 1679; ADHG, B50 (arrêts civils), 678^{v}-679^{v}; B, Insinuations, vol. 6, 96^{v}.

11. ADAr, 5E6653, 1^{r-v}, 96^{v}-97^{r}; 5E6655, 29^{r}, 35^{r}, 158^{v}; 5E6656, 12^{r}, 26^{V}; 5E6837, 126^{r}-127^{v}; 5E6846, 34^{v}-36^{v}; ADHG, 2G134, 2G143; 2G108, p. 263.

12. ADAr, 30J^{2}, Inventaire pour les consuls... d'Artigat, 1639; Reconnaissance of 1679; ADHG, 2G203, no. 1; C1925. ADAr, 5E6860, 12^{r}-13^{v}. ADHG, 2G108, 127^{r}, 151^{r}-152^{r}. F. Pasquier, "Coutumes du Fossat dans le Comté de Foix d'après une charte de 1274," *Annales du Midi*, 9 (1897), 257-322; ADAr, 5E6654.

13. “Coutumes... observées au Pays de Labourd,” p. 482. ADPyA, 1J160, no. 4, January 14, 1550/51, no. 3, June 12, 1559. F. Pasquier, *Donation du fief de Pailhès en 1258* et *documents concernant les seigneurs de cette baronnie au XVIe siècle* (Foix, 1890). ADAr, 2G203, no. 8.

14. Pierre Bec, *Les Interférences linguistiques entre Gascon et Languedocien dans les parlers du Comminges et du Couserans* (Paris, 1968), pp. 74-75. Pasquier, Pailhès, p. 3. Léon Dutil, *La Haute-Garonne et sa région* (Toulouse, 1928), ch. 14. ADHG, 2G108, pp. 261ff. J. Decap, *Le Diocèse de Rieux avant la Révolution* (Foix, 1898). 里厄主教区设置于 1318 年，大革命时期被撤除。

15. Le Sueur, *Historia*, p. 3; *Histoire*, A ii^{r}. Coras, p. 150. ADHG, B, Insinuations, vol. 6, 95^{v}-97^{v}. ACArt, Terrier of 1651, 34^{r}-41^{r}, 209^{r}, 290^{r}, 310^{r}.

16. Veyrin, pp. 43, 263. De Lancre, pp. 42-44. ADPyA, 1J160, no. 45, August 18, 1598; no. 46, January 14, 1620.

17. Coras, pp. 55-56. G. Brunet, *Poésies basques de Bernard Dechepare... d’après l’édition de Bordeaux, 1545* (Bordeaux, 1847). ADGi, 1Bio, 21^{v}-22^{r}, 有关于吕恩和亨戴教区的皇家法文信件；Dravasa, p. 125; ADPyA, 1J160, no. 3, 于尔特比领主家的加斯孔语（1493 年）与法语（1559 年）遗嘱；亨戴与于吕恩的其他家庭都没留下书面遗嘱。ADAr，5E6223（1528 年的法文合同）；5E8169（1541 年 3 月 12 日奥克语婚书）。ADAr, 5E6653, 96^{r}-102^{v}. ADHG, 2G207（派往阿尔蒂加的第一位教师，1687 年 7 月 2 日）。

18. ADAr, 5E6223, December 10, 1528; 5E6653, 95^{v}; 5E6654, 24^{r-v}; 5E6655, 29^{r}; 5E8169, March 12, 1541/42. ACArt, Registre des Manages de la Paroisse d’Artigat, 1632-1649. ADHG, 3E15983, 126^{r}-127^{r}. 我们甚至可以找到一个化名勒巴斯克、名叫皮埃尔·德盖尔的人，在里厄主教区东北许多英里外的沃德勒伊领主家充当佣人（AN，JJ262，245^{v}-247^{v}）。

19. Le Sueur, *Historia,* p. 3; *Histoire*, A ii^{v}.

20. 十七份婚书和两份嫁妆礼单来自 ADAr, 5E5335, 6220, 6653, 6656, 6837, 6838, 8169; ADHG, 3E15280, 15983。这里最昂贵的嫁妆是 50 埃居（écus，大约 150 里弗赫），这是 1542 年给勒马斯—德阿齐的一位鞋匠的。有关该世纪末将土地传给儿子的合同，请比较 1585 年乡村商人勒福萨的让·卡扎尔兹捐助他儿子的例子：在他结婚那天，给了他两块地产，并许诺给他 2000 埃居现金、一座房子和家具 (ADHG, B, Insinuations, vol. 1, 563^{v}-565^{v})。Cayla, pp. 236–237. ADHG, B, Insinuations, vol. 6, 95^{v}-97^{v}.

21. ADHG, 2G108, p. 263. Coras, p. 61. A. Moulis, “Les Fiançailles et le mariage dans les Pyrénées centrales et spécialement dans l’Ariège,” *Bulletin annuel de la société ariégoise des sciences, lettres et arts*, 22 (1966), 74-80.

第二章　不安分的农民

1. Coras, p. 40.

2. ADAr, 5E6654, 37ʳ. 在我考察的从勒马斯—德阿齐到莱兹河谷地区的许多合同中，1561 年之前，我只发现了一个取名马丁的例子，他是圣马丁—德瓦德领主以前的一名佃户 (ADAr, E182, Reconnaissance of 1549, 50ʳ). 。比较而言，在亨戴地区有很多取名马丁、马蒂奈桑和马蒂科的人，ADPyA, 1J160, no. 4, January 14, 1550/51, March 5, 1554/55; no. 45, August 18, 1598。"Proverbes françoys," in *Thresor de la langue francoyse*, p. 23; "L'Ours 'Martin' d'Ariège," *Bulletin annuel de la société ariégoise des sciences, lettres et arts*, 22 (1966), 137-139, 170-172.

3. Coras, pp. 2-4, 40-43, 53, 76. ADHG, B, La Tournelle, vol. 74, May 20, 1560. Hierosme de Monteux, *Commentaire de la conservation de la santé* (Lyon, 1559), pp. 202-203. De Lancre, *Tableau de l'inconstance*, pp. 38, 41, 47; Soulet, *Vie quotidienne*, pp. 228-232, 279. A. Esmein, *Le Mariage en droit canonique* (Paris, 1891), pp. 239-247.

4. G. Doublet, "Un Diocèse pyrénéen sous Louis XIV: La Vie populaire dans la vallée de l'Ariège sous l'épiscopat de F.-E. de Caulet (1645-1680)," *Revue des Pyrénées*, 7 (1895), 379-380; Xavier Ravier, "Le Charivari en Languedoc occidental," in Le Goff and Schmitt, eds., *Le Charivari*, pp. 411-428.

5. Le Sueur, *Historia*, p. 12. Coras, pp. 40, 44.

6. Le Sueur, *Historia*, p. 17. Coras, pp. 145-146.

7. Le Roy Ladurie, *Montaillou*, ch. 7.

8. ADAr, 5E6220, 封面，画有怪异的士兵图；5E6653, 1ᵛ, 95ᵛ-96ʳ; 5E6656, 11ʳ, 50ʳ; 5E6847, December 12, 1562; 5E6860, 110ᵛ-111ᵛ. Roger Doucet, *Les Institutions de la France au XVIᵉ siècle* (Paris, 1948), pp. 632-641. Veyrin, *Les Basques*, p. 138. J. Nadal and E. Giralt, *La Population catalane de 1553 à 1717: L'Immigration française* (Paris, 1960), pp. 67-74, 315.

9. Coras, p. 5. Le Sueur, *Historia*, p. 4. De Lancre, p. 41.

10. ADPyA, 1J160, no. 4, March 5, 1554/55. April 1, 1555. Coras, p. 137.

11. Paul Jacob Hiltpold, "Burgos in the Reign of Philip II: The Ayuntamiento, Economic Crisis and Social Control, 1550-1660" (Ph.D. thesis, University of Texas at Austin, 1981), ch. 2. Henrique Florez, *España Sagrada* (Madrid, 1771), vol. 26, pp. 427-432. Nicolás López Martínez, "El Cardenal Mendoza y la Reforma Tridentina en Burgos," *Hispania Sacra*, 16 (1963), 61-121.

12. Le Sueur, *Historia*, p. 4. Coras, p. 137. E. Lemaire, Henri Courteault et al., *La Guerre de 1557 en Picardie* (Saint-Quentin, 1896), vol. 1, pp. ccxxi-ccxxv, vol. 2, pp. 48, 295.

第三章　贝特朗 · 德罗尔斯的名誉

1. ADAr, 5E6653, 95^{v}-98^{r}; 5E6655, 110^{v}-111^{v}.
2. ADHG, 2G108, 127^{r}. Doublet, "Un Diocèse pyrénéen," pp. 369-371. Coras, p. 44. Henry Institoris and Jacques Sprenger, *Malleus maleficarum*, tr. Montague Summers (London, 1948), p. 55, part I, question 8.
3. Coras, pp. 40–41.
4. ADAr, 5E6654, 29^{r}; 5E6655, 79^{r}; 5E6838, 104^{v}.
5. ADAr, 5E5335, 92^{r-v}, 135^{r}, 282^{v}-283^{r}; 5E6653, 6^{r}; 5E6654, 29^{r}; 5E6655, 6^{r-v}, 106^{v}-107^{r}, 137^{v}-138^{r}; 5E6656, 58^{r}; E182, 26^{r}. ADHG, 3E15280, January 14, 1547/48. Jacques Beauroy, *Vin et société à Bergerac du Moyen Age aux temps modernes* (Stanford French and Italian Studies, 4; Saratoga, Calif., 1976), p. 125.
6. Cayla, Dictionnaire, pp. 54-58, 236. ADAr, 5E6219, July 31, 1540; 5E6653, 3^{r-v}, 54^{v}, 5E6655, 117^{v}. ADHG, 3E15280, January 31, 1547/48; 3E15983, 126^{r}-127^{r}, 322^{r}-334^{v}.
7. ADAr, 5E6846, 34^{v}-36^{v}; ADHG, B50 (arrêts civils), 678^{v}-679^{v}. Le Roy Ladurie, *Montaillou, village occitan*, pp. 286-287. ADAr, 5E6837, 236^{r}-237^{r}; 5E6655, 110^{v}-111^{v}; 5E6847, September 23, 1562. Pasquier, "Coutumes du Fossat," pp. 298-299; Cayla, p. 63.
8. De Lancre, *Tableau de l'inconstance*, pp. 42-44. 关于后来对拉博德女子的描述，参见 G. Olphe-Galliard, *Un Nouveau type particulariste ébauché. Le Paysan basque de Labourd à travers Us âges* (La Science Sociale suivant la méthode d'observation, 20; Paris, 1905), pp. 437-441。
9. Le Sueur, *Historia*, p. 9. ADAr, 5E6223, July 5, 1542; 5E6224, January 6, 1547/48. 截至16 世纪 50 年代末，马丁 · 盖尔的家产和这些家产八年的收益估计是 7000—8000 里弗赫 (Coras, p. 29)。
10. Coras, pp. 5-7, 25; Jean de Coras, *Opera omnia* (Wittenberg, 1603), vol. 1, pp. 730-731. Jean Dauvillier, *Le Manage dans le droit classique de l'Eglise* (Paris, 1933), pp. 304-307. Bernard de La Roche-Flavin, *Arrests Notables du Parlement de Tolose* (Lyon, 1619), pp. 601-602.
11. Coras, p. 46.
12. ADHG, B38 (arrêts civils), 60^{v}-61^{r}; B47 (arrêts civils), 487^{r}; 2G241.
13. Coras, pp. 1, 5, 7.

第四章　阿诺 · 迪蒂尔的面具

1. Coras, pp. 8, 151. François de Belieferest, *La Cosmographie universelle de tout*

le monde... Auteur en partie Munster... augmentée... par François de Belle-forest Comingeois (Paris: Michel Sonnius, 1575). pp. 368-372.

2. ADHG, B78 (arrêts civils), 3^{r}-4^{r}; IADHG, BB58, ff. 220, 214. Charles Higounet, *Le Comté de Comminges de ses origines à son annexion à la couronne* (Toulouse, 1949), vol. 1, pp. 277, 292. ADGe, 3E1570, July 10, 1557; 3E1569, July 27, 1552.

3. Higounet, pp. 512ff.; Wolff, *Commerces et marchands de Toulouse*, carte 12. ADGe, 3E1569, December 19, 1551; 3E1570, April 7 and July 4, 1557. ADHG, 4E2016, 4E1568, 2E2403. Georges Couarraze, *Au pays du Savès: Lombez évêché rural, 1317–1801* (Lombez, 1973).

4. ADGe, G332, 47^{r}-48^{r}; 3E1570, April 21, 1557. Coras, pp. 97, 151.

5. Coras, pp. 52, 54. ADGe, G332, $47bis^{r-v}$.

6. Coras, pp. 56-57, 77, 97. Leah Otis, "Une Contribution à l'étude du blasphème au bas Moyen Age," in *Diritto comune e diritti locali nella storia dell' Europa. Atti del Convegno di Varenna, 12–15 giugno 1979* (Milan, 1980), pp. 213-223. IADHG, B1900, f. 118, B1901, f. 143 (royal ordinances on blasphemy of 1493, 1523).

7. Raymond de Beccane de Pavie, Sieur de Fourquevaux, *The Instructions sur le Faict de la Guerre*, ed. G. Dickinson (London, 1954), pp. xxix-xxxii. ADGe, 3E1571, April 16, 1558, and passim. Coras, pp. 53, 57, 144. Yves-Marie Bercé, "Les Gascons à Paris aux XVIe et XVIIe siècles," *Bulletin de la société de l'histoire de Paris et de l'Ile-de-France*, 106 (1979), 23-29.

8. Coras, pp. 8-11, 38-39, 144.

9. *Le Grand Calendrier et compost des Bergers avec leur astrologie* (Troyes: Jean Lecoq, 154[1]), M i^{r}-M iii^{r}.

10. Coras, p. 53.

11. Le Sueur, *Historia,* p. 13; *Histoire,* C ivv. Coras, pp. 144-146. François de Rabutin, *Commentaires des dernieres guerres en la Gaule Belgique, entre Henry second du nom, très-chrestien Roy de France et Charles Cinquiesme, Empereur, et Philippe son fils, Roy d'Espaigne (1574)*, books 4-5 in *Nouvelle Collection des Mémoires pour servir à l'histoire de France,* ed. Michaud and Poujoulat (Paris, 1838), vol. 7.

12. Coras, pp. 145-147; Le Sueur, *Historia,* p. 22.

13. ADGe, 3E1569, December 19, 1551.

14. Bibliothèque Nationale, Département des Estampes, *Inventaire du fonds français. Graveurs du seizième siècle*, vol. 2, L-W by Jean Adhémar, p. 273: "L'Histoire des Trols Frères." ADR, BP443, 37^{r}-39^{v}. 294^{v}-296^{r}.

第五章　私定的婚姻

1. Le Sueur, *Historia*, pp. 5-7; *Histoire,* B i^{v}-B ii^{v}. Coras, p. 63.

2. Mark Snyder and Seymour Uranowitz, "Reconstructing the Past: Some Cognitive Consequences of Person Perception," *Journal of Personality and Social Psychology,* 36 (1978), 941-950. Mark Snyder and Nancy Cantor, "Testing Hypotheses about Other People: The Use of Historical Knowledge," *Journal of Experimental Psychology*, 15 (1979), 330-342.

3. Etienne Pasquier, *Les Recherches de la France* (Paris: L. Sonnius, 1621), pp. 571-572.

4. Coras, p. 25; Le Sueur, *Historia,* p. 7.

5. Coras, pp. 68, 34, 65-66. Le Sueur, *Histoire*, C i^{v}, C iii^{r}.

6. Coras, p. 149. Le Roy Ladurie, *Montaillou, village occitan*, p. 275, n. 1.

7. Sheehan, "The Formation and Stability of Marriage," pp. 228-263. J. M. Turlan, "Recherches sur le mariage dans la pratique coutumière (XIIe-XVIe s.)," *Revue historique de droit français et étranger*, 35 (1957), 503-516. Beatrice Gottlieb, "The Meaning of Clandestine Marriage," in Robert Wheaton and Tamara K. Hareven, eds., *Family and Sexuality in French History* (Philadelphia, 1980), pp. 49-83.

8. Jean-Jacques de Lescazes, *Le Memorial historique, contenant la narration des troubles et ce qui est arrivé diversement de plus remarquable dans le Païs de Foix et Diocese de Pamies* (Toulouse, 1644), chs. 12-16. Jean Crespin, *Histoire des Martyrs persécutez et mis à mort pour la Vérité de l'Evangile* (Toulouse, 1885-1889), vol. 1, p. 457, vol. 3, pp. 646-649. J. Lestrade, *Les Huguenots dans le diocèse de Rieux* (Paris, 1904), pp. 4, 10, 29-30. J. M. Vidal, *Schisme et hérésie au diocèse de Pamiers, 1467-1626* (Paris, 1931), pp. 147-169. Raymond Mentzer, "Heresy Proceedings in Languedoc, 1500-1560" (Ph. D. thesis, University of Wisconsin, 1973), ch. 12. Labrousse, Pierre Bayle, pp. 6-8. Alice Wemyss, *Les Protestants du Mas-d'Azil* (Toulouse, 1961), pp. 17-25. Paul-F. Geisendorf, *Livres des habitants de Genève, 1549-1560* (Geneva, 1957-1963), vol. 1, pp. 9, 13. ADAr, 5E6654, 5^{r}, 16^{v}, 29^{r}. ADHG, 2G108, 127^{r}-130^{v}; B422 (arrêts civils), October 22, 1620.

9. ADHG, B33 (arrêts civils), 156^{v}-157^{r}; B38 (arrêts civils), 60^{r}-61^{r}; B47 (arrêts civils), 487^{r}; ADAr, 5E6655, 14^{r}-16^{r}.

10. ACArt, Terrier of 1651, 137^{r}-139^{v}. "Memoire des personnes decedees en la ville du Caria en Foix ou en sa Jurisdiction commance le vingt et deusiesme octobre 1642," 10^{r}, 12^{v}, 13^{r}, 13^{v}（1637-1685 年担任勒卡拉新教牧师的让·培尔所作的记录。伊莉莎白·拉布鲁斯存有复本）。

11. Couarraze, *Lombez*, p. 122. ADHG, B, La Tournelle, vol. 74, May 20, 1560.

12. Le Sueur, *Historia*, pp. 16, 21-22. Coras, p. 160.

13. "Projet d'ordonnance sur les mariages, 10 novembre 1545," in Jean Calvin, *Opera quae supersunt omnia*, ed. G. Baum, E. Cunitz, and E. Reuss (Brunswick, 1863-1880), vol. 38, pp. 41-44.

第六章　争执

1. Coras, p. 61. ADHG, B, La Tournelle, vol. 74, May 20, 1560.

2. Le Roy Ladurie, *Les Paysans de Languedoc*, vol. 1, pp. 302-309. ADAr, 5E6655, 8^{r-v}, 98^{r}; 5E6656, 12^{r}, 26^{r}, 29^{r}, 58^{r}; 5E6653, 79^{v}, 200^{r-v}. ADHG, 2G143, 2G134, Arrentements des benefices du diocèse de Rieux. Coras, pp. 150-152.

3. Le Sueur, *Historia*, p. 7; *Histoire*, B iii^{r}. Coras, pp. 22-23.

4. Coras, pp. 33-34. "Coutumes... observées au Pays de Labourd," pp. 467-468. ADAr, 5E6653, 3^{r-v}, 112^{r-v}; 5E6656, 11^{r}.

5. Coras, pp. 12, 47, 53. De Lancre, *Tableau de l'inconstance*, p. 41.

6. Coras, pp. 53, 62, 66-67. 至于贝特朗的兄弟，这次审判结束后不久，阿尔蒂加的文献提到佩伊 · 罗尔斯，化名为科隆伯，已故安德勒和巴泰勒米父子的继承人，还有另一个罗尔斯，名字的字头是 A（该页其他部分已破损），出现于皮埃尔 · 盖尔的随从人员中 (ADAr, 5E6653, 95^{v}-98^{r})。可以设想，从我们当代的意义上说，皮埃尔 · 盖尔的其中一个"女婿"是个继子 [在科拉斯的文本中，女婿 (gendre) 和前夫之子 (beaufils) 两词是交叉使用的]。在这种情况下，贝特朗的兄弟可能与她的母亲和继父站在一起，反对她和新马丁。另一种可能是，贝特朗的兄弟在 1559—1560 年也许根本就在其他地方。

7. Le Sueur, Historia, p. 7. Coras, pp. 46, 53, 61-62. Le Roy Ladurie, *Montaillou, village occitan*, ch. 3. 各种行为表明，邦克伊和博埃里两家关系密切 (ADAr, 5E6653, 95^{v}-96^{r}, 186^{r-v})。我们并不那么经常发现洛泽家和邦克伊家在一起，但雅姆 · 洛兹的搭档雅姆 · 德吕尔作为中间人出现于让 · 邦克伊的租马合同中 (ADAr, 5E6653, 200^{r-v})。

8. Coras, p. 54. Le Sueur, *Historia*, p. 8.

9. Coras, p. 21.

10. Le Sueur, *Historia,* p. 8; Coras, p. 68. ADAr, 5E6860, 12^{r}-13^{v}; 5E6837, 188^{v}-189^{v}. ADHG, 2G143, 1550; B37 (arrêts civils), 68^{r}. 在图卢兹司法总管辖区法院，负责这场纵火案的刑事长官是让 · 罗雄，他曾担任过法官和巴黎造币厂的军官，他不可能是一个莱兹河谷小贵族可以支配的人 (IADHG, B1905, f. 125)。

11. 这是基于我对新马丁在 1559/1560 年的辩词的诠释，他称贝特朗处于"该皮埃尔 · 盖尔的权力控制之下，住在他的家里"(Coras, pp. 37, 45, 67)。 中间提到两处属于盖尔家的房子："马丁 · 盖尔家"(ADHG, B76, La Tournelle, September 12, 1560; Coras, p. 129; Le Sueur, *Historia*, p. 19) 和"皮埃尔 · 盖尔家"(ADAr, 5E6653,

96r-98r)。我设想这些是独立但紧挨着的房子［参见 1594 年 (ADHG, Insinuations, vol. 6, 95v-97v) 和 1651 年 (ACArt, terrier) 盖尔土地分布］，按照根深蒂固的巴斯克习俗，已婚夫妇只有在仅有一个财产继承人时才会住在同一个屋檐下。因此，马丁·盖尔与贝特朗和老桑克西住在一起；而皮埃尔·盖尔会和他选中的女继承人及其丈夫和他自己尚未出嫁的女儿住在一起。新马丁会单独住入以前属于老桑克西、现在传给继承人的房子。当然，不管这些习俗如何，新马丁在 1556—1559 年间和皮埃尔·盖尔住在一起的可能性总还是存在的。人们能够想象在争执期间家中的气氛会是如何。

12. Le Sueur, *Historia*, p. 8; *Histoire,* B iiir-v. Coras, pp. 68, 86.

13. Coras, pp. 53-54.

14. Coras, pp. 69-70. ADAr, 5E6653, ff. 96r-97r. Jean Imbert, *Institutions Forenses, ou practique iudiciaire... par M. Ian Imbert Lieutenant criminel du siege royal de Fontenai Lecomte* (Poitiers: Enguilbert de Marnef, 1563), p. 439.

15. Coras, pp. 68-69.

16. 对谎言的讨论，参见《代达罗斯》名为 “Hypocrisy, Illusion and Evasion” (Summer 1979) 的专号和 “Special Issue on Lying and Deception,” *Berkshire Review,* 15 (1980)。

17. Coras, p. 19; Jean Benedicti, *La Somme des Péchez* (Paris, 1595), pp. 151-152.

18. Coras, pp. 69-70, 1, 28.

第七章　里厄审判

1. ADHG, 3E15289, 46r-47r. ADAr, 5E6653, 96r-98r; 5E6655, 29r, 79r.

2. André Viala, *Le Parlement de Toulouse et l'administration royale laïque, 1420-1525 environ* (Albi, 1953), vol. 1, p. 143. IADHG, BI, f. 37; B. 47, f. 805; B58, f. 638; B66, ff. 290, 294; Lastrade, *Les Huguenots*, p. 1.

3. Coras, pp. 28-29, 85; Imbert, *Practique iudiciaire*, pp. 420-421.

4. 对 16 世纪法国刑事审判的讨论，参见 Imbert, *Practique iudiciaire*, 本书是在一位刑事长官的经历的基础上写成的；Pierre Lizet, *Brieve et succincte maniere de proceder tant à l'institution et decision des causes criminelles que civiles et forme d'informer en icelles* (Paris: Vincent Sertenas, 1555), 这是由巴黎最高法院的一位成员撰写的；A. Esmein, *Histoire de la procédure criminelle en France* (Paris, 1882); Bernard Schnapper, "La Justice criminelle rendue par le Parlement de Paris sous le règne de François Ier," *Revue historique du droit français et étranger*, 152 (1974), 252-284; John H. Langbein, *Prosecuting Crime in the Renaissance* (Cambridge, Mass., 1974); Soman, "Criminal Jurisprudence in Ancien-Régime France: The Parlement of Paris in the Sixteenth and Seventeenth Centuries," in *Crime and Criminal Justice in Europe and Canada*, ed. Louis A. Knafla (Waterloo, Ontario, 1981), pp. 43-74. 艾尔弗莱德·索曼的文章经修改和大

幅度扩充后，以“La Justice criminelle au XVIe-XVIIe siècles: Le Parlement de Paris et les sièges subalternes”为题发表于 *Actes du 107e Congrès national des Sociétés Savantes* (Brest, 1982). *Section de Philologie et d'Histoire jusqu'à 1610*。

5. Coras, pp. 38-46. Imbert, pp. 439-474; Lizet, 2^v-26^v. Yves Castan, *Honnêteté et relations sociales en Languedoc, 1715-1780* (Paris, 1974), pp. 94-96.

6. Coras, pp. 46-47, 50-53, 58-61, 63.

7. Nicole Castan, “La Criminalité familiale dans le ressort du Parlement de Toulouse, 1690-1730,” in A. Abbiateci et al., *Crimes et criminalité en France, XVIIe-XVIIIe siècles* (Cahiers des Annales, 33; Paris, 1971), pp. 91-107.

8. Coras, pp. 21, 40, 44. Le Sueur, *Historia*, pp. 12-13; *Histoire*, C iii^v-C iv^r.

9. Coras, pp. 37, 65-66. Le Sueur, *Historia*, p. 10; *Histoire*, C i^v.

10. Coras, pp. 38-39, 73.

11. *Recueil Général des anciennes lois françaises*, ed. Isambert et al. (Paris, 1822-1833), vol. 12, p. 633: “Ordonnance sur le fait de la justice,” August 1539, no. 162. Langbein, p. 236. Soman, “Criminal Jurisprudence,” pp. 60-61, and his forthcoming “Justice criminelle.”

12. Coras, p. 29.

13. Imbert, p. 478. Coras, p. 54. Jean Imbert and Georges Levasseur, *Le Pouvoir, les juges et les bourreaux* (Paris, 1972), pp. 172-175. 在 1510—1560 年上诉到图卢兹最高法院的 1069 桩异端案中，雷蒙德 · 门策发现，下令拷打的案子共有 27 桩（2%—3%）；Raymond A. Mentzer, Jr., “Calvinist Propaganda and the Parlement of Toulouse,” *Archive for Reformation History*, 68 (1977), 280。根据自己对两个年份的统计，施纳佩尔发现巴黎最高法院判决的刑事案件中，16.8% 涉及下令拷打的情况（“La Justice criminelle,” table 5, pp. 263-265）。根据对 1539—1542 年和 1609—1610 年上诉到巴黎最高法院的除异端之外所有犯罪的更多样本的统计，艾尔弗雷德 · 索曼发现，在前一个阶段，共 20.4% 上诉人遭到了拷问，而在第二个时段共有 5.2%。对诈骗罪、伪证罪和伪造罪，百分比在 1539—1542 年比平均值更高，在 1609—1610 年是零。在 1539—1542 年拷打的 125 个案子中，70 个案子的结果是清楚的：6 个人坦白了；Soman, “Criminal Jurisprudence,” table 6 and p. 54, and his forthcoming “Justice criminelle,” table 7。对拷打的综合研究，参见 John H. Langbein, *Torture and the Law of Proof: Europe and England in the Ancien Régime* (Chicago, 1977)。

14. Coras, pp. 28, 47-48. ADR, BP443, 37^r-39^r.

15. Coras, p. 47. Imbert, *Practique iudiciaire*, pp. 504-506. ADHG, B, La Tournelle, vol. 74, April 30, 1560.

第八章　图卢兹审判

1. 对图卢兹最高法院的讨论，参见 Viala, *Parlement de Toulouse*; B. Bennassar and B. Tollon, "Le Parlement," in *Histoire de Toulouse*, ed. Philippe Wolff (Toulouse, 1974), pp. 236-245; and Bernard de La Roche-Flavin（长期在图卢兹最高法院任职的法官）, *Treize livres des Parlemens de France* (Geneva, 1621)。ADHG, B, La Tournelle, vol. 74, April 27 and May 20, 1560. Jean de Coras, *De acqui, possessione Paraphrasis* (Lyon: Michel Parmentier, 1542), A ii^{r}; *De Ritu Nuptiarum*, dedication, pp. 205-206, in *De Servitutibus Commentarti* (Lyon: Dominique de Portunariis, 1548); *De verborum obligationibus Scholia* (Lyon: Guillaume Rouillé, 1550), 扉页。
2. La Roche-Flavin, *Parlemens de France*, pp. 34-35, 54. IADHG, B43, f. 707; B51, f. 2; B32, f. 219; B57, f. 466; B55, f. 415; B57, ff. 70, 73; B56, ff. 556-557, 561; B67, ff. 478-479. Mentzer, "Calvinist Propaganda and the Parlement of Toulouse," pp. 268-283. Joan Davies, "Persecution and Protestantism: Toulouse, 1562-1575," *Historical Journal,* 22 (1979), 49.
3. IADHG, B19, f. 8. Coras, p. 1. Le Sueur, *Historia,* p. 16. La Roche-Flavin, *Parlemens de France,* pp. 753-755. ADHG, B, La Tournelle, vol. 74, April 30, 1560.
4. La Roche-Flavin, *Parlemens de France*, p. 260. Viala, pp. 381-385. ADHG, B, La Tournelle, vol. 72, January 29, 1559/60; vol. 73, March 15, 1559/60; vol. 74, February 1, 1559/60, May 31, August 23, 1560.
5. Le Sueur, *Historia,* pp. 11-12; *Histoire*, C ii^{r}-C iii^{r}. Coras, p. 47. IADHG, B1900, f. 256. ADHG, B, La Tournelle, vol. 74, May 20, 1560. La Roche-Flavin, *Parlemens de France*, p. 250.
6. Coras, p. 39.
7. Coras, pp. 48, 51, 73. ADHG, B, La Tournelle, vol. 74, May 20, 1560.
8. 比方说，科拉斯在以下对异端的判决中不在场：January 29, 1559/60 (B, La Tournelle, vol. 72), on February 1, 1559/60, or on March 1, 1559/60 (ibid., vol. 73), 尽管在这些天的前一天和次日他都在场。
9. Coras, pp. 48-56, 72-74, 76-77. Imbert and Levasseur, *Le Pouvoir*, pp. 163-169. Soman, "Criminal Jurisprudence," pp. 55-56, and his forthcoming "Justice criminelle."
10. Coras, pp. 34-35, 47, 59, 68-70, 85.
11. Coras, pp. 33-36, 62, 69-70. Le Sueur, *Historia*, p. 14.
12. Coras, pp. 59-60, 71-72, 75-79.
13. Coras, p. 87.

第九章　马丁 · 盖尔归来

1. Le Sueur, *Historia*, p. 4; *Histoire*, A iii^r. 对西班牙军队随军医生在佛兰德斯的相对成功的讨论，参见 Geoffrey Parker, *The Army of Flanders and the Spanish Road*, 1567-1659 (Cambridge, Eng., 1972), p. 168。 17 世纪，专门在比利时为断肢的士兵修建了一座特别的房子。 L. P. Wright, "The Military Orders in Sixteenth and Seventeenth-Century Spanish Society," *Past and Present*, 43 (May 1969), 66.

2. Le Sueur, *Historia*, p. 15. Martin Fernandez Navarreta et al., *Colección de Documentos Inéditos para la historia de España* (Madrid, 1843), vol. 3, pp. 418-447. 不能小看因叛乱被处决的危险：1555 年，一位叫马丁 · 德盖尔的人将信件从西班牙取道贝约纳，送到"对我们（国王）和共和国非常不利的"鲁汶的西班牙商人手中，他因此在鲁汶被绞死 (AN, JJ263^a, 271^r-272^r)。这个马丁 · 德盖尔与我们的马丁 · 盖尔的关系——如果存在的话——目前尚不知晓。

3. Viala, *Parlement*, p. 409. M. A. Du Bourg, *Histoire du grand-prieuré de Toulouse et des diverses possessions de l'ordre de Saint-Jean de Jérusalem dans le sud-ouest de la France* (Toulouse, 1883), ch. 5.

4. Coras, pp. 88-89. Le Sueur, *Historia*, p. 15; *Histoire*, D ii^r.

5. Coras, pp. 89-90, 149. Le Sueur, *Historia*, p. 17; *Histoire*, D iii^v-D iv^r. 其中一个隐秘的问题是马丁 · 盖尔行坚信礼的细节。由于某种原因，这是在帕米埃，而不是主教驻地里厄或是主教的副手巡视至阿尔蒂加时举行的。这一地区一些村子同时属于里厄民事主教区和帕米埃宗教主教区，但阿尔蒂加两者都不是；C. Barrière-Flavy, "Le Diocèse de Pamiers au seizième siècle, d'après les procès-verbaux de 1551," *Revue des Pyrénées*, 4 (1894), 85-106。也许法官们认为这是个测试囚犯的极佳问题，但他还是答对了。

6. Coras, pp. 97-99. Le Sueur, *Historia*, pp. 15-16; *Histoire*, D ii^r-v^. Imbert and Levasseur, Le Pouvoir, pp. 166-167. B. Schnapper, "Testes inhabiles: Les Témoins reprochables dans l'ancien droit pénal," *Tijdschrift voor Rechtsgeschiedenis*, 33 (1965), 594-604.

7. ADHG, B, La Tournelle, vol. 73, March 2 and 5, 1559/60; vol. 76, September 6, 1560. Le Sueur, *Historia*, p. 16.

8. Coras, pp. 98-107. Le Sueur, *Historia*, pp. 16-17; *Histoire*, D ii^v-D iii^r.

9. 这些是最高法院记录中的原话。 ADHG, B, La Tournelle, 76, September 12, 1560.

10. Schnapper, "La Justice criminelle," table 4; "Les Peines arbitraires du XIIIe au XVIIIe siècle," *Tijdschrift voor Rechtsgeschiedenis*, 42 (1974), 93-100. Soman, "Criminal Jurisprudence," pp. 50-54. Coras, pp. 111-112. Isambert, *Recueil général des anciennes lois*, vol. 12, pp. 357-358. A. Carpentier and G. Frerejouan de Saint, *Répertoire général alphabétique du droit français* (Paris, 1901), vol. 22, "Faux." Hélène Michaud, La Grand Chancellerie et les écritures royales au 16e siècle (Paris, 1967), pp. 356-357. AN,

X^{2a}119, June 15, 1557; X^{2a}914, June 15, 1557. ADR, BP443, 294^{v}-296^{r}.

11. Coras, pp. 11, 118-123. La Roche-Flavin, *Arrests notables du Parlement de Tolose*, p. 14.

12. Coras, pp. 24, 26-27, 109, 132-134. Imbert, *Practique iudiciaire*, pp. 488-490.

13. ADHG, B, La Tournelle, vol. 72, January 29, 1559/60. Imbert, *Practique iudiciaire*, p. 516. Imbert and Levasseur, *Le Pouvoir*, p. 175.

14. Coras, pp. 135-142.

15. Le Sueur, *Historia*, p. 18; *Histoire*, D iv^{v}-E i^{r}. Coras, p. 128.

16. Le Sueur, *Historia*, p. 19; *Histoire*, E i^{v}. E. Telle, "Montaigne et le procès Martin Guerre," *Bibliothèque d'humanisme et renaissance*, 37 (1975), 387-419. 原则上说，在刑事案中，只有宣布判决是对公众开放的；如果蒙田见证了任何之前的过程，那便违反了法庭规章。

17. Coras, pp. 144-160. Le Sueur, *Historia*, pp. 20-22; *Histoire*, E ii^{r-v}.

第十章　讲故事的人

1. Coras, p. 78.

2. Le Sueur, *Historia,* title page and p. 22. Louis-Eugène de la Gorgue-Rosny, *Recherches généalogiques sur les comtés de Ponthieu, de Boulogne, de Guines et pays circonvoisins* (Paris, 1874-1877), vol. 3, pp. 1399-1400. ADPC, 9B24, 120^{r}-121^{v}. A. d'Haultefeuille and L. Bénard, *Histoire de Boulogne-sur-Mer* (Boulogne-sur-Mer, 1866), vol. 1, pp. 314-315, 377. *Dictionnaire historique et archéologique du département du Pas-de-Calais. Arrondissement de Boulogne* (Arras, 1882), vol. 1, pp. 267-269. *Les Bibliothèques françpises de La Croix du Maine et Du Verdier* (Paris, 1772), vol. 1, p. 349. *Liber qui vulgo Tertius Maccabaeorum inscribitur, Latin versibus à Graeca oratione expressus, A Gulielmo Sudorio, Caesarum apud Boloniens. Belg. patrono* (Paris: Robert II Estienne, 1566), dedication to Michel de L'Hôpital. *Anti-quitez de Boulongne-sur-mer par Guillaume Le Sueur, 1596,* ed. E. Deseille, in *Mémoires de la société académique de l'arrondissement de Boulogne-sur-Mer,* 9, (1878-79), 1-212.

3. *Ioannis Corasii Tolosatis, Iurisconsulti Clarissimi, in Nobilissimum Titulum Pandectarum, De verbor. obligationibus, Scholia* (Lyon: Guillaume Rouillé, 1550). *Ioannis Corasii... vita: per Antonium Usilium... in schola Monspeliensi iuris civilis professorem, edita. 1559, in Jean de Coras, De iuris Arte libellus* (Lyon: Antoine Vincent, 1560). 在 1535 年 5 月 22 日从帕多瓦发给图卢兹最高法院第一庭长雅克 · 德米尼的一封信中，科拉斯本人报道了他年轻时的学术成就；它放在它的 *Miscellaneorum Iuris Civilis, Libri Sex* (Lyon: G. Rouillé, 1552) 的书后，同一百个判决印在一起。Coras, p. 56. Henri de Mesmes, *Mémoires inédites*, ed. E. Frémy (Paris, n.d.), pp. 139-

140, 143；科拉斯是德梅姆在图卢兹的教授之一。Jacques Gaches, *Mémoires sur les Guerres de Religion à Castres at dans le Languedoc, 1555-1610*, ed. C. Pradel (Paris, 1879), p. 117, n. 1. Jean de Coras, *Opera quae haberi possunt omnia* (Wittenberg, 1603), vol. 2, p. 892. 人文主义法官、图卢兹前教授让·德布瓦松也谈到科拉斯作为讲师的荣耀；Gatien Arnoult, "Cinq letters de Boysonné à Jean de Coras," *Revue historique de Tarn*, 3, (1880-1881), 180-185。

4. ADHG, B37 (arrêts civils), July 12, 1544. 科拉斯的母亲在这里的名字是让娜；于里西斯报道的是卡特琳。Jean de Coras, *In Titulum Codicis lustiniani, De Iure Emphyteutico* (Lyon: Guillaume Rouillé, 1550), verso of title page: "Domino Ioanni Corasio patri suo observandissimo, Ioannes Corasius filius S. D.," dated Lyon, September 1549.

5. Coras, *Opera omnia*, vol. 1, pp. 549, 690. Archives Municipales de Toulouse, AA103[v]; ADHG, 3E12004, 56[r] (references kindly provided by Barbara B. Davis).

6. Marcel Fournier, "Cujas, Corras, Pacius. Trols conduites de professeurs de droit par les villes de Montpellier et Valence au seizième siècle," *Revue des Pyrénées*, 2 (1890), 328-334. Jean de Coras, *De Impuberum... Commentarii* (Toulouse: Guy Boudeville, 1541)；图卢兹市立图书馆那个版本第 168 页边上写着"典型的科拉斯风格"。这本著作是献给巴黎最高法院庭长让·贝特朗的；《论财产的获取》(*De acqui. possessione*) 是在 1541 年献给芒森克尔的。献给沙蒂永红衣主教的时间是 1548 年，献给洛林红衣主教的时间是 1549 年。Coras, *Opera Omnia*, vol. 1, pp. 22, 162, 191, 225.

7. Usilis, "Vita." IADHG, B46, f. 172.

8. ADHG, E916. 这些信的一部分曾由 Charles Pradel 发表于 *Lettres de Coras, celles de sa femme, de son fils et de ses amis* (Albi, 1880), F. Neubert, "Zur problematik französicher Renaissancebriefe," *Bibliothèque d'humanisme et renaissance*, 26 (1964), 28-54 对其进行了研究。Geches, *Mémoires*, p. 120, n. 2. 科拉斯是在 1557 年 6 月娶雅凯的，结婚那天，他写了篇感情洋溢的献词给雅凯的叔父安托万·德圣保罗，"maître des requêtes ordinaires de l'hôtel du roi," the uncle of Jacquette (Opera omnia, vol. 2, p. 894)。Pradel, *Lettres*, p. 13, n. 1; p. 32, n. 1. IADHG, B75, f. 167.

9. *Lettres de Coras*, pp. 10, 12-13, 15, 20-21, 26-28, 35-36. ADHG, Letters of April 10, July 12 and December 8, 1567.

10. Jean de Coras, *In Universam sacerdotiorum materiam... paraphrasis* (Paris: Arnaud 1'Angelier, 1549), chapter on the Pope. Coras, *Des Mariages clandestinement et irreveremment contractes par les en fans de famille au deceu ou contre le gré, vouloir et consentement de leurs Peres et Meres, petit discours... A trêcretien... prince Henri deuxieme ... Roy de France* (Toulouse: Pierre du Puis, 1557), p. 92.

11. *Des mariages clandestinement... contractes, dedication to Henri II. Altercacion en forme de Dialogue de l'Empereur Adrian et du Philosophe Epictéte... rendu de Latin en François par monsieur maître lean de Coras* (Toulouse: Antoine André, 1558)；九

年特权发布的时间是 1557/1558 年 4 月 4 日。*De iuris Arte libellus* (Lyon: Antoine Vincent, 1560). 这部著作和让·德科拉斯的法学思想是 A. London Fell, Jr., *Origins of Legislative Sovereignty and the Legislative State* (Königstein and Cambridge, Mass., 1983) 的主题。

12. Jean de Coras, *Remonstrance Discourue par Monsieur Mais tre Jean de Coras, Conseiller du Roy au Parlement de Tolose: sur l'installation par luy faicte de Messire Honorat de Martins et de Grille en l'es tat de Seneschal de Beaucaire, Le 4 Novembre 1566 à Nymes* (Lyon: Guillaume Rouillé, 1567), pp. 17-19. G. Bosquet, *Histoire sur les troubles Advenus en la ville de Tolose l'an* 1562 (Toulouse, 1595), p. 157. ADHG, B56 (arrêts civils), 557[v]-558[r]. Germain La Faille, *Annales de la ville de Toulouse* (Toulouse, 1687-1701), vol. 2, pp. 220, 261. 也请参阅本书第 12 章，尤其是注 2。*Lettres de Coras,* p. 13.

13. Le Sueur, *Historia*, p. 12. Coras p. 64.

14. Coras, p. 87. Le Sueur, *Historia*, p. 14.

15. Coras, *Altercacion*, pp. 59-63.

16. Coras, p. 12; Le Sueur, *Historia*, p. 18; *Histoire*, D iv[r]. Stephen Greenblatt, *Renaissance Self-Fashioning: From More to Shakespeare* (Chicago, 1980). 从某种程度上不同的方法进行的讨论，参见 Norbert Elias, *The Civilizing Process: The Development of Manners*, tr. E. Jephcott (New York, 1977). Michel de Montaigne, *Oeuvres complètes, ed. Albert Thibaudet and Maurice Rat* (Bibliothèque de la Pléiade; Paris, 1962), book 2, ch. 18: "Du démentir."

第十一章　离奇的故事，悲惨的故事

1. *Admiranda historia,* verso of title page. *Histoire Admirable d'un Faux et Supposé Mary,* E iii[v]，塞特纳斯的六年特许证的时间是 1560/1561 年 1 月 25 日。Jean-Pierre Seguin, *L'Information en France avant le périodique. 517 Canards imprimés entre 1529 et 1631* (Paris, n.d.); *L'Information en France de Louis XII à Henri II* (Geneva, 1961).

2. E. Droz, "Antoine Vincent: La Propagande protestante par le Psautier," in *Aspects de la propagande religieuse, études publiées par G. Berthoud et al.* (Geneva, 1957), pp. 276-293. N. Z. Davis, "Le Monde de l'imprimerie humaniste: Lyon," in *Histoire de l'édition française*, ed. Henri-Jean Martin and Roger Chartier (Paris, 1982), vol. 1, pp. 255-277.

3. Seguin, *L'Information... de Louis XII à Henri II,* reign of François I: nos. 55, 142; reign of Henri II: no. 29. Jean Papon, *Recueil d'arrestz notables des courts souveraines de France* (Lyon: Jean de Tournes, 1557).

4. Jean Céard, *La Nature et les prodiges: L'Insolite au XVIe siècle en France* (Geneva, 1977), pp. 252-265. Michel Simonin, "Notes sur Pierre Boaistuau," *Bibliothèque*

d'humanisme et renaissance, 38 (1976), 323-333. Seguin, *L'information... de Louis XII à Henri II*, reign of Henri II: no., 22. Pierre Boaistuau, *Histoires prodigieuses les plus mémorables qui ayent esté observées depuis la Nativité de Iesus Christ iusques à nostre siècle* (Paris: Vincent Sertenas, 1560). 1555 年，纪尧姆 · 勒叙厄尔的《奇妙故事》问世前五年，让 · 德图尔内斯出版了朱尔 · 奥布塞康特的《奇事集》(Des prodiges)。Le Sueur, *Histoire*, verso of title page. Coras, pp. 11-12.

5. Coras, p. 1.

6. Coras, pp. 2-7, 40-45, 118-123.

7. Coras, pp. 44-45, 96.

8. 安托万 · 樊尚的诗篇特许证的时间是 1561 年 10 月 19 日。有关让 · 蒙吕克，参见 AN, MM249, 130^{v}-133^{r}, 136^{r-v}, and Vidal, *Schisme et hérésie,* pp. 165-166. "Projet d'ordonnance sur les mariages," in Calvin, *Opera omnia*, vol. 38, pp. 35-44.

9. Coras, *Arrest Memorable* (1561), f.* 2^{r-v}. 我要感谢安妮 · 沙龙提供有关樊尚 · 塞特纳斯与天主教的关系和科拉斯《难忘的判决》的巴黎出版商的情况。

10. Le Sueur, *Historia*, pp. 11, 18. Coras, pp. 90, 108-109, 123-128. ADHG, B, La Tournelle, vol. 74, May 20, 1560; vol. 76, September 12, 1560.

11. Coras, pp. 11-22, 139, 149.

12. *Cent Nouvelles Nouvelles*, conte 35. 比较纳瓦尔的玛格丽特的《七日谈》，第二天，conte. 14（博尼维特爵士冒名顶替一个米兰女子的意大利情人）；第五天，conte 48（两个方济各会修道士冒名顶替佩里戈一个乡村新娘的新丈夫）；莎士比亚的《终成眷属》（海丽娜冒名顶替狄安娜与罗西昂的伯爵贝特拉姆幽会）和《一报还一报》（玛利安娜冒名顶替依莎贝拉与安哲鲁幽会）。在所有这些故事中，受骗的人只是到事情败露后才了解到真相。斯蒂思 · 汤普森没有提到类似于马丁 · 盖尔这种类型的故事；最相似的例子是一个孪生兄弟欺骗他兄弟的妻子的故事；*Motif-Index of Folk Literature* (Bloomington, 1955-1958), K1915-1917, K1311。

13. Vladimir Propp, *Morphologie du conte,* tr. Marguerite Derrida (Paris, 1970).

14. Coras, *Arrest Memorable* (1561), f.** 3^{r-v}, pp. 70-71.

15. Coras, *Arrest Memorable* (Lyon: Antoine Vincent, 1565), pp. 158-178, annotation 104. Coras (1572), f. *ii^{r-v}. Le Sueur, Historia, pp. 4, 11, 22; Histoire, A iii^{r}, C iii^{v}. Henry C. Lancaster, *The French Tragi-Comedy: Its Origin and Development from 1552 to 1628* (Baltimore, 1907); Marvin T. Herrick, *Tragicomedy: Its Origin and Development in Italy, France and England* (Urbana, 1955); Susan Snyder, *The Comic Matrix of Shakespeare's Tragedies* (Princeton, 1979).

16. *Histoires tragiques, Extraktes des oeuvres Italiennes de Bandel, et mises en langue Françoise: Les six premieres, par Pierre Boaistuau... Et les suivantes par François de Belleforest* (Paris, 1580); Richard A. Carr, *Pierre Boaistuau's "Histoires Tragiques" : A Study of Narrative Form and Tragic Vision* (Chapel Hill, 1979); Coras, p. 147.

17. Coras, pp. 107, 138. *Lettres de Coras*, p. 16. 在勒叙厄尔的文本中，没有出现自我塑造的贝特朗形象。

第十二章　论瘸子

1. ADHG, E916, December 8, 1567. 阿塞纳尔图书馆收藏的 1579 年版衬页上的拉丁文题签称，这本书于 1583 年 2 月以 10 苏的价格购得，这是这类书籍的中等价格。
2. ADHG, B56 (arrêts civils), 557^v-558^r; B57, 65^r, 70^r-73^v; B67, 478^v-479^r. IADHG, B64, f. 69; B62, f. 73; B68, f. 449. Archives Municipales de Toulouse, GG826, deposition of May 26, 1562（感谢琼·戴维斯提供这一线索）。[Jean de Coras?], *Les Iniquitez, Abus, Nullitez, Iniustices, oppressions et Tyrannies de l'Arrest donné au Parlement de Toloze, contre les Conseillers de la Religion*, February 1568, in *Histoire de Nostre Temps, Contenant un Recueil des Choses Memorables passées et publibes pour le faict de la Religion et estat de la France, depuis l'Edict de pacification du 23 iour de Mars 1568 iusques au iour present. Imprimé Nouvellement. Mil D. LXX* [La Rochelle: Barthélémy Berton], pp. 321-354. E. Droz, *Barthélémy Berton, 1563-1573* (*L'Imprimerieà La Rochelle,* 1; Geneva, 1960), pp. 98-106. J. de Galle, "Le Conseil de la Reine de Navarre à La Rochelle... 1569-70," *Bulletin de la société de l'histoire du protestantisme français*, 2 (1855), 123-137. *Lettres de Coras*, pp. 23-28. Jacques Gaches, *Mémoires*, pp. 75, 117-120, 193, 417-418. 被民众杀死的第三位法官是安托万第一·德拉克热，他是安托万第二·德拉克热的哥哥，科拉斯女儿让娜的丈夫。
3. 对这些版本的讨论，参阅我的参考文献。国家图书馆收藏的 1576 年法兰克福刊行的拉丁文版（F32609）上有 17 世纪英国收藏家凯内尔姆·迪格比的签名。
4. 律师拥有《难忘的判决》一书的例子：1561, Bibliothèque Municipale de Lille; Lyon, 1565, Bibliothèque Municipale de Poitiers. 和《秘密婚姻法注疏》合订的例子：Paris, 1572: Bibliothèque Nationale (F32604); Bibliothèque Municipale de Lyon (337624); Paris, 1579: Robinson Collection, Faculty of Law, University of California, Berkeley. 和其他婚姻法著作合订的例子：Lyon, 1565, British Library, original owner French (G 19.341); Lyon, 1605, Saint Geneviève. 1561 年版与勒叙厄尔的《奇妙故事》合订的情况见国家图书馆（F13876），上面有著名的藏书家克洛德·迪皮伊的签名。
5. 参阅我书后的参考文献。
6. Jean Papon, *Recueil d'Arrests Notables des Courts souveraines de France* (Paris: Nicolas Chesneau, 1565), 452^v-456^v. Géraud de Maynard, *Notables et singulières Questions du Droict Escrit* (Paris, 1623), pp. 500-507; C. Drouhet, *Le poète François Mainard (1583?-1646).* (Paris, n.d.), pp. 7-8. Pasquier, *Recherches de la France,* book 6, ch. 35.
7. Herodotus, *Historiae libri IX et de vita Homeri libellus... Apologia Henr. Stephani pro Herodoto* (Geneva: Henri Estienne, 1566), f.**** ii^r. Henri Estienne, *L'Introduction au traité de la conformité des merveilles anciennes avec les modernes* (1566), ed. P.

Ristelhuber (Paris, 1879), pp. 24-25. Gilbert Cousin, *Narrationum sylva qua Magna Rerum* (Basel, 1567), book 8. Antoine Du Verdier, *Les Diverses Leçons* (Lyon: Barthélémy Honorât, 1577), book 4, chs. 21-27. *Histoires prodigieuses, extraictes de plusiers fameux Autheurs... divisses en deux Tomes. Le premier mis en lumiere par P. Boaistuau... Le second par Claude de Tesserant, et augmenté de dix histoires par François de Belle-Forest Comingeois* (Paris: Jean de Bordeaux, 1574), vol. 2, ff. 279^{r}-280$^{r.}$ *Cosmographie universelle... enrichie par François de Belle-forest*, p. 372. Céard, *Les Prodiges*, pp. 326-335.

8. Papon, 456^{r-v}; Du Verdier, pp. 300-301; Pasquier, pp. 570-571. Alfred Soman, "La Sorcellerie vue du Parlement de Paris au début du XVIIe siècle," in *La Gironde de 1610 à nos jours. Questions diverses. Actes du 104e Congrès national des Sociétés Savantes, Bordeaux, 1979* (Paris, 1981), pp. 393-405.

9. Auger Gaillard, *Oeuvres complètes*, publ. and tr. Ernest Nègre (Paris, 1970), pp. 514, 525-526.

10. Montaigne, *Oeuvres complètes*, book 3, ch. 11. 我用的是约翰 · 弗洛里奥的同时代译本，*The Essayes or Morali, Politike and Milli tarie Discourses of Lord Michael de Montaigne* (London, 1610), "Of the Lame or Cripple," pp. 612-617。

11. Coras, pp. 52, 74, 88. Montaigne, *Essayes*, pp. 614, 616. *Quinti Horatii Flacci Emblemata* (Antwerp: Philippe Lisaert, 1612), pp. 180-181: "Raró antecedentem scelestum / Deseruit pede poenaclaudo," from the Odes, book 3, ode 2. Cesare Ripa, *Iconologia overo Descrittone dell'Imagini universali cavate dall'Antichità et da Altri Luoghi* (Rome: Heirs Gio. Gigliotti, 1593), p. 37: Bugia. 撒谎的化身拥有一条木腿，乃是因为"谎言跟随短腿而来"（la bugia ha le gambe corte）。木腿或瘸腿的混杂意义的其他例证：装木腿的撒旦 (Adhémar, Inventaire, vol. 2, p. 272)；与偏离神圣真理和邪恶相关的瘸腿或畸形脚［Giovanni Piero Valeriano Bolzoni, *Hieroglyphica* (Lyon: Paul Frellon, 1602), pp. 366-367］。

尾 声

1. ADAr, 5E6653, 63^{r}, 97^{r}-98^{r}. Coras, pp. 23-24.

2. F. Pasquier, "Coutumes du Fossat," pp. 278-320. Philippe Wolff, *Regards sur le midi médiéval* (Toulouse, 1978), pp. 412-414.

3. François Rabelais, *Oeuvres*, ed. J. Boulanger (Bibliothèque de la Pléiade, Paris, 1955), *Pantagruel*, prologue, p. 169. 这个谚语至今仍流传于朗格多克。F. Mistral, *Lou Tresor dóu Pelibrige ou Dictionnaire Provençal-Français* (Aix-en-Provence, 1979), II, 302.

4. ADHG, B, Insinuations, vol. 6, 95^{v}-97^{v}. 只有小皮埃尔被称为马丁·盖尔的寡妇让娜·卡罗勒的儿子。他还是个有两个"财产管理人"（curateurs）的小孩子，这说明他的年龄在 15 岁至 25 岁之间，他和他母亲生活在一起。卡罗尔家族（也叫卡雷尔、卡罗尔兹）是阿尔蒂加人，尽管其地位不如罗尔斯家族 (ADAr, 5E6656, 9r)。

5. ACArt，阿尔蒂加教区婚姻与洗礼登记表，1632—1642 年。Terrier of 1651: Dominique Guerre; Gaspard Guerre, alias Bonnelle; Ramond Guerre; Jean Guerre; Jammes Guerre, François Guerre, and Martin Guerre, brothers; the heirs of Marie Guerre. 埃尔 · 罗尔斯和玛丽 · 盖尔共同控制几块土地。阿尔蒂加的盖尔家从他们的审判中挺过来了，相比之下，亨戴的达盖尔家要挺过 1609 年拉博德的巫术迫害就难多了。在那些提供证词的人中，有玛丽和若阿内斯 · 达盖尔，而波尔多的法官称七十三岁的彼得里 · 达盖尔是“深夜拜鬼仪式的司仪和总管”，将他处死了。1620 年亨戴的达盖尔家族仍旧存在，这个家族尽管不是村公所官员（jurat），也算是望族 (de Lancre, *Tableau de l'inconstance*, pp. 71, 125, 217; ADPyA, 1J160, no. 46, Jan. 14, 1620)。迪蒂尔家族在 17 和 18 世纪仍旧存在，但地位还是无足轻重 (ADHG, 2E2403, 43v-45r, 4E2016)。

6. ACArt, Register of Baptisms, 1634：“私生子……让，拉蒙 · 盖尔之子”。迁往西班牙的移民中，相当数量都在那里建立第二个家庭，后来才回到朗格多克他们的妻儿身边（与让–皮埃尔 · 普苏的口头交流）。

再造冒名者——从马丁 · 盖尔到萨默斯比

1. 这个报道引自一篇批注手稿中的叙述，是由安德训根据 1979 年 9 月 11 日《文汇报》和《解放日报》翻译、整理的。安德训任职于伊利诺伊大学人类学系。

2. *Princeton Alumni Weekly*，3 April 1991，pp. 5-7. *New York Times*，26 A-pril 1991. 有趣的是，全国大学运动协会（National Collegiate Athletic Associaticm）决定，桑塔纳 / 霍格为普林斯顿创造的纪录将继续算作这所大学的成绩。尽管他滥用大学的资助，但他参赛时是普林斯顿的学生，因而具备参赛资格（与普林斯顿大学体育系的电话交流，1997 年 1 月 22 日）。

3. Anagnost，“The Narrative：‘An Impostor Falls into the Net，’” title page and n. 1.

4. 我在 Natalie Zemon Davis, *The Return of Martin Guerre*（Cambridge，Mass.：Harvard University Press，1983）中讨论了这些事件。

5. Jean de Coras, *Arrest Memorable, du Parlement de Tolose, Contenat une histoire prodigieuse, de nostre temps*（Lyon: Antoine Vincent，1561），p. 64. Guillaume Le Sueur, *Admiranda historia de Pseudo Martino*（Lyon：Jean de Toumes, 1561），p. 12.

6. 事实上，16 世纪 70 年代日内瓦曾出现过一个骗子，名叫让·阿拉尔，他在瑞典、意大利、法国及瑞士其他地方行骗。不过在开始以冒牌投资商四处游荡之前，他在日内瓦只是以园丁的身份过着自力更生的日子。Simon Goulart, *Histoires admirables et memorables de nostre temps*（Paris：Jean Houzé，1607），fols. 195b-199b.

7. Goulart，*Histoires admirables*，fols. 187b-199b；Natalie Zemon Davis，“From

Prodigious to Heinous: Simon Goulart and the Reframing of Imposture," in André Burguière et al., eds., *Hommages à Emmanuel Le Roy Ladurie* (Paris: Fayard, 1997), pp. 274-283.

8. Jean Baptiste de Rocoles, *Les imposteurs insignes ou Histoires de plusieurs homme de néant, de toutes Nations, qui ont usurpé la quality d'Empereurs, Roys et Princes* (Amsterdam: Abraham Wolfgang, 1683).

9. Rocoles, *Imposteurs*, chap. 18.

10. 1683 年和 1686 年，在詹姆斯二世统治下的政治冲突期间，伦敦出版了《卓越的冒名者》书中十二个人物的英译本，这个译本原封不动地照搬了罗科勒愤愤不平的语气。未透露姓名的译者在序言中交代说，这些冒牌货让人更了解当前英国的冒名者，接着他不点名地攻击了重要的政客和文人（Shaftesbury，Dryden）。*The Lives and Actions of Several Notorious Counterfeits* (London: William Whitwood, 1683 and 1686). 译者没有选译马丁·盖尔案。

11. Gottfried Wilhelm Leibniz (d. 1716), *Nouveaux essais sur l'entendement humain in Oeuvres philosophiques* (Amsterdam and Leipzig: 1765), vol. 3, book 3, ch. 4.

12. F. Gayot de Pitaval, *Causes célèbres et intéressantes avec les jugement qui les ont décidiées* (Paris: Jean de Nully, 1734); *Causes célèbres et intéressantes avec les jugement qui les ont décidées. Rédigées de nouveau par M. Richer*, ancien Avocat au *Parlement* (Amsterdam: Michel Rhey, 1772).

13. Sarah Maza, "Le Tribunal de la nation: Les Mémoires judiciaires et l'opinion publique à la fin de l'ancien régime," *Annales*, *E. S. C.*, 42 (1987): 73-90.

14. V. V. Novikov, *Teatr sudovedeniya* (Moscow, 1791), vol. 5, pp. 138-148.

15. Charlotte Smith, *The Romance of Real Life in Three Volumes* (London: T. Cadell, 1787), preface and vol. 2, ch. 4.

16. Janet Lewis, *The Wife of Martin Guerre* (San Francisco: Colt Press, 1941); *The Triquarterly*, 55 (Fall 1982): 104-110.

17. 那个学生叫王安。她后来写了本讨论中国的收养的重要著作：*Getting an Heir: Adoption and the Construction of Kinship in Late Imperial China* (Honolulu: University of Hawai'i Press, 1991)。

18. 有关这部影片制作中的更多细节，参见 Ed Benson, "Martin Guerre, the Historian and the Filmmakers: An Interview with Natalie Zemon Davis," *Film and History*, 13 (September 1983): 49-65。

19. Joan Dupont, "Nicholas Meyer and the Art of the Remake," *International Herald Tribune* (2 June 1993).

20. Robert E. Corlew, *Tennessee*, *A Short History*, 2nd ed. (Knoxville Tenn., 1981), p. 228.

21. Vincent Canby, "Husband Back From War : Too Good to Be True?" *New York Times* (5 February 1993), C8.

22. Michel de Montaigne, *Essais*. 1 : 9 in *Oeuvres complètes*, ed. Albert Thibuaudet and Maurice Rat (Paris : Gallimard, 1962), p. 37.

档案的沉默，故事的名声

1. Davis, "Le Retour de Martin Guerre, étude historique" ; Davis, *The Return of Martin Guerre*.
2. Natalie Zemon Davis, "From prodigious to heinous: Simon Goulart and the reframing of imposture" ; Leibniz, *Nouveaux essais sur l'entendement humain*.
3. Ravel, *The Would-Be Commoner: A Tale of Deception, Murder, and Justice in Seventeenth-Century France*; Thomas, "Un fils de Martin Guerre: le vrai-faux retour d'Arnaud Lamaure à Toulouse à la fin du XVIIIe siècle" .
4. 唐娜 · 安德鲁将《霍伊氏都柏林水星报》1771 年 8 月 29 日刊载文章的信息发给我，谨此致谢。Novikov, *Teatr sudovedeniya*, 138-148.
5. 本段落和以下几个段落取材于 Davis, "From prodigious to heinous" 与 Davis, *Remaking Impostors : From Martin Guerre to Sommersby* 所作的讨论。
6. Ravel, *Would-Be Commoner*, chap. 5.
7. Haristoy, *Recherches historiques sur le Pays Basque*, vol. 2, 133-134 ; Ravel, *Would-Be Commoner*, 268-269.
8. Archives départementales de la Haute-Garonne (henceforth ADHG), 1B34, 12 September 1560 ; Coras, *Arrest Memorable*, 108-109.
9. Davis, "On the Lame" .
10. Davis, *Fiction in the Archives : Pardon Tales and Their Tellers in Sixteenth-Century France* ; Davis, *The Gift in Sixteenth-Century France*.
11. Davis, *Women on the Margins : Three Seventeenth-Century Lives*, chap. 1, fig. 9, 212 ; Davis, *Trickster Travels : A Sixteenth-Century Muslim Between Worlds*.
12. Archives départementales de l'Ariège (henceforth ADAr), 5E6653, 7^{v}-8^{v}, 14^{r}, 62^{v}, 72^{r}, 212^{v}-213^{r}. ADHG, B, Insinuations, vol. 6, 95^{v}-97^{v}.
13. ADAr, 5E6655, 14^{r}-16^{r} ; 3E5335, 108^{r-v} ; Pasquier, "Nomination d'un notaire à Artigat en 1578" .
14. ADHG, 1B3427, 20 September 1559.
15. 芭芭拉 · 贝克曼 · 戴维斯来信，1981 年 11 月 26 日，有关她搜集 1555—1560 年图卢兹税务记录中勒本戴雷史料的情形。我反复查对了《法国新教徒》(*La France*

protestante）和《日内瓦的书籍和居民》（*Livre des habitants de Genève*）对勒本戴雷的记载。雷蒙德·门策的电子邮件，2008 年 9 月 30 日；琼·戴维斯的电子邮件，2008 年 10 月 3 日。对上述同行的善意帮助，我深表感谢。

16. ADHG, 1B3427, 22 September 1558.

17. Archives départmentales des Pyrénées Atlantiques（henceforth ADPyA）, 1J160/2, 9 January 1553/54；1J160/3, 12 1559；1J160/4, 5 March 1554/55, 1 April 1555.

18. 1982 年以来出版的讨论比尔戈斯的著作显示，当地档案内容颇为丰富。这些著作包括：Ibáñez Pérez, *Burgos y los burgaleses en el siglo XVI*；Vicario Santamaría, *Censo-Guía de los Archivos parroquiales de la Diócesis de Burgos*；Vicario Santamaría, *Catálogo de los Archivos de Cofradías de la Diócesis de Burgos*。

19. 詹姆斯·阿梅朗的电子邮件，2008 年 7 月 16 日。非常感谢詹姆斯·阿梅朗和西班牙骑士团档案部档案保管员提供的帮助。Archivo General de Simancas, *Guia del Investigador*, 148. 国家档案馆的卡斯蒂利亚室的另一个有发掘价值的部分"卡斯蒂利亚杂件"（diversos de Castilla）有个印刷目录，*Catálogo 1, Diversos de Castilla, Cámara de Castilla*（*972-1716*），不过尽管其中引人入胜的史料俯拾皆是，但并不包含马丁·盖尔的史料。

20. *Gutiérrez del Arroyo, Catálogo de la documentación navarra de la Orden de San Juan de Jerusalén en el Archivo Histórico Nacional. Siglos XII-XIX*, no. 2537. 某个叫马丁·盖尔的人在 1197—1198 年捐了财产，nos. 1424, 3674。

21. Davis, *Trickster Travels*, 55-56, 77, 293 n. 1, 294 n. 3；Davis, *Léon l'Africain*, 69-70, 93, 331 nn. 1, 3；Gutiérrez Coronel, *Historia genealógica de la casa de Mendoza, tome* 2, 483-484；López Martínez, "El Cardenal Mendoza y la Reforma Tridentina en Burgos."

22. Davis, *Trickster Travels*, 97, 255, 258, 395；Davis, *Léon l'Africain*, 114-115, 291-292, 295, 442.

23. Mendoza y Bobadilla, *El Tizón de la Nobleza*, ed. Esudero, 25；*El Tizón de la Nobleza de España*, ed. Escobar Olmedo, xxx, 84. Baron, *A Social and Religious History of the Jews, vol.* 15：*Resettlement and Exploration*, 478 n. 62. http：//grandesp. org. uk/historia/gzas/chinchol. htm；Rábade Obradó, *Una elite de poder en la Corte de los Reyes Católicos. Los judeoconversos*, 173-191.

24. Coral, *Château d'Urtubie.*

25. ADPyA, 1J160/2, 2 April 1598. 比萨盖的若弗雷·德·蒙田先生是蒙田的叔父比萨盖的雷蒙·艾奎姆·德·蒙田先生的长子和继承人。若弗雷与蒙田的堂兄及近亲的关系，参见 Malvezin, *Michel de Montaigne*, *son origine*, *sa famille*, 84-87, 286-287, 301-303, 306-307, 314-315 公布的文献。

26. Montaigne, *Les Essais*, "Préface…par sa Fille d'Alliance", 49："Et le sieur de Bussaguet son cousin, qui porte dignement le nom de la maison de Montaigne, à

laquelle il sert d'un bon pilier depuis qu'elle a perdu le sien. ”此处的脚注（49，n. 2）将“比萨盖的先生”（le sieur de Bussaguet）误认为蒙田四个叔父中最年幼的那位；后者是雷蒙·德·比萨盖，此人是若弗雷的父亲，1563 年去世（Malvezin, *Montaigne*，286-287；Montaigne，*Essais*，Livre 3，chap. 37，1191）。父亲去世后，马尔威津公布的文献反复称若弗雷·德·蒙田是“比萨盖的先生”。

27. Montaigne，*Essais*，Livre 3，chap. 11，1593-1608.[译者注：此处翻译参考了陆秉慧、刘方译《蒙田随笔全集》（南京：译林出版社，1996 年）的译文。]

28. Lancre，*Tableau de l'inconstance des mauvais anges et demons*，141-142，118-119，125；Henningsen，*The Witches' Advocate：Basque Witchcraft and the Spanish Inquisition*（*1609-1614*），24，123，130-131，384. 一个有趣的巧合是，弗朗西斯科·德蒙多扎和罗德里戈·德·卡斯特罗·博巴蒂拉是西班牙宗教裁判委员会的委员，这个委员会于 1614 年制止了西班牙巴斯克乡村的猎巫狂热。根据具有洞察力的阿隆索·德·萨拉扎修士的推荐意见，委员会坚持，在判断招供是否指涉真正发生的事件方面，必须依照非常细致的规则；委员会还授意牧师告诉人们，“相信巫师总是”损坏庄稼、致使牲畜或幼儿死亡“的罪魁祸首，乃是……最令人厌恶的”。有时这是上帝的惩罚，有时则是自然事件（Ibid.，359，371-376）。两人也许是接纳马丁·盖尔的蒙多扎·博巴蒂拉的堂兄弟。

译名对照表

Abraham 亚伯拉罕

Africano, Giovan Lioni 乔凡·利奥尼·阿弗里卡诺

Africano, Joan Lione 琼·里奥纳·阿弗里卡诺

Africanus, Leo 里奥·阿弗里卡纳斯

Albigeois 阿尔比热瓦

Albret, Jeanne d' 让娜·阿尔布雷

Alexander III 亚力山大三世

Allard, Jean 让·阿拉尔

Alpers, Paul 保罗·阿佩尔

al-Wazzan, Hasan 哈桑·阿尔—瓦赞

Amboise 安布瓦兹

Amelang, James 詹姆斯·阿梅朗

Amiel, Jon 乔恩·埃米尔

Amphitryon 安菲特律翁

Anagnost, Ann 安德训

Andreu 安德勒

Andrew, Donna 唐娜·安德鲁

Angers 昂热

Arden, Leslie 莱斯利·奥登

Areopagites 雅典最高法院法官

Ariège 阿列日

Arsenal 阿塞纳尔

Artigat 阿尔蒂加

Artigne 亚提格

Arzel, Bernarde 贝尔纳·阿泽尔

Astaraps 阿斯塔拉普

Auch 欧什

Backman, Joyce 乔伊斯·贝克曼

Bajou 巴茹

Baldwin 巴尔德温

Bandello, Matteo 马泰奥·邦德罗

Banquel 邦克伊

Barnum, P. T. P. T. 巴纳姆

Barrau 巴罗

Barrau, Carbon 卡尔邦·巴罗

Basle, Antoine 安托万·巴斯莱

Basle, Jacques 雅克·巴斯莱

Basque 巴斯克
Bastet 巴斯泰
Bayle, Jean 让·培尔
Bayonne 贝约纳
Béarn 贝亚恩
Beckerman, Barbara 芭芭拉·贝克曼
Belbeze, François 弗兰索瓦·贝尔贝兹
Bélier, Marie-Rose 玛丽—罗丝·贝利耶
Belleforest, François de 弗朗索瓦·德贝勒福雷
Bergsma, William 威廉·伯格斯马
Bernuy 贝尔尼
Bertrand, Bernard 贝尔纳·贝特朗
Bertrand, Jean 让·贝特朗
Betrisantz 贝特里桑茨
Bidassoa River 比达索河
Boaistuau, Pierre 皮埃尔·博阿斯陶
Bobadilla, Francisco de Cabrera y 弗朗西斯科·德·卡布雷拉·博巴蒂拉
Bobadilla, Isabel de Cabrera y 伊莎贝尔·德卡布雷拉·博巴蒂拉
Bobadilla, Pedro de Cabrera y 佩德罗·德·卡布雷拉·博巴蒂拉
Bobadilla, Rodrigo de Castro y 罗德里戈·德·卡斯特罗·博巴蒂拉
Bockelson, Jan 简·博克尔逊
Boëri, Catherine 卡特琳·博埃里
Boëri, Dominique 米尼克·博埃里
Boëri, Jacques 多雅克·博埃里
Boëri, Messier Jacques 梅西耶·雅克·博埃里
Bonecase, François 弗朗索瓦·博内卡斯
Bonnivet 博尼维特
Bordeaux 波尔多
Boublil, Alain 阿兰·鲍布里尔
Boulogne-sur-Mer 滨海布洛涅
Boysonné, Catherine 卡特琳·布瓦松
Bramayrac, Me Jean 梅·让·布拉梅拉克
Breton 布雷顿
Brinvilliers 布兰维里耶
Bruneri, Mario 马里奥·布鲁内里
Burgos 比尔戈斯
Bussaguet 比萨盖
Bussi, Jacquette de 雅凯·德比西

Caldeyro 卡尔代罗
Canella 卡内拉
Caftete 卡内特
Carcassonne 卡尔卡索纳
Carol 卡罗尔
Carolle, Jehanne 让娜·卡罗勒
Carolz 卡罗尔兹
Carranza 卡朗扎
Carrel 卡雷尔
Carrière, Jean-Claude 让—克劳德·卡里埃尔
Castan, Nicole 妮科尔·卡斯唐
Castan, Yves 伊夫·卡斯唐
Castilian 卡斯蒂利亚语
Castille 卡斯蒂尔
Cazalz, Jean 让·卡扎尔兹
Charles V 查理五世
Charon, Annie 安妮·沙龙
Château-Cambrésis 卡托—康布雷齐

Château de Foix 富瓦城堡
Châtillon 沙蒂永
Chinchòn 钦琼
Chitracha, Aurelio 奥勒利欧 · 希特拉沙
Colomber 科隆伯
Comminges 科曼热
Compostela 孔波斯泰拉
Conciergerie 孔西埃热里
Condé 孔蒂
Coras, Jean de 让 · 德科拉斯
Corfiled, Penelope J. 佩内洛普 · J. 科菲尔德
Coria 科里亚
Cortalle, Maragille 马拉吉耶 · 科尔塔耶
Couserans 库塞尔朗
Cousin, Gilbert 吉尔贝 · 库赞

Dabadia, Marie 玛丽 · 达巴迪亚
Dabeyat 德贝雅特
Daffis, Jean 让 · 达菲
Daguerre, Jehan 让 · 达盖尔
Daguerre, Johannes 若阿内斯 · 达盖尔
Daguerre, Johanto 若阿图 · 达盖尔
Daguerre, Petri 彼得里 · 达盖尔
Daguerre, Sanxi 桑克西 · 达盖尔
d'Albret, Jeanne 让娜 · 德阿尔布雷
Dalsate, Jean 让 · 达尔萨特
Dalsate, Roderigo de Gamboa 罗德里戈 · 德 · 甘博亚 · 达尔萨特
Daraud, Hubert 于贝尔 · 达劳德
Dauban 多邦
Davis, Barbara B. 芭芭拉 · B. 戴维斯
Davis, Chandler 钱德勒 · 戴维斯
Davis, Joan 琼 · 戴维斯
de Banquel, Jeanne 让娜 · 德邦克伊
de Bonald, Etienne 艾蒂安 · 德博纳尔德
de Bordenave, Arnaud 阿诺 · 德波尔德纳夫
de Boyssoné, Jean 让 · 德布瓦松
de Bussaguet, Raymond 雷蒙德 · 德 · 比萨盖
de Cabrera, Andrés 安德烈斯 · 德 · 卡布雷拉
de Chambre, Valet 瓦列特 · 德 · 钱伯
Decius, Philippus 菲力帕斯 · 德修斯
de Claveria, Dominique 多米尼克 · 德克拉弗里亚
de Gournay, Marie Jars 玛丽 · 雅尔 · 德 · 吉尔奈
de Gouthelas, Bertrande 贝特朗 · 德古特拉斯
de Guerre, Anne 阿内 · 德盖尔
de Guerre, Pierre 皮埃尔 · 德盖尔
de Guilhet, Pierre 皮埃尔 · 吉耶
de Lacger, Antoine I 安托万第一 · 德拉克热
de Lacger, Antoine II 安托万第二 · 德拉克热
de Lancre, Pierre 皮埃尔 · 德朗克里
Delbourat 德尔布拉
de L'Hospital, Michel 米歇尔 · 德奥斯皮塔尔
Delhure, James 雅姆 · 德吕尔
de Liberos, Pelegrin 佩莱格兰 · 德利贝罗

Deloch, Jean 让 · 德洛克
de Mendoza, Diego Hurtado 迭戈 · 于尔托多 · 德蒙多扎
Del Pech 德尔佩什
del Rieux, Pey 佩伊 · 德尔 · 里厄
de Mesmes, Henri 亨利 · 德梅姆
de Minut, Jacques 雅克 · 德米尼
de Montaigne, Catherine 卡特琳 · 德 · 蒙田
de Montaigne, Geoffroy 若弗雷 · 德 · 蒙田
de Montaigne, Michel 米歇尔 · 德 · 蒙田
de Montréal, Aimée 艾梅 · 德 · 蒙特利尔
de Montréal, Jean 让 · 德 · 蒙特利尔
Depardieu, Gérard 杰拉尔 · 德帕迪约
de Pitaval, Gayot 加约 · 德 · 皮塔瓦尔
de Ribaulte, Gratianne 格拉蒂安纳 · 德 · 里博
de Robert, Suzanne 苏珊 · 德罗贝尔
de Rocoles, Jean Baptiste 让 · 巴蒂斯特 · 德 · 罗科勒
de Rols, Bertrande 贝特朗 · 德罗尔斯
de Saint-Paul, Antoine 安托万 · 德圣保罗
de Salazar, Friar Alonso 阿隆索 · 德 · 萨拉扎修士
d'Escornebeuf, Jean 让 · 德埃斯科纳伯夫
de Sole 德索尔
d ' Espaigne, Rose 罗丝 · 德埃斯佩涅
de Termes, Jeanne 让娜 · 德泰尔梅
de Tournes, Jean 让 · 德图尔内斯
de Valois, Elizabeth 伊丽莎白 · 德瓦卢瓦
de Vize, Jean 让 · 德维兹
Digby, Kenelme 凯内尔姆 · 迪格比
Dmitry 德米特里
Douglas, William A. 威廉 · A. 道格拉斯
Douillard, Geneviève 热纳维耶芙 · 杜亚尔
Driscoll, Thomas à Berket 托马斯 · 阿 · 贝克特 · 德利斯科尔
Drot, Jehannot 让诺 · 德罗
du Caylar, Messier Pierre Laurens 梅西耶 · 皮埃尔 · 洛朗斯 · 迪凯拉尔
Du Fail, Noël 诺埃尔 · 迪法伊
Du Fau, Philippe 菲利普 · 迪福
Du Faur, Michel 米歇尔 · 迪福尔
Du Maine, La Croix 拉克鲁瓦 · 迪迈内
Dumons, Paul 保罗 · 迪蒙
Dupuys, Claude 克洛德 · 迪皮伊
Durfort 迪尔福
d'Urtubie, Marie 玛丽 · 德于尔特比
d'Urtubie, Tristan 特里斯坦 · 德于尔特比
du Thil, Arnaud 阿诺 · 迪提尔
du Tilh, Arnaud 阿诺 · 迪蒂尔
du Tilh, Arnard Guilhem 阿诺 · 吉杨 · 迪蒂尔
Du Verdier, Antoine 安托万 · 迪韦迪耶

Egham 埃格汉姆
Epictetus 爱比克泰德
Erasmus 伊拉斯谟

Estienne, Henri 亨利 · 艾蒂安

Fabre, Daniel 丹尼尔 · 法布尔
Faure 富尔
Ferlaz, Antoine 安托万 · 费拉兹
Ferrara 费拉拉
Ferrifères, François de 弗朗索瓦 · 德费里埃
Flanders 佛兰德斯
Florio, John 约翰 · 弗洛里奥
Foix 富瓦
Foixien 富瓦人
Fontanel, Jean 让 · 丰塔内尔
Forez 福雷

Gaillard, Auger 奥热 · 加扬
Ganella, Giulio 朱利奥 · 甘尼拉
Garonne 加龙河
Gascony 加斯孔尼
Gers 热尔
Gimont 吉蒙
Ginzburg, Carlo 卡洛 · 金茨堡
Gironde 吉伦特
Godunov , Boris 鲍里斯 · 戈登诺夫
Gorttlieb, Beatrice 阿特丽丝 · 戈特利布
Goulart, Simon 西蒙 · 古拉尔
Greenblatt, Stephen 史蒂芬 · 格林布拉特
Grose 格罗斯
Guary 加里
Guerra, Bernard 贝尔纳 · 盖拉
Guerre, Bernarde 贝尔纳 · 盖尔
Guerre, Gaspard 加斯帕尔 · 盖尔
Guerre, Marie 玛丽 · 盖尔
Guerre, Martin 马丁 · 盖尔
Guerre, Ramond 拉蒙 · 盖尔
Guilhemet, Claude 克劳德 · 吉耶尔梅

Hadrian 阿德里安
Haristoy, Abbé 阿贝 · 阿里斯图瓦
Haute-Garonne 上加龙
Hendaye 亨戴
Henri II 亨利二世
Hestin 埃斯坦
Hiltpold, Paul 保罗 · 希尔特波尔德
Hogue, James Arthur 詹姆斯 · 亚瑟 · 霍格
Holmholz, Richard 理查得 · 赫尔墨兹
Horace 奥拉斯
Huntsman, Jay Mitchell 杰伊 · 米切尔 · 亨茨曼

Imbert, Jean 让 · 安贝尔
Indris-Santana, Alexi 亚力克西 · 英德里思—桑塔纳

James 雅姆
Jehan 让
Jerusalem, Saint Jean de 圣让 · 德 · 耶路撒冷
Jupiter 朱庇特
Justinian 查士丁尼的

Kernochan, Sarah 萨拉 · 克诺钱

Labourd 拉博德
Labrador 拉布拉多
Labrousse, Elizabeth 伊莉莎白 · 拉布鲁斯
La Brugarsse 拉布吕加尔斯
La Croix du Maine, François 弗朗索瓦·拉克鲁瓦 · 迪迈内
La Grace-Dieu 拉格拉斯—迪厄
Lamaure, Arnaud 阿诺 · 拉莫尔
Lancre, Pierre de 皮埃尔 · 德朗克里
Langue d'oc 普罗文斯语
Languedocien 朗格多克人
Lanoux 拉努
Latomy, Nicolas 尼古拉 · 拉托米
Latro, Portius 波提乌斯 · 拉特罗
Learin, Ancely 安瑟利 · 莱亚琳
Le Basque 勒巴斯克
Le Carla 勒卡拉
Le Fossat 勒福萨
Le Fustié 勒菲斯捷
Leib, Glikl bas Judah 格利克尔 · 巴斯 · 朱达 · 莱布
Le Mas-d'Azil 勒马斯—德阿齐
Leone, Giovanni 乔瓦尼 · 莱昂内
Le Pin 勒潘
Le Provincial 勒普罗万西尔
Le Roy Ladurie, Emmanuel 埃马纽埃尔 · 勒华拉杜里
Les Banquels 勒邦克伊
Le Sueur, Guillaume 纪尧姆 · 勒叙厄尔
Lewis, Janet 珍妮特 · 刘易斯
Lèze River 莱兹河
l 'Incarnation, Marie de 玛丽 · 德 · 兰卡纳雄
L' Isle-en-Dodon 多东岛
Livres 里弗赫
Lombez 隆贝兹
Longages 隆加热
Loze, Jacques 雅克 · 洛泽
Loze, James 雅姆 · 洛泽
Loze, Jean 让 · 洛泽
Loze, Jehanard 雅纳尔 · 洛泽

Maccabees 麦凯比斯
Malvezin 马尔威津
Mane 马内
Mansencal, Jean de 让 · 芒森克尔
Marguerite of Navarre 纳瓦尔的玛格丽特
Martinus 马蒂尼斯
Maury, Pierre 皮埃尔 · 莫里
Maynard, Géraud de 热罗 · 迈纳尔
Mazarine 马扎林
McPherson, James 詹姆斯 · 麦克法森
Melville, Herman 赫尔曼 · 梅尔维尔
Mendoza y Bobadilla, Francisco de 弗朗西斯科 · 蒙多扎 · 博巴蒂拉
Mendoza, Pedro de 佩德罗 · 德蒙多扎
Menocchio 梅诺乔
Mentzer, Raymond 雷蒙德 · 门策
Mercury 墨丘利
Merian, Maria Sibylla 玛丽亚 · 西比拉 · 玛丽安
Meyer, Nicholas 尼古拉斯 · 迈耶

Mirandola, Giovanni Pico della 乔瓦尼·比科·德拉·米拉朵拉
Monluc, Jean de 让·蒙吕克
Montaillou 蒙塔尤
Montesquieu-Volvestre 孟德斯鸠—沃尔韦斯特
Munster 蒙斯特
Mure, Michel 米歇尔·米尔

Nader, Helen 海伦·纳德尔
Narbonne 纳尔博纳
Navarre 纳瓦尔
Nussdorfer, Laurie 劳里·努斯朵弗

Obsequent, Jules 朱尔·奥布塞康特
Occitan 奥克语
Olivier, Antoire 安托万·奥利维耶

Padua 帕多瓦
Pailhès 帕耶
Pailhès, Claudine 克洛迪娜·帕耶
Palaminy 帕拉米尼
Palo Alto 帕罗阿尔托
Pamiers 帕米埃
Pamplona 潘普洛纳
Pansette 庞塞特
Papon, Jean 让·帕蓬
Pas-de-Calais 加来海峡
Pasquier, Etienne 埃蒂安·帕基耶
Péguilhan 佩吉杨
Pegulha, Jean 让·佩居拉
Peltonen, Matti 马蒂·佩尔图南
Père, Alexandre Dumas 亚历山大·杜马·佩尔
Périgord 佩里戈
Petri 彼得里
Philip II 菲利普二世
Picardy 皮卡底
Pivadière, Louis de la 路易·德·拉·皮瓦迪埃
Platter, Thomas 托马斯·普拉特
Plautus 普劳图斯
Poussou, Jean-Pierre 让—皮埃尔·普苏
Pouy-de-Touges 普伊德图格
Pujol, Dominique 多米尼克·皮若尔
Pyrénées-Atlantiques 大西洋岸比利牛斯

Rabelais, François 弗朗索瓦·拉伯雷
Ramusio 赖麦锡
Ravel, Jeffrey 杰弗里·雷维尔
Réalmont 雷亚蒙
Rebendaire, Dominique 多米尼克·勒本戴雷
Reinburg, Virginia 弗吉尼亚·莱因堡
Reynier, Simon 西蒙·雷尼耶
Richer 里歇尔
Rieumes 里厄姆
Rieux 里厄
Robert, Pierre 皮埃尔·罗贝尔
Robinsom, Margaret Hayes 玛格丽特·海斯·鲁宾逊
Rochefort 罗什福尔
Rochon, Jean 让·罗雄
Rols, Pey 佩伊·罗尔斯

Roncesvalles 朗塞瓦尔
Rouen 鲁汶
Roxy 罗克西
Rubin 吕班

Saint Andrieu 圣安德里厄
Saint Catherine 圣卡特琳
Sainte-Croix-Volvestre 圣克鲁瓦—沃尔韦斯特
Saint-Etienne 圣艾蒂安
Saint John of Jerusalem 耶路撒冷的圣约翰
Saint-Quentin 圣康坦
Saint-Sernin 圣塞尔南
Saint-Ybars 圣伊巴尔斯
Sajas 赛亚斯
Salamanca 萨拉曼卡
Salat River 萨拉河
Salenques 萨朗克
Santana, Alexi 亚力克西 · 桑塔纳
Santiago 圣地亚哥
Save River 萨夫河
Schanpper 施纳佩尔
Schonberg, Claude-Michel 克劳德 · 米歇尔 · 舍恩伯格
Sebastian 塞巴斯蒂安
Seneca 塞涅卡
Sertenas, Vincent 樊尚 · 塞特纳斯
Séverie 塞弗里
Simancas 西蒙卡斯
Socius 索西乌斯
Soman, Alfred 艾尔弗莱德 · 索曼
Smith, Charlotte 夏洛特 · 史密斯
Sommersby, Jack 杰克 · 萨默斯比
Sommersby, Laurel 劳蕾尔 · 萨默斯比
St James 圣詹姆斯

Tambourin 唐布兰
Thérouanne 泰鲁安
Thomas, Jack 杰克 · 托马斯
Thomas, Jean 让 · 托马斯
Thompson, Stith 斯蒂思 · 汤普森
Tillet, Arnaud 阿诺 · 提列特
Tor 托尔
Toulouse 图卢兹
Tournes, Jean de 让 · 图尔内斯
Townsend, Horace 霍勒斯 · 汤森
Trent Council 特伦特会议
Trony, Vallier 瓦利耶 · 特罗尼
Tylie 蒂利

Urrugne 于吕恩
Urtubies 于尔特比斯
Usiris, Antoine 安托万 · 于西里斯

Valence 瓦朗斯
Valenciennes 瓦朗谢讷
Vaudreuille 沃德勒伊
Vayssière, Firmin 菲尔曼 · 韦西埃
Venus 维纳斯
Vigne, Daniel 达尼埃尔 · 维涅
Villemur 维尔米
Villers-Cotterets 维莱尔—科特雷特
Vincent, Antoine 安托万 · 樊尚

Vincent, Barthélemy 巴泰勒米 · 樊尚

Vives 维韦斯

Warbeck, Perkin 珀金 · 沃贝克

Walter, Ann 王安（安 · 瓦尔特）

Winters, Ivor 艾弗 · 温特斯

Zevi, Sabbatai 撒巴蒂 · 萨维

索 引

（索引页码为正文的边码）